审计学基础

主　编　刘相礼　朱延琳　孙　萌
副主编　高　艳　崔　冉　季荣花
　　　　张　栋　陈爱伟　孔祥芬

内 容 简 介

审计学是一门专业性和实践性很强的学科。本书作为会计专业的专业基础课，以注册会计师审计为主，紧扣 2014 年最新修订的《中华人民共和国注册会计师法》和最新制定、修订发布的注册会计师审计执业准则，阐述了审计的基本原理和方法，围绕风险导向审计模式全面介绍了审计的基本过程。本书每章前设有本章学习目标提示，每章后附有适量的复习思考题，以帮助学生更好地学习和掌握审计的基本知识。本书的特点包括：（1）依据会计学专业人才培养的要求，体现了原理性和专业性的特点；（2）结合审计理论与实践的新发展，突出了现代风险导向审计的特征；（3）以注册会计师审计为主体，突出强调了现代审计的基本理念与方法；（4）理论与实践联系，体现了理论性与应用性、新颖性和实用性的统一。

图书在版编目（CIP）数据

审计学基础/刘相礼，朱延琳，孙萌主编. —北京：北京大学出版社，2017.7
ISBN 978-7-301-28522-0

Ⅰ. ①审… Ⅱ. ①刘… ②朱… ③孙… Ⅲ. ①审计学—高等职业教育—教材 Ⅳ. ①F239.0

中国版本图书馆 CIP 数据核字（2017）第 168724 号

书　　　名	审计学基础
著作责任者	刘相礼　朱延琳　孙　萌　主编
策 划 编 辑	周　伟
责 任 编 辑	周　伟
标 准 书 号	ISBN 978-7-301-28522-0
出 版 发 行	北京大学出版社
地　　　址	北京市海淀区成府路 205 号　100871
网　　　址	http://www.pup.cn　新浪微博：@北京大学出版社
电 子 信 箱	zyjy@pup.cn
电　　　话	邮购部 62752015　发行部 62750672　编辑部 62754934
印 刷 者	北京鑫海金澳胶印有限公司
经 销 者	新华书店
	787 毫米×1092 毫米　16 开本　18 印张　394 千字
	2017 年 7 月第 1 版　2020 年 12 月第 2 次印刷
定　　　价	39.00 元

未经许可，不得以任何方式复制或抄袭本书之部分或全部内容。
版权所有，侵权必究
举报电话：010-62752024　电子信箱：fd@pup.pku.edu.cn
图书如有印装质量问题，请与出版部联系，电话：010-62756370

前　言

随着中国特色社会主义市场经济体制的不断完善,在经济新常态下,需要充分发挥市场在资源配置中的决定性作用,同时更好地发挥政府的作用。我国政府职能转变、法治社会建设、税收制度改革、会计制度改革等,使审计环境已经发生了深刻变化,审计在社会治理、公司治理等方面的作用不断显现。为了适应经济社会形势发展的要求,培养会计审计服务人才,我们围绕审计领域改革和发展的新动向,编写了《审计学基础》一书。

审计学是一门专业性和实践性很强的学科。本书作为会计专业的专业基础课,以注册会计师审计为主,紧扣 2014 年最新修订的《中华人民共和国注册会计师法》和最新制定、修订发布的注册会计师审计执业准则,阐述了审计的基本原理和方法,围绕风险导向审计模式全面阐述了审计的基本过程。本书每章前设有本章学习目标提示,每章后附有适量的复习思考题,以帮助读者更好地学习和理解审计的基本知识。书后的附录展现了中华人民共和国注册会计师法、中国注册会计师执业准则制定主要过程一览、中国注册会计师现行执业准则(2016 年)和中国注册会计师职业道德守则,便于学生阅读学习。

本书由刘相礼、朱延琳、孙萌担任主编。各章内容主要由长期从事会计审计教学、具有丰富教学经验和会计审计实践经历,并具备注册会计师、注册税务师、资产评估师等职业资格的"双师型"教师编写完成。本书的内容分为十五章,编写分工如下:第一章和第二章由刘相礼、崔冉编写;第三章由朱延琳、高艳编写;第四章由张栋、崔冉编写;第五章由朱延琳、高艳编写;第六章由季荣花、高艳编写;第七章由朱延琳、高艳编写;第八章由陈爱伟、张新编写;第九章和第十章由孙萌、刘梦扬编写;第十一章由孔祥芬编写;第十二章由张栋、刘相礼编写;第十三章和十四章由季荣花、刘相礼编写;第十五章由刘相礼、李文军编写。

在本书编写过程中,编者参阅了大量相关法律、法规、准则、制度和国内学者的有关论著文献,在此一并向他们致以诚挚的谢意,有关参考文献附书后。

本书可作为高等院校经济管理、会计审计以及相关专业的教学用书,亦可作为会计审计工作人员和其他经济管理人员学习的参考书。

由于编者水平有限,错漏之处在所难免,恳请读者批评指正,以便以后修改、完善。

编　者

2017 年 6 月

目　　录

第一章　审计概论 ··· (1)
  第一节　审计的产生与发展 ··· (1)
  第二节　审计的基本概念 ·· (7)
  第三节　审计分类 ·· (10)
  第四节　财务报表审计模式的演进 ··· (13)
  审计法规链接 ·· (15)
  复习思考题 ··· (15)

第二章　注册会计师执业准则 ··· (16)
  第一节　鉴证业务基本准则 ·· (16)
  第二节　审计准则和审阅准则 ··· (21)
  第三节　质量控制准则 ·· (24)
  审计法规链接 ·· (26)
  复习思考题 ··· (27)

第三章　注册会计师职业道德及法律责任 ·· (28)
  第一节　职业道德基本原则和概念框架 ··· (28)
  第二节　职业道德和概念框架的具体运用 ·· (33)
  第三节　治理层和管理层的责任 ·· (41)
  第四节　注册会计师的法律责任 ·· (42)
  审计法规链接 ·· (46)
  复习思考题 ··· (46)

第四章　审计目标 ··· (47)
  第一节　财务报表审计总目标 ··· (47)
  第二节　对财务报表的责任以及管理层认定 ··· (49)
  第三节　审计具体目标 ·· (51)
  第四节　审计过程 ·· (54)
  审计法规链接 ·· (55)
  复习思考题 ··· (55)

第五章 审计计划 ...... (57)

第一节 初步业务活动 ...... (57)

第二节 总体审计策略和具体审计计划 ...... (60)

第三节 审计重要性 ...... (64)

第四节 审计风险 ...... (68)

审计法规链接 ...... (71)

复习思考题 ...... (71)

第六章 审计证据和审计工作底稿 ...... (72)

第一节 审计证据和基本特征 ...... (72)

第二节 审计证据获取的程序 ...... (75)

第三节 审计抽样 ...... (77)

第四节 审计工作底稿 ...... (86)

审计法规链接 ...... (89)

复习思考题 ...... (90)

第七章 风险评估与风险应对 ...... (91)

第一节 风险评估 ...... (91)

第二节 风险应对 ...... (112)

审计法规链接 ...... (123)

复习思考题 ...... (124)

第八章 销售与收款循环的审计 ...... (125)

第一节 销售与收款循环的特点 ...... (125)

第二节 销售与收款循环的内部控制测试 ...... (130)

第三节 销售与收款循环的实质性程序 ...... (133)

审计法规链接 ...... (152)

复习思考题 ...... (153)

第九章 采购与付款循环的审计 ...... (154)

第一节 采购与付款循环的特点 ...... (154)

第二节 采购与付款循环的内部控制测试 ...... (157)

第三节 采购与付款循环的实质性程序 ...... (162)

审计法规链接 ...... (169)

复习思考题 ...... (169)

第十章 生产与存货循环的审计 ...... (170)

第一节 生产与存货循环的特点 ...... (170)

第二节　生产与存货循环的内部控制测试 …………………………………… (172)
　　第三节　生产与存货循环的实质性程序 …………………………………… (178)
　　审计法规链接 ……………………………………………………………………… (190)
　　复习思考题 ………………………………………………………………………… (190)

第十一章　人工与薪酬循环的审计 ……………………………………………… (191)
　　第一节　人工与薪酬循环的特点 …………………………………………… (191)
　　第二节　人工与薪酬循环的内部控制测试 ………………………………… (194)
　　第三节　人工与薪酬循环的实质性程序 …………………………………… (196)
　　审计法规链接 ……………………………………………………………………… (198)
　　复习思考题 ………………………………………………………………………… (199)

第十二章　筹资与投资循环的审计 ……………………………………………… (200)
　　第一节　筹资与投资业务概述 ………………………………………………… (200)
　　第二节　筹资与投资循环的内部控制测试 ………………………………… (203)
　　第三节　筹资循环的实质性程序 …………………………………………… (206)
　　第四节　投资循环的实质性程序 …………………………………………… (213)
　　审计法规链接 ……………………………………………………………………… (216)
　　复习思考题 ………………………………………………………………………… (216)

第十三章　货币资金的审计 ………………………………………………………… (217)
　　第一节　货币资金审计概述 …………………………………………………… (217)
　　第二节　货币资金的内部控制测试 ………………………………………… (220)
　　第三节　货币资金的实质性程序 …………………………………………… (221)
　　审计法规链接 ……………………………………………………………………… (227)
　　复习思考题 ………………………………………………………………………… (227)

第十四章　特殊项目的审计 ………………………………………………………… (229)
　　第一节　期初余额的审计 ……………………………………………………… (229)
　　第二节　期后事项的审计 ……………………………………………………… (230)
　　第三节　其他项目的审计 ……………………………………………………… (232)
　　审计法规链接 ……………………………………………………………………… (235)
　　复习思考题 ………………………………………………………………………… (235)

第十五章　审计终结与审计报告 ………………………………………………… (236)
　　第一节　审计终结前的工作 …………………………………………………… (236)
　　第二节　审计报告概述 ………………………………………………………… (246)
　　第三节　标准审计报告 ………………………………………………………… (250)

第四节　非标准审计报告 …………………………………………………… (255)
审计法规链接 ……………………………………………………………… (265)
复习思考题 ………………………………………………………………… (266)

附录1　中华人民共和国注册会计师法 ………………………………………… (267)
附录2　中国注册会计师执业准则制定主要过程一览 ………………………… (273)
附录3　中国注册会计师现行执业准则目录(2016年) ………………………… (274)
附录4　中国注册会计师职业道德守则目录 …………………………………… (276)
参考文献 ……………………………………………………………………………… (277)

第一章 审计概论

【本章学习目标】
1. 了解审计的产生与发展过程。
2. 掌握审计的基本特征、职能和审计对象。
3. 了解审计的各种分类方法。
4. 理解财务报表审计模式的演进。

第一节 审计的产生与发展

审计是人类社会经济活动发展到一定阶段的产物,作为一种经济监督活动,随着社会经济活动的发展而产生,又随着社会经济活动的发展而发展。

一、政府审计的产生与发展

(一) 我国政府审计的产生与发展

我国政府审计经历了一个漫长的发展过程,大体上可以分为以下六个阶段。

1. 西周初期初步形成阶段

我国政府审计的起源,基于西周的宰夫。我国西周国家财计机构分为两个系统:一是地官大司徒系统,掌管财政收入;二是天官冢宰系统,掌管财政支出。天官所属中大夫司会,为主宦之长,主天下之大计,分掌王朝财政经济收支的全面核算。

西周在司会之下设宰夫担任审计职责,据《周礼》记载:"宰夫岁终,则令群吏正岁会。月终,则令正月要。旬终,则令正日成。而考其治,治以不时举者,以告而诛之。"由此可见,宰夫是独立于财计部门之外的官职,宰夫的设立标志我国政府审计的产生。

2. 秦汉时期确立阶段

秦朝,中央设三公、九卿辅佐政务。御史大夫为"三公"之一,执掌弹劾、纠察之权,专司监察全国的民政、财政以及财物审计事项,并协助丞相处理政事。

汉承秦制,西汉初中央仍设三公、九卿,仍由御史大夫领掌监督审计大权,并实行"上计"制度。所谓"上计",就是皇帝亲自参加听取和审核各级地方官吏的财政会计报告,以决定赏罚的制度。

御史制度是秦汉时代审计建制的重要组成部分,秦汉时代的御史大夫不仅行使政治、军事的监察之权,而且还行使经济的监督之权,控制和监督财政收支活动,勾稽总考财政收入情况。审计地位提高,审计职权加重。

3. 隋唐至宋日臻健全阶段

隋唐时代是我国封建社会的鼎盛时期,宋代是我国封建社会经济的持续发展时期。隋朝于刑部之下设比部,掌管国家财计监督,行使审计职权。唐朝改设三省六部,仍然于刑部之下设比部,负责国家财计的勾稽、查核、审理,具有很强的独立性和权威性。

宋朝设审计司,后改称审计院。宋朝的审计司或审计院的建立,是我国"审计"的正式命名,从此,"审计"一词便成为财政监督的专用名词,对后世中外审计建制具有深远的影响。

4. 元明清停滞不前阶段

元代取消比部,由户部兼管国家财计的审核,独立的审计机构即告消亡。明初设比部,但是不久即取消,后来设置都察院,负责国家财计的审察。清承明制,设置都察院为最高的监察弹劾机关。虽然明清时期的都察院制度有所加强,但其行使审计职能却具有一揽子性质。由于未设置独立的审计组织,其财计监督和政府审计职能被严重削弱,与唐代行使司法审计监督职能的比部相比较,后退了一大步。

5. 中华民国不断演进阶段

中华民国于1912年在国务院下设审计处,1914年北洋政府改为审计院,同年颁布了《审计法》。国民党政府于1928年颁布过《审计法》和实施细则,还颁布了《审计组织法》等,在审计法规的建立方面有所进步。

6. 中华人民共和国审计振兴阶段

中华人民共和国成立之初,国家没有设置独立的审计机构,在国家机关中设置了监察部,负责综合的监察监督。对企业的财税监督,是通过不定期的会计检查进行的。

我国于1982年修改的《中华人民共和国宪法》(以下简称《宪法》)中规定,建立政府审计机构,实行审计监督。1983年9月,我国政府审计的最高机关——中华人民共和国审计署设立,并在县以上各级人民政府设置各级审计机关。之后,我国陆续制定、颁布、实施了一系列审计法律法规和审计准则。

1985年8月,《国务院关于审计工作的暂行规定》发布。

1988年11月,国务院发布了《中华人民共和国审计条例》。

1994年8月31日,第八届全国人民代表大会常务委员会第九次会议通过《中华人民共和国审计法》(以下简称《审计法》),并于1995年1月1日实施,这从法律上进一步确立了政府审计的地位。

1997年10月,国务院根据《审计法》制定了《中华人民共和国审计法实施条例》,并于2010年2月2日国务院常务会议进行了修订。

2006年2月28日,第十届全国人民代表大会常务委员会第二十次会议,对《审计法》作了修正。

我国设立审计署之后,开始研究制定政府审计准则。1996年,审计署发布了若干审计规范。2000年,审计署修订发布了《中华人民共和国国家审计基本准则》和一系列通用审计准则和专业审计准则。2004年,审计署修订发布了《审计机关审计项目质量控制办法(试行)》。

2010年9月,审计署公布了新修订的《中华人民共和国国家审计准则》,于2011年1月1日起实施。新修订的《中华人民共和国国家审计准则》包括总则、审计机关和审计人员、审计计划、审计实施、审计报告、审计质量控制和责任、附则,共七章。

这一系列审计法律法规和审计准则的制定、颁布和实施,有力推动了我国政府审计的发展,并促进了我国政府审计的法制化和规范化。

(二) 西方政府审计的产生与发展

在奴隶制度下的古罗马、古埃及和古希腊时代,已有官厅审计机构。审计人员以"听证"的方式,对掌管国家财物和赋税的官吏进行审查和考核,成为具有审计性质的经济监督工作。

在资本主义时期,随着经济的发展和资产阶级国家政权组织形式的完善,国家审计也有了进一步的发展。西方国家大多在议会下设有专门的审计机关,代表国家依法行使审计监督权,对政府及国有企事业单位的财政财务收支进行审计监督。

世界各国的政治体制不同,审计机关的地位和组织领导模式也不相同,主要有以下四种。

1. 立法模式

在立法模式下,国家审计机关隶属于国家立法部门,依照国家法律赋予的权限,对各级政府机关的财政经济活动,以及国有企事业单位的财务收支和有关经济活动进行审计监督。例如,英国国家审计署、美国审计总署、加拿大审计公署等,它们独立行使审计监督职权,对国会或议会负责,不受行政当局的控制和干涉,地位较高,独立性较强。

2. 司法模式

在司法模式下,国家审计机关一般都独立于国家立法部门和国家行政部门,拥有有限的司法权。例如,法国、意大利、西班牙等国家的审计法院,它们具有审计和经济审判的职能,权威性较高。与立法型国家审计相比,司法型国家审计更加强调审计机关的权威性,并以法律形式来强化这种权威性,审计机关享有某些司法职权。

3. 行政模式

在行政模式下,国家审计机关一般隶属于国家行政部门,根据法律赋予的权限,对政府各部门、各单位的财政财务收支活动进行审计监督,并对国家行政部门负责,以便保证国家财经政策、法规、计划、预算的正常执行。例如,瑞典国家审计局和中国国家审计署等。

4. 独立模式

在独立模式下,国家审计机关一般都独立于国家的立法部门、司法部门和行政部门。

例如,日本会计检查院既不隶属于国会和内阁,又不隶属于法院,是独立于内阁且与内阁相平行的机构,其使命是检查监督国家财政的执行情况,并定期向国会报告工作,具有较高的独立性。

二、注册会计师审计的产生与发展

(一)西方民间审计的起源与发展

注册会计师审计起源于企业所有权和经营权的分离,是市场经济发展到一定阶段的产物。从注册会计师审计发展的历程来看,注册会计师审计最早起源于意大利的合伙制企业,在英国股份公司出现后得以形成,伴随着美国资本市场的发展而逐步完善起来。

1. 注册会计师审计的起源

注册会计师审计起源于16世纪的意大利。当时,地中海沿岸的商业城市已经比较繁荣,而威尼斯是地中海沿岸国家航海贸易最为发达的地区,是东西方贸易的枢纽,商业经营规模不断扩大。为了适应筹集资金的需要,合伙制企业应运而生。合伙制企业的合伙人有的参与企业的经营管理,为执行合伙人;有的合伙人则不参与,为非执行合伙人。合伙制企业的所有权与经营权开始分离。那些执行合伙人有责任向非执行合伙人证明合伙契约的履行情况、利润的计算与分配情况,以保障全体合伙人的权益。这样客观上需要独立的熟悉会计专业的人士对合伙企业的经济活动进行鉴证。到了16世纪,意大利的商业城市中已经出现了一批专门从事查账和公证工作的会计专业人员,他们从事的工作可以说是注册会计师审计的起源。1581年,威尼斯会计协会成立,米兰等城市也陆续成立了职业会计师组织。

2. 注册会计师审计的形成

英国在注册会计师职业的形成和发展过程中发挥了重要的作用。18世纪,英国的资本主义经济得到了迅速发展,生产的社会化程度大大提高,企业的所有权与经营权进一步分离。这些从客观上需要由外部的会计师对企业的经营管理情况进行检查,于是英国出现了第一批以查账为职业的独立会计师。他们受企业主的委托,对企业会计账目进行逐笔检查,重点在查错防弊,检查结果向企业主报告。企业是否聘请独立会计师进行查账,这由企业主自行决定,此时的独立审计尚处于任意审计阶段。

股份有限公司的兴起,使企业的所有权与经营权进一步分离,绝大多数股东不再直接参与经营管理,但出于自身的利益,他们非常关心公司的经营成果。潜在的投资人同样十分关心公司的经营情况,以便进行投资决策。同时,由于金融资本对产业资本的渗透,增加了债权人的风险,债权人也非常重视公司的生产经营情况,以便决定是否继续贷款或者索偿债务。公司的财务状况和经营成果,只能通过公司提供的财务报表来反映,客观上产生了由独立会计师对企业财务报表进行审计,以保证财务报表真实可靠的需求。

值得一提的是,注册会计师审计产生的"催产剂"是1721年英国的"南海公司事件"。南海公司当时推出了一系列宏大的发展计划，以虚假的会计信息诱骗投资者，其股票价格一时扶摇直上；但好景不长，真相败露后，股东或投资者和债权人损失惨重。英国议会聘请会计师查尔斯·斯耐尔对南海公司进行审计。查尔斯·斯耐尔以"会计师"的名义出具了对南海公司的"查账报告书"，宣告了独立会计师——注册会计师的诞生。

1844年，英国议会颁布了《公司法》，规定股份公司必须设监察人，负责审查公司的账目。1845年，英国议会又对《公司法》进行了修订，规定股份公司的账目必须经董事以外的人员审计。此后，英国政府对一批熟悉查账知识并从事会计业务的独立会计师进行了资格确认。1853年，爱丁堡会计师协会成立，这是第一个注册会计师的专业团体，该协会的成立标志注册会计师职业的诞生。1862年，英国《公司法》确定注册会计师为法定的破产清算人，由此确立注册会计师审计的法律地位。

3. 注册会计师审计的发展

从20世纪初开始，全球经济发展重心逐步由欧洲转向美国，促使美国的注册会计师审计得到了迅速发展，这对注册会计师职业在全球的迅速发展发挥了重要作用。

美国南北战争结束后，英国的巨额资本开始流入美国，促进了美国经济的发展。为了保护广大投资者和债权人的利益，英国的注册会计师到美国开展审计业务；同时，美国本土也很快形成自己的注册会计师队伍。1887年，美国公共会计师协会成立，1916年该协会改组为美国注册会计师协会，后来成为世界上最大的注册会计师职业团体。

20世纪早期的美国，由于金融资本对产业资本更为广泛的渗透，企业同银行的利益关系更加紧密，银行逐渐把企业的资产负债表作为了解企业信用的主要依据，帮助贷款人及其他债权人了解企业信用的资产负债表审计应运而生。

1929—1933年，资本主义世界经历了历史上最严重的经济危机，大批企业倒闭，促使企业利益相关者从只关心企业财务状况转变到更加关心企业的盈利水平，这在客观上促使注册会计师对企业的利润表进行审计。这样，美国注册会计师审计的重点从保护债权人为目的的资产负债表审计，转向以保护投资者为目的的利润表审计。

1933年，美国《证券法》规定，在证券交易所上市的企业的财务报表，必须接受注册会计师审计，向社会公众公布注册会计师出具的审计报告。审计报告使用人扩大到社会公众。

4. 注册会计师审计的国际化及业务领域拓展

第二次世界大战以后，经济发达国家推动本国的企业向海外拓展，跨国公司得到了空前发展。国际资本的流动带动了注册会计师职业的跨国界发展，形成了一批国际会计师事务所。随着会计师事务所规模的扩大，形成了多家著名的国际会计师事务所，这些国际会计师事务所几经合并，发展为目前的"四大"国际会计师事务所，即普华永道会计师事务所、安永会计师事务所、毕马威会计师事务所和德勤会计师事务所。

随着企业规模的扩大和业务的复杂化，以及经济全球化，会计师事务所的竞争也日益剧烈，促使审计技术不断发展，注册会计师的业务范围不断扩大，已经从传统的会计报表审计扩展到税务筹划、税务代理、会计服务、管理咨询、资产评估等领域,并且这些服务收入在会计师事务所的收入占比中不断提高。

(二)我国注册会计师审计的起源与发展

1. 我国注册会计师审计的起源

我国注册会计师审计的历史比西方国家晚一些。中国的注册会计师审计始于辛亥革命之后。1918年9月,北洋政府农商部颁布了我国第一部注册会计师法规——《会计师暂行章程》,并于同年批准著名会计学家谢霖先生为中国的第一位注册会计师,谢霖先生创办的中国第一家会计师事务所——正则会计师事务所也获准成立。此后,又逐步批准了一批注册会计师,建立了一批会计师事务所,包括潘序伦先生创办的"潘序伦会计师事务所"(后改称"立信会计师事务所")等。1930年,国民政府颁布了《会计师条例》,确立了会计师的法律地位,之后上海、天津、广州等沿海城市也相继建立了一批会计师事务所。注册会计师业务主要是为企业设计会计制度、代理申报纳税、培训会计人才和提供其他的会计咨询服务。

在中华人民共和国成立初期,注册会计师审计在国民经济恢复工作中发挥了积极作用,对平抑物价、保证国家财政经济状况好转、恢复国民经济做出了贡献。但是,后来由于我国推行高度集中的计划经济模式,注册会计师便悄然退出了经济舞台。

2. 我国注册会计师审计的发展

1978年,党的十一届三中全会以后,我国实行改革开放的方针,把工作重点转移到社会主义现代化建设上来,商品经济得到迅速发展,外商来华投资日益增多,为注册会计师制度的恢复重建创造了客观条件。

1980年12月,财政部颁布了《中华人民共和国中外合资经营企业所得税法实施细则》,规定外资企业财务报表要由注册会计师进行审计,这为恢复我国注册会计师制度提供了法律依据。同月,财政部发布《关于成立会计顾问处的暂行规定》,标志我国注册会计师职业开始复苏。1981年1月1日,"上海会计师事务所"宣告成立,成为中华人民共和国第一家由财政部批准独立承办注册会计师业务的会计师事务所。我国注册会计师制度恢复后,注册会计师的服务对象主要是"三资"企业。1985年1月实施的《中华人民共和国会计法》规定,经国务院财政部门批准组成会计师事务所,可以按照国家有关规定承办查账业务。1986年7月,国务院颁布《中华人民共和国注册会计师条例》,同年10月1日起实施。随着会计师事务所数量的增加、业务范围的拓宽,加强注册会计师行业管理提上了日程。1988年11月,财政部成立了中国注册会计师协会,随后各地方相继成立了省级注册会计师协会。1991年进行了第一次注册会计师全国统一考试。

1993年10月31日,第八届全国人大常委会第四次会议审议通过了《中华人民共和国注册会计师法》(以下简称《注册会计师法》),自1994年1月1日起实施。《注册会计师法》颁布实施后,我国注册会计师行业进入了全面振兴时期。注册会计师行业从最初主要为"三资"企业提供查账、资本验证等服务,发展到为接受委托为所有的企业提供财务报表审计业务,执业范围得到进一步扩展和延伸。

为了规范注册会计师的执业行为,促进注册会计师行业的发展,我国不断建设执业标准,颁布了一系列审计准则等执业准则。根据审计国际化的发展趋势和审计环境的巨大变化,我国审计准则于2006年初步实现了与国际审计准则的趋同,形成了我国与国际趋同的审计准则体系。

三、内部审计的产生与发展

内部审计具有悠久的历史,奴隶社会就有了内部审计的萌芽,中世纪是内部审计的发展时期。在中世纪,西方内部审计主要采取寺院审计、行会审计和庄园审计等形式。近代的内部审计产生于19世纪末期,最先产生于西方经济发达的国家,之后不断发展完善。

自20世纪80年代以来,随着中国经济迅速发展、改革开放的深入和经济市场化程度的加深,内部审计的作用越来越显著,也越来越受重视。1983年8月20日,国务院转发了审计署《关于开展审计工作几个问题的请示》,提出建立内部审计监督制度问题。该文件指出:建立和健全部门、单位的内部审计,是搞好国家审计监督的基础。1985年8月,国务院发布《内部审计暂行规定》,为内部审计提供了法律依据。《内部审计暂行规定》要求政府部门和大中型企事业单位实行内部审计监督制度。1985年12月5日,审计署颁布《审计署关于内部审计工作的若干规定》,这是审计署成立后第一个关于内部审计工作的法规文件,对我国内部审计工作进行了规范。1995年7月,国家审计署颁布了《审计署关于内部审计工作的规定》。

1998年经审计署批准,成立于1987年的中国内部审计学会更名为中国内部审计协会,使其成为对内审机构进行自律管理的全国性组织。2003年3月4日,新的《审计署关于内部审计工作的规定》颁布,自2003年5月1日实行新规定。之后,中国内部审计协会陆续发布了《内部审计基本准则》《内部审计人员职业道德规范》,以及一系列具体准则和实务指南,初步形成了内部审计准则体系。2013年8月20日,中国内部审计协会以公告形式发布了新修订的《中国内部审计准则》,并于2014年1月1日起施行。新准则的发布,标志我国内部审计准则体系进一步完善和成熟,并逐步与国际惯例接轨。

第二节 审计的基本概念

一、审计的含义和基本特征

审计,是指由专门的组织和人员根据授权或者委托,对国家政府机关、金融机构、企事业单位及其他组织的经济活动和财务收支进行监督、评价和鉴证。

从审计的含义中,我们可以看出以下两点:

其一是指审计是一种经济监督活动,经济监督是审计的基本职能;

其二是指审计具有独立性,独立性是审计监督最本质的特征,是区别于其他经济监督的关键所在。

审计与经济管理活动以及其他专业性经济监督活动相比较,主要具有以下三个方面的基本特征。

(一)独立性

独立性是审计的本质特征,也是保证审计工作顺利进行的必要条件。

审计实践经验表明,审计在组织上、人员上、工作上、经费上均具有独立性。为了确保审计机构独立地行使审计监督权,必须建立独立的专职机构。

为了确保审计人员能够实事求是地检查、客观公正地评价与报告,审计人员与被审计单位应当不存在任何经济利益关系,不参与被审计单位的经营管理活动。如果审计人员与被审计单位或者审计事项有利害关系,应当回避。审计机构和审计人员应依法独立行使审计监督权,严格地遵循审计准则执行审计业务,根据收集的审计证据做出审计判断、形成审计意见、出具审计报告。

(二)权威性

权威性是保证有效行使审计权的必要条件。各国法律对实行审计制度、建立审计机关以及审计机构的地位和权力都有明确规定,使审计组织具有法律赋予的权威性。我国实行审计监督制度在《宪法》中作了明文规定,《审计法》中又进一步规定,国家实行审计监督制度。国务院和县级以上地方人民政府设立审计机关。审计机关依照法律规定的职权和程序,进行审计监督。

(三)公正性

审计的公正性反映了审计工作的基本要求。公正性要求审计人员理应站在第三者的立场上,进行实事求是的检查,做出不带任何偏见的、符合客观实际的判断,并做出公正的评价和结论。审计只有保持独立性、公正性,才能真正地树立审计权威,才能取信于社会公众。

二、审计的职能和作用

(一)审计的职能

审计的职能,是指审计能够完成任务,发挥作用的内在功能。审计的职能并不是一成不变的,它是随着社会经济的发展、经济关系的变化不断加深和扩展。一般认为,审计具有经济监督、经济评价、经济鉴证的职能。

1. 经济监督

经济监督是审计的基本职能。无论是传统审计,还是现代审计,其基本职能都是经济监督。不仅国家审计具有监督职能,而且注册会计师审计和内部审计都具有监督职能。

审计的经济监督职能,是指通过审计工作,监察和督促有关经济责任者忠实地履行经济责任,促使被审计单位的经济活动在规定的范围内、按照预定的方向合理运行。

2. 经济评价

审计的经济评价职能,是指审计机构和审计人员遵循有关依据,通过审核,对被审计单位的经济决策的可行性、经济活动的效率和效果、管理水平的高低、内部控制的有效性等进行评价,以总结经验,寻求改善管理,提高效率、效益的途径和措施。

3. 经济鉴证

审计的经济鉴证职能,是指审计机构和审计人员依据会计准则、会计制度,以及有关经济法规,对被审计单位会计报表及其他的经济资料进行衡量,并就其反映的财务状况和经营成果的公允性、合法性做出鉴定和证明,以提高或降低会计报表使用者对被审计单位会计报表的信赖程度,维护利益相关者的合法权益。

(二)审计的作用

审计监督对于宏观经济管理和微观经济管理均能发挥以下两个方面的作用。

1. 制约作用

审计通过揭露、制止和处罚等手段来制约经济活动中的各种消极因素,有助于各种经济责任的正确履行和社会经济的健康发展。通过审计,可以揭露背离社会主义方向的经营行为,揭露经济资料中的错误和舞弊行为,揭露经济生活中的各种不正之风,协助打击各种经济犯罪活动。通过对经济活动的审查监督,可以揭露不正当的经济关系,遏制不正之风。

2. 促进作用

审计通过调查、评价、提出建议等手段来促进宏观经济调控,促进微观经济管理,有助于国民经济管理水平和绩效的提高。通过审计,可以促进经济管理水平和经济效益的提高,促进被审计单位内控制度的建设和完善,促进社会经济秩序的健康运行,促进各种经济利益关系的正确处理。

审计也是建立廉洁政府、净化社会风气的一个有力工具,审计监督不仅有利于我国经济制度的建设,而且对于中国特色社会主义政治制度建设也会发挥更大的作用。

三、审计对象

审计对象,是对被审计单位和审计的范围所作的理论概括。审计对象包含两层含义:其一是审计实体,即被审计单位;其二是审计内容或对审计内容在范围上的限定。

纵观中外审计史,传统审计对象和现代审计对象是不同的。传统审计对象主要是被审计单位的财政财务收支。它是以会计资料及其所反映的财务收支为主要对象的审计。例如,古代早期的簿记审计,20世纪前流行于英国的对所有会计报表及凭证、账簿进行的详细审计;20世纪后流行于美国的资产负债表及财务报表审计,以及中国目前的财政财务审计,都是以会计资料及其所反映的财务收支为主要对象的传统审计方式。其特点是实施这一审计是为了评价、确认、解除受托的经营管理者在财务收支上的经济责任。审计的核心是审计评价经济责任的履行情况。而现代审计对象主要是被审计单位的财政财务收支及其有关经济活动。

20世纪下半叶,为了适应经济的发展,审计的外延有所扩大。在西方出现了经营审计、管理审计、绩效审计等,以及在中国实施的经济效益审计,其审查对象都超出了原有的财政财务收支活动的范围,而扩展到影响经济效益的生产经营管理等各个方面。而对被审计事项已实现和预计实现的经济效益进行事前事后的审计和评价,其中包括收支活动在内的各项经营管理活动的信息,除了会计资料以外,还有计划、统计以及其他的各种资料,例如合同、协议、决策、预算、章程等。因而,现代审计对象既包括会计资料及其所反映的财政财务收支活动,又包括其他的经济资料及其所反映的各项生产经营管理活动。

第三节 审计分类

一、按照实施主体分类

按照实施主体分类,审计可以分为政府审计、部门和单位内部审计、注册会计师审计。

(一)政府审计

政府审计又称国家审计,是指国家专设的审计机关进行的审计,是国家审计机关对政府及公共部门履行职责的规范性及管理和使用公共资源的经济性、效率性、效益性进行的检查和评价。中华人民共和国审计署及派出机构和地方各级人民政府审计厅(局)所组织和实施的审计,均属于国家审计。我国国家审计机关代表政府实行审计监督,依法独立行使审计监督权。

进行政府审计的目的是:维护国家财政经济秩序;提高财政资金使用效益;促进廉政建设;保障国民经济和社会健康发展。

政府审计的范围非常广泛,包括一切财政财务收支的真实性、合法性和效益性。根据《审计法》的规定,国务院各部门和地方各级人民政府及其各部门的财政收支,国有的金融机构和企事业组织的财务收支,以及其他依照《审计法》应当接受政府审计的财政收支、财务收支,均属于政府审计的范围。

审计机关依照法律规定的职权和程序,对被审计单位财政收支或者财务收支的真实、合法和效益,依法进行审计监督,在法定职权范围内做出审计决定。同时,国家审计机关还可以进行授权审计和委托审计。

(二)部门和单位内部审计

内部审计,是指由本部门和本单位内部专门设置的审计机构,对系统内和单位内所实施的审计。内部审计,其审计组织独立于财会部门和其他的职能部门以外,直接接受本部门和本单位最高负责人的领导,并向其报告工作。内部审计是一种独立、客观的确认和咨询活动,它通过运用系统、规范的方法,审查和评价组织的业务活动、内部控制和风险管理的适当性和有效性,以促进组织完善治理、增加价值和实现目标。

部门和单位内部审计的主要目的是：查错防弊；改善经营；提高管理素质、工作效率及经济效益。部门和单位内部审计所涉及的范围广泛，其审计方式也较为灵活，一般是根据本部门和本单位经营管理的需要而定。

部门和单位内部审计又可以进一步分为部门审计和单位审计。其中，部门审计是指由政府部门或企业主管部门的审计机构或专职审计人员，对本部门及其所属单位的财政收支及经济活动所进行的审计监督；单位审计是指由企事业单位内部设置的审计机构或专职审计人员，对本单位范围的经济活动所进行的审计。

（三）注册会计师审计

注册会计师审计又称民间审计或社会审计，是指由会计师事务所进行的独立审计。我国社会审计组织主要是会计师事务所。注册会计师审计是受托审计，它接受国家审计机关、政府其他部门、企业主管部门和企事业单位的委托，进行财务报表的审计业务、审阅业务、其他鉴证业务；接受委托进行经济效益及经济责任等方面的审计。此外，注册会计师还可以接受委托，办理经济案件鉴定、纳税咨询服务、管理咨询业务、会计服务业务等相关服务业务。

二、按照内容和目的分类

按照内容和目的分类，审计可以分为财务报表审计、经营审计和合规性审计。

（一）财务报表审计

财务报表审计，是指注册会计师通过执行审计工作，对财务报表是否按照适用的财务报告编制基础发表审计意见进行的审计。财务报告编制基础分为通用目的编制基础和特殊目的编制基础，其中通用目的编制基础主要是指会计准则和会计制度。当然，对按照计税核算基础、现金收入和支出核算基础或监管机构的报告要求编制的财务报表，注册会计师进行审计比较普遍。财务报表通常包括资产负债表、利润表、现金流量表、所有者权益（或股东权益）变动表以及财务报表附注。一般来说，经注册会计师审计的财务报表通常由被审计单位管理层提供给外部利益相关者使用。在许多情况下，财务报表的信息也供被审计单位管理层进行内部决策。尽管财务报表审计在大多数情况下由注册会计师完成，以独立第三者的身份对财务报表发表意见，但政府审计和内部审计有时也会对企业财务报表进行审计。

（二）经营审计

经营审计，是指注册会计师为了评价被审计单位经营活动的效率和效果，而对其经营秩序、经济责任履行情况、财务收支及经济活动进行的审计。在经营审计中，审计对象不限于会计，还包括组织机构、计算机信息系统、生产方法、市场营销以及其他领域。经营审计的主要目的是促使被审计单位完善内部控制制度，落实经济责任，改善经营管理，提高经营效益。

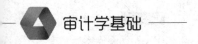

（三）合规性审计

合规性审计，是指注册会计师为了确定被审计单位是否遵循了特定的法律法规、程序或规则，或者是否遵守将影响经营或报告的合同的要求而进行的审计。合规性审计的结果通常报送给被审计单位管理层或外部特定使用者。

三、审计的其他分类

（一）事前审计、事中审计和事后审计

按照审计实施时间相对于被审计单位经济业务发生的前后分类，审计可以分为事前审计、事中审计和事后审计。

1. 事前审计

事前审计，是指在被审计单位经济业务实际发生以前进行的审计。这实质上是对计划、预算、预测和决策进行审计。例如，国家审计机关对财政预算编制的合理性、重大投资项目的可行性等进行的审查；会计师事务所对企业盈利预测文件的审核；内部审计组织对本企业生产经营决策和计划的科学性与经济性、经济合同的完备性进行的评价等。

开展事前审计，有利于被审计单位进行科学决策和管理，保证未来经济活动的有效性，避免因决策失误而遭受重大损失。一般认为，内部审计组织最适合从事事前审计，因为内部审计强调建设性和预防性，能够通过审计活动充当单位领导进行决策和控制的参谋、助手和顾问。而且内部审计结论只作用于本单位，不存在对已审计划或预算的执行结果承担责任的问题，审计人员无开展事前审计的后顾之忧。同时，内部审计组织熟悉本单位的活动，掌握的资料比较充分，且易于联系各种专业技术人员，有条件对各种决策、计划等方案进行事前分析比较，做出评价结论，提出改进意见。

2. 事中审计

事中审计，是指在被审计单位经济业务执行过程中进行的审计。例如，对费用预算、经济合同的执行情况进行审查。通过这种审计，被审计单位能够及时发现和反馈问题，尽早纠正偏差，从而保证经济活动按预期目标合法合理和有效地进行。

3. 事后审计

事后审计，是指在被审计单位经济业务完成之后进行的审计。大多数审计活动都属于事后审计。事后审计的目标是监督经济活动的合法性和合规性，鉴证企业会计报表的真实性和公允性，评价经济活动的效果和效益状况。

（二）定期审计和不定期审计

按照实施的周期性分类，审计可以分为定期审计和不定期审计。

1. 定期审计

定期审计，是指按照预定的间隔周期进行的审计。例如，注册会计师对股票上市公司年度会计报表进行的每年一次审计、国家审计机关每隔几年对行政事业单位进行的财务收支审计等。

2. 不定期审计

不定期审计,是指出于需要而临时安排进行的审计。例如,国家审计机关对被审计单位存在的严重违反财经法规行为突击进行的财经法纪专案审计;会计师事务所接受企业的委托对拟收购公司的会计报表进行的审计;内部审计机构接受总经理的指派对某分支机构经理人员存在的舞弊行为进行审查等。

(三) 报送审计和就地审计

按照审计实施地点分类,审计可以分为报送审计和就地审计。

1. 报送审计

报送审计又称送达审计,是指被审计单位按照审计机关的要求,将需要审查的全部资料送到审计机关所在地就地进行的审计。报送审计是政府审计机关进行审计的重要方式。这种审计方法的优点是省时、省力;缺点是不易发现被审计单位的实际问题,不便于用观察的方法或盘点的方法进一步审查取证,从而使审计的质量受到一定的影响。

2. 就地审计

就地审计又称现场审计,是审计机构派出审计小组和专职人员到被审计单位现场进行的审计。它是国家审计机关、民间审计组织和内部审计部门进行审计的主要类型。

第四节 财务报表审计模式的演进

自从审计产生以来,审计模式一直随着审计环境的变化调整着。审计模式已经从最初的账项基础审计(详细审计)模式,经过制度基础审计模式,发展到现代的风险导向审计模式。

一、账项基础审计(详细审计)

在审计发展的早期(19世纪以前),由于企业组织结构简单,业务性质单一,注册会计师审计主要是为了满足财产所有者对会计核算进行独立检查的要求,促使受托责任人(通常为经理或下属)在授权经营过程中做出诚实、可靠的行为。注册会计师审计的重心在资产负债表,旨在发现和防止错误与舞弊,审计方法通常采用账项基础审计(详细审计)。

账项基础审计又称详细审计,由于早期获取审计证据的方法比较简单,注册会计师将大部分精力投向会计凭证和会计账簿的详细检查。这种审计方式是围绕会计凭证、会计账簿和财务报表的编制过程来进行的。注册会计师通过对账表上的数字进行详细核实来判断是否存在舞弊行为和技术上的错误。通常,注册会计师会花费大量的时间进行检查、核对、加总和重新计算,所以,这要求注册会计师具备良好的簿记和会计知识。随着审计范围的扩展和组织规模的扩大,注册会计师开始采用审计抽样技术,只是抽查数量仍然很大,而且在抽查样本的选择上仍然以判断抽样为主。当时,由于注册会计师并没有认识到内部控制在审计中的作用,样本的选择带有很大的盲目性。

二、制度基础审计

19世纪即将结束时,会计和审计步入了快速发展时期。由于企业规模日益扩大,经济活动和交易事项内容不断丰常、复杂,注册会计师的审计工作量迅速增大,而需要的审计技术日益复杂,使得详细审计难以实施。经过长时间的探索,注册会计师越来越认识到单纯围绕账表进行详细审计,既耗费时间,又难以很好地完成审计工作。为了保证审计工作质量,必须寻找更为可靠的审计方法。在审计实践过程中,注册会计师逐渐发现内部控制的可靠性对于审计工作具有非常重要的意义。当内部控制设计合理且执行有效时,通常表明财务报表具有较高的可靠性;当内部控制设计不合理,或虽然设计合理但没有得到有效执行时,通常表明财务报表不具有可靠性。因此,注册会计师开始将审计视角转向企业的内部控制,特别是会计信息赖以生成的内部控制,从而将内部控制与抽样审计结合起来。

制度基础审计是建立在内部控制评价基础上的审计模式。以内部控制为基础的审计方法,改变了传统的审计方法,强调对内部控制的测试和评价。如果对于某项目的测试结果表明,内部控制制度完善并得到一贯遵循,说明内部控制运行有效,该项目的内部控制就值得信赖,注册会计师对财务报表相关项目的审计可以执行较少的实质性程序,审计时只需抽取少量的样本便可以得出审计结论。如果对于某项目的测试结果表明,内部控制制度存在重大缺陷或者未能得到一贯遵守,说明内部控制运行无效,该项目的内部控制就不值得信赖,注册会计师对财务报表相关项目的审计需要执行较多的实质性程序,根据情况扩大审计范围,检查足够多数量的样本,才能得出审计结论。

值得一提的是,企业规模的扩大、统计抽样技术的应用以及内部控制在企业的普及,推进了制度基础审计的产生和发展。从20世纪50年代起,以控制测试为基础的抽样审计在西方国家得到广泛应用,这也是审计方法逐渐走向成熟的重要标志。内部控制测试和评价构成了审计方法的重要组成部分。从方法论的角度,这种方法被称作制度基础审计方法。

三、风险导向审计

风险导向审计是一种将审计策略建立在对企业各种经营风险和审计风险要素综合评价基础上的审计模式。自20世纪80年代以来,科学技术和政治经济发生急剧变化,对企业的经营管理产生重大影响,导致企业竞争更加激烈,经营风险日益增加,倒闭事件不断发生。于是对注册会计师的审计工作提出了更高的要求,注册会计师必须从更高层次综合考虑企业的环境和面临的经营风险,把握企业面临的各方面情况,分析企业经济业务中可能出现的错误和舞弊行为,并以此为出发点制定审计策略,依据审计风险模型,以确保审计工作的效率和效果。审计风险模型用下列方程式表示:

$$审计风险(AR) = 固有风险(IR) \times 控制风险(CR) \times 检查风险(DR)$$

由于被审计单位的固有风险和控制风险难以分开,难以单独进行评估,因此将两者

综合考虑,合并为重大错报风险。这样,审计风险模型又可以表示如下:

$$审计风险(AR)=重大错报风险×检查风险(DR)$$

审计风险,是指当财务报表存在重大错报时注册会计师发表不恰当审计意见的可能性。固有风险,是指在考虑相关的内部控制之前,某类交易、账户余额或披露的某一认定易于发生错报(该错报单独或连同其他错报可能是重大的)的可能性。控制风险,是指某类交易、账户余额或披露的某一认定发生错报,该错报单独或连同其他错报可能是重大的,但没有被内部控制及时防止或发现并纠正的可能性。检查风险,是指如果存在某一错报,该错报单独或连同其他错报可能是重大的,注册会计师为了将审计风险降至可接受的低水平而实施程序后没有发现这种错报的风险。

审计风险模型的出现,从理论上解决了注册会计师以制度为基础采用抽样审计的随意性,又解决了审计资源的分配问题,要求注册会计师将审计资源分配到最容易导致财务报表出现重大错报的领域。从方法论的角度,注册会计师以审计风险模型为基础进行的审计称为风险导向审计方法。

审计法规链接

1. 中华人民共和国注册会计师法
2. 中华人民共和国审计法
3. 中华人民共和国国家审计准则

复习思考题

一、重要概念

1. 审计对象
2. 制度基础审计
3. 风险导向审计
4. 审计风险

二、思考分析

1. 审计具有哪些基本特征?审计的基本职能是什么?
2. 财务报表审计的模式有哪些类型?

第二章 注册会计师执业准则

【本章学习目标】
1. 理解注册会计师业务范围和注册会计师执业准则体系的框架结构。
2. 了解鉴证业务基本准则、审计准则、审阅准则、质量控制准则的基本内容。

第一节 鉴证业务基本准则

一、注册会计师的业务

注册会计师的业务范围包括鉴证业务和相关咨询服务业务。鉴证业务包括历史财务信息审计业务、历史财务信息审阅业务、其他鉴证业务。相关咨询服务属于非鉴证业务,包括管理咨询、会计服务、税务服务等。

(一) 鉴证业务

鉴证业务,是指注册会计师对鉴证对象信息提出结论,以增强除了责任方以外的预期使用者对鉴证对象信息信任程度的业务。鉴证业务包括历史财务信息审计业务、历史财务信息审阅业务和其他鉴证业务。注册会计师执行历史财务信息审计业务、历史财务信息审阅业务和其他鉴证业务时,应当遵守鉴证业务准则、审计准则、审阅准则和其他鉴证业务准则。

(二) 相关咨询服务业务(非鉴证业务)

相关咨询服务业务(非鉴证业务),是指鉴证业务以外的业务,包括管理咨询服务、会计服务业务、税务服务业务、执行商定程序业务等。

1. 管理咨询服务

管理咨询服务是注册会计师与非注册会计师激烈竞争的一个领域。其业务范围很广,包括对公司的治理结构、信息系统、预算管理、人力资源管理、经营效率等提供意见和建议。注册会计师进行管理咨询服务,咨询质量以客户的经营成果加以判断,例如管理控制的改善、成本的有效控制、业务效率的提高等。同时,管理当局也是用评估管理者的标准来评估注册会计师的,即他们的服务能否"为客户增加价值"。那么,注册会计师在审计业务中就有可能因为经济利益而损害其独立性。另外,由于公司大多将审计业务和咨询业务委托给同一家会计师事务所,因此部分会计师事务所倾向于收取较低的审计费用来吸引客户以获取利润丰厚的非审计业务,这就是所谓的"抛低球"(Lowballing),这一做法已引起了颇多争议,被认为有损于注册会计师的职业道德和独立性。

2．会计服务业务

会计服务是中小型会计师事务所的主要业务,包括代理记账、编制会计报表、处理工资单等。英国特许公认会计师公会(The Association of Chartered Certified Accountants,ACCA)的职业道德准则明确规定若被审计单位是上市公司,则承担其审计业务的会计师事务所不能为其提供编制会计报表的服务,但并未对会计师事务所为非上市公司提供这项服务做出明令禁止。实际上,内部控制制度健全的大公司很少要求会计师事务所提供这项服务。相反,许多的小规模企业常常要求注册会计师在执行审计业务之前代为编制会计报表。由于同时提供会计服务和审计服务本身造成一种矛盾,会产生自我评价威胁,所以这种服务被认为是有损于注册会计师的独立性的。

3．税务服务业务

税务服务包括税务代理和税务筹划。税务代理,是指注册会计师接受企业或个人的委托,为其只填纳税申报表,办理纳税事项。税务筹划,是指由于纳税义务发生范围和时间不同,注册会计师从客户利益出发,代替纳税义务人设计可替代或不同结果的纳税方案。在税务代理中,注册会计师代理计算董事长的个人所得税业务,在协助计算董事长的个人所得税时会使注册会计师与董事长的关系变得非常敏感,尤其在计算应纳税所得额出现争议的情况下,董事长往往会给注册会计师施加额外的压力。

4．执行商定程序业务

执行商定程序业务属于其他相关服务业务(自愿委托业务)。其主要内容是注册会计师利用专业知识及其积累的经验和声誉,对财务信息执行与委托人或其相关利益人商定的程序,并报告其结果。

二、注册会计师执业准则体系框架

为了规范中国注册会计师协会会员的职业行为,注册会计师从事业务应当遵守执业规范。注册会计师执业规范包括《注册会计师法》、《中国注册会计师执业规范准则》和《中国注册会计师职业道德守则》(如图2-1所示)。

图 2-1　执业规范

在注册会计师执业规范中,《中国注册会计师执业规范准则》是根据《注册会计师法》制定的。中国注册会计师执业规范准则体系包括审计、审阅和其他鉴证业务准则、相关服务准则和会计师事务所质量控制准则。其中,审计、审阅与其他鉴证业务准则又分为《中国注册会计师鉴证业务基本准则》《中国注册会计师审计准则》《中国注册会计师审阅业务准则》和《中国注册会计师其他鉴证业务准则》(以下分别简称审计准则、审阅准则和其他鉴证业务准则)。审计准则是整个执业规范准则体系的核心(如图2-2所示)。

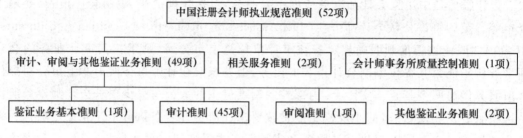

图 2-2　执业规范准则体系

审计准则用以规范注册会计师执行历史财务信息的审计业务。在提供审计服务时,注册会计师提供合理保证,并以积极方式提出结论。

审阅准则用以规范注册会计师执行历史财务信息的审阅业务。在提供审阅服务时,注册会计师提供有限保证,并以消极方式提出结论。

其他鉴证业务准则用以规范注册会计师执行历史财务信息审计或审阅以外的其他鉴证业务,根据鉴证业务的性质和业务约定的要求,提供有限保证或合理保证。

相关服务准则用以规范注册会计师代编财务信息、执行商定程序、提供管理咨询等其他服务。在提供相关服务时,注册会计师不提供任何程度的保证。

会计师事务所质量控制准则用以规范会计师事务所在执行各类业务时应当遵守的质量控制政策和程序,是对会计师事务所质量控制提出的制度要求。

三、中国注册会计师鉴证业务基本准则

《中国注册会计师鉴证业务基本准则》是为了规范注册会计师执行鉴证业务,明确鉴证业务的目标和要素,确定审计准则、审阅准则、其他鉴证业务准则适用的鉴证业务类型,根据《注册会计师法》制定。《中国注册会计师鉴证业务基本准则》共有9章60条,分别是总则、鉴证业务的定义和目标、业务承接、鉴证业务的三方关系、鉴证对象、标准、证据、鉴证报告、附则。

(一)鉴证业务的要素

鉴证业务的要素,是指鉴证业务的三方关系、鉴证对象、标准、证据和鉴证报告。

1. 鉴证业务的三方关系

鉴证业务的三方关系分别是注册会计师、责任方和预期使用者。注册会计师,是指取得注册会计师证书并在会计师事务所执业的人员,有时也指其所在的会计师事务所。

责任方,是指下列组织或人员:在直接报告业务中,对鉴证对象负责的组织或人员;在基于责任方认定的业务中,对鉴证对象信息负责并可能同时对鉴证对象负责的组织或人员。责任方可能是鉴证业务的委托人,也可能不是委托人。预期使用者,是指预期使用鉴证报告的组织或人员。责任方可能是预期使用者,但不是唯一的预期使用者。责任方与预期使用者可能是同一方,也可能不是同一方。鉴证业务的三方关系是,注册会计师对由责任方负责的鉴证对象或鉴证对象信息提出结论,以增强除了责任方以外的预期使用者对鉴证对象信息的信任程度。

2. 鉴证对象与鉴证对象信息

鉴证对象具有不同的特征,可能表现为定性或定量、客观或主观、历史或预测、时点或期间。这些特征将对按照标准对鉴证对象进行评价或计量的准确性、证据的说服力产生影响。

鉴证报告应当说明与预期使用者特别相关的鉴证对象的特征。

适当的鉴证对象应当同时具备下列条件:

(1) 鉴证对象可以识别;

(2) 不同的组织或人员对鉴证对象按照既定标准进行评价或计量的结果合理一致;

(3) 注册会计师能够收集与鉴证对象有关的信息,获取充分、适当的证据,以支持其提出适当的鉴证结论。

鉴证对象信息是按照标准对鉴证对象进行评价和计量的结果。例如,责任方按照会计准则和相关会计制度(标准)对其财务状况、经营成果和现金流量(鉴证对象)进行确认、计量和列报(包括披露)而形成的财务报表(鉴证对象信息)。

鉴证对象与鉴证对象信息具有多种形式,主要包括:

(1) 当鉴证对象为财务业绩或状况时(例如历史或预测的财务状况、经营成果和现金流量),鉴证对象信息是财务报表;

(2) 当鉴证对象为非财务业绩或状况时(例如企业的运营情况),鉴证对象信息可能是反映效率或效果的关键指标;

(3) 当鉴证对象为物理特征时(例如设备的生产能力),鉴证对象信息可能是有关鉴证对象物理特征的说明文件;

(4) 当鉴证对象为某种系统和过程时(例如企业的内部控制或信息技术系统),鉴证对象信息可能是关于其有效性的认定;

(5) 当鉴证对象为一种行为时(例如遵守法律法规的情况),鉴证对象信息可能是对法律法规遵守情况或执行效果的声明。

3. 标准

标准,是指用于评价或计量鉴证对象的基准,当涉及列报时,还包括列报的基准。标准可以是正式的规定,例如编制财务报表所使用的会计准则和相关会计制度;也可以是某些非正式的规定,例如单位内部制定的行为准则或确定的绩效水平。

注册会计师在运用职业判断对鉴证对象做出合理一致的评价或计量时,需要有适当的标准。适当的标准应当具备下列所有的特征：

(1) 相关性。

即相关的标准有助于得出结论，便于预期使用者做出决策。

(2) 完整性。

即完整的标准不应忽略业务环境中可能影响得出结论的相关因素，当涉及列报时，还包括列报的基准。

(3) 可靠性。

即可靠的标准能够使能力相近的注册会计师在相似的业务环境中，对鉴证对象做出合理一致的评价或计量。

(4) 中立性。

即中立的标准有助于注册会计师得出无偏向的结论。

(5) 可理解性。

即可理解的标准有助于注册会计师得出清晰、易于理解、不会产生重大歧义的结论。

这里需要注意的是，注册会计师基于自身的预期、判断和个人经验对鉴证对象进行的评价和计量，不构成适当的标准。

4. 证据

注册会计师应当以职业怀疑态度计划和执行鉴证业务，获取有关鉴证对象信息是否不存在重大错报的充分、适当的证据。证据的充分性是对证据数量的衡量，主要与注册会计师确定的样本量有关。证据的适当性是对证据质量的衡量，即证据的相关性和可靠性。

5. 鉴证报告

注册会计师应当出具含有鉴证结论的书面报告，该鉴证结论应当说明注册会计师就鉴证对象信息获取的保证。在合理保证的鉴证业务中，注册会计师应当将鉴证业务风险降至具体业务环境下可接受的低水平，以获取合理保证，以积极方式提出结论。在有限保证的鉴证业务中，由于证据收集程序的性质、时间和范围与合理保证的鉴证业务不同，其风险水平高于合理保证的鉴证业务；但注册会计师实施的证据收集程序至少应当足以获取有意义的保证水平，作为以消极方式提出结论的基础，以消极方式提出结论。

(二) 鉴证业务分类

1. 财务报表审计业务、财务报表审阅业务和其他鉴证业务

按照鉴证业务的内容不同，鉴证业务可以分为财务报表审计业务、财务报表审阅业务和其他鉴证业务。其中，其他鉴证业务包括内部控制审计业务、预测性财务信息的审核业务和重大资产重组专项审计等。

2. 合理保证的鉴证业务和有限保证的鉴证业务

按照保证程度的不同，鉴证业务可以分为合理保证的鉴证业务和有限保证的鉴证业务。

(1) 合理保证的鉴证业务。

合理保证的鉴证业务的目标是注册会计师将鉴证业务风险降至该业务环境下可接受的低水平,以此作为以积极方式提出结论的基础。例如,在历史财务信息审计中,要求注册会计师将审计风险降至可接受的低水平,对审计后的历史财务信息提供高水平保证(合理保证),在审计报告中对历史财务信息采用积极方式提出结论。这种业务属于合理保证的鉴证业务。

(2) 有限保证的鉴证业务。

有限保证的鉴证业务的目标是注册会计师将鉴证业务风险降至该业务环境下可接受的水平,以此作为以消极方式提出结论的基础。例如,在历史财务信息审阅中,要求注册会计师将审阅风险降至该业务环境下可接受的水平(高于历史财务信息审计中可接受的低水平),对审阅后的历史财务信息提供低于高水平的保证(有限保证),在审阅报告中对历史财务信息采用消极方式提出结论。这种业务属于有限保证的鉴证业务。

3. 基于责任方认定的业务和直接报告业务

按照责任方认定能否为预期使用者直接获取,鉴证业务可以分为基于责任方认定的业务和直接报告业务。

(1) 基于责任方认定的业务。

在基于责任方认定的业务中,责任方对鉴证对象进行评价或计量,鉴证对象信息以责任方认定的形式为预期使用者获取。例如,在财务报表审计中,被审计单位管理层(责任方)对财务状况、经营成果和现金流量(鉴证对象)进行确认、计量和列报(评价或计量)而形成的财务报表(鉴证对象信息)即为责任方的认定,该财务报表可以为预期报表使用者获取,注册会计师针对财务报表出具审计报告。这种业务属于基于责任方认定的业务。

(2) 直接报告业务。

在直接报告业务中,注册会计师直接对鉴证对象进行评价或计量,或者从责任方获取对鉴证对象评价或计量的认定,而该认定无法为预期使用者获取,预期使用者只能通过阅读鉴证报告获取鉴证对象信息。例如,在内部控制鉴证业务中,注册会计师可能无法从管理层(责任方)获取其对内部控制有效性的评价报告(责任方认定),或虽然注册会计师能够获取该报告,但预期使用者无法获取该报告,注册会计师直接对内部控制的有效性(鉴证对象)进行评价并出具鉴证报告,预期使用者只能通过阅读该鉴证报告获得内部控制有效性的信息(鉴证对象信息)。这种业务属于直接报告业务。

第二节 审计准则和审阅准则

一、审计准则

审计准则用以规范注册会计师执行历史财务信息的审计业务。在提供审计服务时,注册会计师对所审计信息是否不存在重大错报提供合理保证,并以积极方式提出结论。

为了提高注册会计师审计报告的信息含量,满足资本市场改革与发展对高质量会计信息的需求,保持我国审计准则与国际审计准则的持续全面趋同,财政部于2016年12月印发《中国注册会计师审计准则第1504号——在审计报告中沟通关键审计事项》等12项中国注册会计师审计准则,《中国注册会计师审计准则第1111号——就审计业务约定条款达成一致意见》等11项审计准则同时废止,至此,修订后的审计准则共45项(参见附录3)。

二、审阅准则

审阅准则用以规范注册会计师执行历史财务信息的审阅业务。在提供审阅服务时,注册会计师对所审阅信息是否不存在重大错报提供有限保证,并以消极方式提出结论。审阅准则主要包括《中国注册会计师审阅准则第2101号——财务报表审阅》。

《中国注册会计师审阅准则第2101号——财务报表审阅》共有7章31条,包括总则、审阅范围和保证程度、审计业务约定书、审阅计划、审阅程序和审阅证据、结论和报告、附则,其主要内容如下。

(一)总则

制定审阅准则的目的是为了规范注册会计师执行财务报表审阅业务,明确执业责任。

财务报表审阅的目标,是注册会计师在实施审阅程序的基础上,说明是否注意到某些事项,使其相信财务报表没有按照适用的会计准则和相关会计制度的规定编制,未能在所有重大方面公允反映被审阅单位的财务状况、经营成果和现金流量。

注册会计师应当遵守相关的职业道德规范,恪守独立、客观、公正的原则,保持专业胜任能力和应有的关注,并对执业过程中获知的信息保密。

在计划和实施审阅工作时,注册会计师应当保持职业怀疑态度,充分考虑可能存在导致财务报表发生重大错报的情形。

注册会计师应当主要通过询问和分析程序获取充分、适当的证据,作为得出审阅结论的基础。

(二)审阅范围和保证程度

审阅范围,是指为实现财务报表审阅目标,注册会计师根据本准则和职业判断实施的恰当的审阅程序的总和。注册会计师应当根据本准则确定执行财务报表审阅业务所要求的程序。必要时,还应当考虑业务约定条款的要求。

由于实施审阅程序不能提供在财务报表审计中要求的所有证据,审阅业务对所审阅的财务报表不存在重大错报提供有限保证,注册会计师应当以消极方式提出结论。

(三)审计业务约定书

注册会计师应当与被审阅单位就业务约定条款达成一致意见,并签订审计业务约定书。

审计业务约定书应当包括下列主要内容：

（1）审阅业务的目标；

（2）管理层对财务报表的责任；

（3）审阅范围，其中应提及按照本准则的规定执行审阅工作；

（4）注册会计师不受限制地接触审阅业务所要求的记录、文件和其他信息；

（5）预期提交的报告样本；

（6）说明不能依赖财务报表审阅揭示错误、舞弊和违反法规行为；

（7）说明没有实施审计，因此注册会计师不发表审计意见，不能满足法律法规或第三方对审计的要求。

（四）审阅计划

注册会计师应当计划审阅工作，以有效执行审阅业务。

在计划审阅工作时，注册会计师应当了解被审阅单位及其环境，或更新以前了解的内容，包括考虑被审阅单位的组织结构、会计信息系统、经营管理情况以及资产、负债、收入和费用的性质等。

（五）审阅程序和审阅证据

在确定审阅程序的性质、时间和范围时，注册会计师应当运用职业判断，并考虑下列因素：

（1）以前期间执行财务报表审计或审阅所了解的情况；

（2）对被审阅单位及其环境的了解，包括适用的会计准则和相关会计制度、行业惯例；

（3）会计信息系统；

（4）管理层的判断对特定项目的影响程度；

（5）各类交易和账户余额的重要性。

在考虑重要性水平时，注册会计师应当采用与执行财务报表审计业务相同的标准。

财务报表审阅程序通常包括：

（1）了解被审阅单位及其环境；

（2）询问被审阅单位采用的会计准则和相关会计制度、行业惯例；

（3）询问被审阅单位对交易和事项的确认、计量、记录和报告的程序；

（4）询问财务报表中所有重要的认定；

（5）实施分析程序，以识别异常关系和异常项目；

（6）询问股东会、董事会以及其他类似机构决定采取的可能对财务报表产生影响的措施；

（7）阅读财务报表，以考虑是否遵循指明的编制基础；

（8）获取其他注册会计师对被审阅单位组成部分财务报表出具的审计报告或审阅

报告。

注册会计师应当向负责财务会计事项的人员询问下列事项：

（1）所有交易是否均已记录；

（2）财务报表是否按照指明的编制基础编制；

（3）被审阅单位业务活动、会计政策和行业惯例的变化；

（4）在实施上述财务报表审阅八项程序时所发现的问题。必要时，注册会计师应当获取管理层的书面声明。

注册会计师应当记录为审阅报告提供证据的重大事项，以及按照本准则的规定执行审阅业务的证据。

（六）结论和报告

审阅报告应当清楚地表达有限保证的结论。注册会计师应当复核和评价根据审阅证据得出的结论，以此作为表达有限保证的基础。

根据已实施的工作，注册会计师应当评估在审阅过程中获知的信息是否表明财务报表没有按照适用的会计准则和相关会计制度的规定编制，未能在所有重大方面公允反映被审阅单位的财务状况、经营成果和现金流量。

审阅报告应当包括下列要素：

（1）标题；

（2）收件人；

（3）引言段；

（4）范围段；

（5）结论段；

（6）注册会计师的签名和盖章；

（7）会计师事务所的名称、地址及盖章；

（8）报告日期。

第三节 质量控制准则

执业质量是会计师事务所的生命线，是注册会计师行业维护公众利益的专业基础和诚信义务。设计合理、运行有效的质量控制体系可以维护业务质量，防范各种业务的重大风险。在财政部发布的《中国注册会计师执业规范准则》中，质量控制准则主要有《质量控制准则第5101号——会计师事务所对执行财务报表审计和审阅、其他鉴证和相关服务业务实施的质量控制》《中国注册会计师审计准则第1121号——对财务报表审计实施的质量控制》。

本节简要介绍《质量控制准则第5101号——会计师事务所对执行财务报表审计和审阅、其他鉴证和相关服务业务实施的质量控制》。该准则包括总则、定义、目标、要求和附则，其主要内容如下。

一、总则

制定质量控制准则的目的是为了规范会计师事务所建立并保持有关财务报表审计和审阅、其他鉴证和相关服务业务的质量控制制度。会计师事务所在使用本准则时需要结合相关职业道德要求。

本准则适用于会计师事务所建立和保持业务质量控制制度。质量控制制度包括为实现本准则第二十七条规定的目标而制定的政策,以及为执行政策和监督政策的遵守情况而制定的必要程序。

本准则适用于执行财务报表审计和审阅、其他鉴证和相关服务业务的所有会计师事务所。会计师事务所按照本准则的要求制定的质量控制政策和程序的性质和范围,取决于会计师事务所的规模和运行特征等诸多因素。

二、目标和要求

本准则规定,会计师事务所的目标是建立并保持质量控制制度,以合理保证:(1) 会计师事务所及其人员遵守职业准则和适用的法律法规的规定;(2) 会计师事务所和项目合伙人出具适合具体情况的报告。为了达到质量控制目标,会计师事务所应遵循以下要求:

(1) 运用和遵守相关要求。会计师事务所内部负责建立并保持质量控制制度的人员应当了解本准则及应用指南的全部内容,以理解本准则的目标并恰当遵守其要求。

会计师事务所应当遵守本准则的所有要求,除非在某些情况下,本准则的某项要求与会计师事务所执行的财务报表审计和审阅、其他鉴证和相关服务业务不相关。

(2) 会计师事务所应当建立并保持质量控制制度。质量控制制度包括针对下列要素而制定的政策和程序:① 对业务质量承担的领导责任;② 相关职业道德要求;③ 客户关系和具体业务的接受与保持;④ 人力资源;⑤ 业务执行;⑥ 监控。

(3) 业务质量承担的领导责任。会计师事务所应当制定政策和程序,培育以质量为导向的内部文化。这些政策和程序应当要求会计师事务所主任会计师或类似职位的人员对质量控制制度承担最终责任。

(4) 遵守相关职业道德要求。会计师事务所应当制定政策和程序,以合理保证会计师事务所及其人员遵守相关职业道德要求,即指《中国注册会计师职业道德守则》。

会计师事务所应当制定政策和程序,以合理保证会计师事务所及其人员和其他受独立性要求约束的人员,保持相关职业道德要求规定的独立性;合理保证能够获知违反独立性要求的情况,并能够采取适当行动予以解决。

会计师事务所应当每年至少一次向所有需要按照相关职业道德要求保持独立性的人员获取其遵守独立性政策和程序的书面确认函。

(5) 客户关系和具体业务的接受与保持。会计师事务所应当制定有关客户关系和具体业务接受与保持的政策和程序,以合理保证只有在下列情况下,才能接受或保持客户关系和具体业务：① 能够胜任该项业务，并具有执行该项业务必要的素质、时间和资源；② 能够遵守相关职业道德要求；③ 已考虑客户的诚信，没有信息表明客户缺乏诚信。

（6）制定和实施人力资源政策和程序。会计师事务所应当制定政策和程序，合理保证拥有足够的具有胜任能力和必要素质并承诺遵守职业道德要求的人员，委派具有必要胜任能力和素质的适当人员，使会计师事务所和项目合伙人能够出具适合具体情况的报告。

（7）业务执行。会计师事务所应当制定政策和程序，以合理保证按照职业准则和适用的法律法规的规定执行业务。这些政策和程序应当包括：① 与保持业务执行质量一致性相关的事项；② 监督责任；③ 复核责任。

会计师事务所在安排复核工作时，应当由项目组内经验较多的人员复核经验较少的人员的工作；解决项目质量控制复核人员的委派问题；明确项目质量控制复核人员的资格要求；处理和解决项目组内部、项目组与被咨询者之间以及项目合伙人与项目质量控制复核人员之间的意见分歧。只有问题得到解决，才可以签署业务报告。

（8）监控。监控，是指对会计师事务所质量控制制度进行持续考虑和评价的过程，包括定期选取已完成的业务进行检查，以使会计师事务所能够合理保证其质量控制制度正在有效运行。

会计师事务所应当制定监控政策和程序，以合理保证与质量控制制度相关的政策和程序具有相关性和适当性，并正在有效运行。监控过程应当包括：① 持续考虑和评价会计师事务所质量控制制度，例如周期性地选取已完成的业务进行检查；② 要求委派一个或多个合伙人，或会计师事务所内部具有足够、适当的经验和权限的其他人员负责监控过程；③ 要求执行业务或实施项目质量控制复核的人员不参与该项业务的检查工作。会计师事务所应当每年至少一次将质量控制制度的监控结果，向项目合伙人及会计师事务所内部的其他适当人员通报，使会计师事务所及其相关人员能够在其职责范围内及时采取适当的行动。

（9）对质量控制制度的记录。本准则要求会计师事务所应当制定政策和程序：① 形成适当的工作记录，以对质量控制制度的每项要素的运行情况提供证据；② 对工作记录保管足够的期限，以使执行监控程序的人员能够评价会计师事务所遵守质量控制制度的情况；③ 要求记录投诉、指控以及应对情况。

■ **审计法规链接**

1. 中国注册会计师鉴证业务基本准则
2. 中国注册会计师审计准则第1101号——注册会计师的总体目标和审计工作的基本要求
3. 中国注册会计师审计准则第1121号——对财务报表审计实施的质量控制
4. 中国注册会计师审阅准则第2101号——财务报表审阅

5. 质量控制准则第 5101 号——会计师事务所对执行财务报表审计和审阅、其他鉴证和相关服务业务实施的质量控制

复习思考题

一、重要概念

　　1. 鉴证业务
　　2. 审计准则
　　3. 审阅准则

二、思考分析

　　1.《中国注册会计师执业规范准则》包括哪几个部分？
　　2. 鉴证业务的五要素、三方关系是什么？
　　3. 审计业务与审阅业务有什么业务区别？其提出结论的方式有何不同？
　　4. 简述质量控制制度的要素。

第三章 注册会计师职业道德及法律责任

【本章学习目标】
1. 掌握注册会计师职业道德基本原则并理解独立性的含义。
2. 了解注册会计师职业道德概念框架。
3. 理解注册会计师对职业道德概念框架的具体运用。
4. 掌握治理层和管理层的责任。
5. 掌握注册会计师法律责任的成因和法律责任的种类。
6. 了解注册会计师避免法律诉讼的措施。

第一节 职业道德基本原则和概念框架

一、注册会计师职业道德的含义

道德属于一种社会意识形态,是社会为了调整人与人之间、个人与社会之间的关系所提倡的行为规范的总和。它通过各种形式的教育和社会舆论的力量,使人们具有善和恶、荣誉和耻辱、正义和非正义等概念,并逐渐形成一定的习惯和传统。职业道德是某一职业组织以公约、守则等形式公布的,人们自愿接受的职业行为标准。注册会计师职业道德,是指注册会计师的职业品德、职业纪律、执业能力、职业责任等的总称。

注册会计师的职业性质决定了其对公众应承担的责任,决定了注册会计师行业需要更高的道德标准,这是因为:

第一,维护公众利益是行业的宗旨,这决定了行业的注册会计师需要超越个人、客户或所在单位的利益和法律法规的最低要求,恪守更高的职业道德要求,履行好对社会公众、客户、同行等所肩负的职责;

第二,诚信是注册会计师行业的核心价值之一,也是行业的立身之本,行业的注册会计师只有展现出较高的道德水准才能取信于公众;

第三,注册会计师行业是专家行业,其工作的技术复杂性决定了社会公众很难判断其执业质量,制定并贯彻严格的职业道德规范有助于社会公众增强对行业的信任。

注册会计师行业之所以在现代社会中产生和发展,是因为注册会计师能够站在独立的立场对企业管理层编制的财务报表进行审计,并提出客观、公正的审计意见,作为财务报表使用人进行决策的依据。社会公众在很大程度上信赖企业管理层编制的财务报表和注册会计师发表的审计意见,并以此作为决策的基础。为了规范中国注册会计师职业行为,提高职业道德水准,维护职业形象,中国注册会计师协会制定了《中国注册会计师职业道德守则》。《中国注册会计师职业道德守则》规定了职业道德基本原则和职业道德概念框架,注册会计师应当遵守职业道德基本原则,并能够运用职业道德概念框架解决职业道德问题。

二、注册会计师职业道德基本原则

为了实现执业目标,注册会计师必须遵守一系列前提或一般原则。这些基本原则包括下列职业道德基本原则:诚信、独立性、客观和公正、专业胜任能力和应有的关注、保密、良好职业行为。

(一)诚信

诚信,是指诚实、守信。也就是说,一个人的言行与内心思想一致,不虚假;能够履行与别人的约定而取得对方的信任。诚信原则要求注册会计师应当在所有的职业活动中保持正直和诚实,秉公处事、实事求是。

注册会计师如果认为业务报告、申报资料或其他信息存在下列问题,则不得与这些有问题的信息发生牵连:

(1)含有严重虚假或误导性的陈述;

(2)含有缺少充分依据的陈述或信息;

(3)存在遗漏或含糊其辞的信息。

注册会计师如果注意到已与有问题的信息发生牵连,应当采取措施消除牵连。在鉴证业务中,如果存在《中国注册会计师职业道德守则》认为含有严重虚假或误导性的陈述,注册会计师依据执业准则出具了恰当的非标准业务报告,不被视为违反上述要求。

(二)独立性

独立性,是指不受外来力量控制、支配,按照一定之规行事。独立原则通常是对注册会计师提出的明确要求。在执行鉴证业务时,注册会计师必须保持独立性。在市场经济条件下,投资者主要依赖财务报表判断投资风险,在投资机会中做出选择。如果注册会计师不能与客户保持独立性,而是存在经济利益、关联关系,或屈从于外界的压力,就很难取信于社会公众。

注册会计师执行审计业务和审阅业务以及其他鉴证业务时,应当从实质上和形式上保持独立性,不得因任何利害关系影响其客观性。

会计师事务所在承办审计业务和审阅业务以及其他鉴证业务时,应当从整体层面和具体业务层面采取措施,以保持会计师事务所和项目组的独立性。

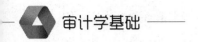

(三) 客观和公正

客观,是指按照事物的本来面目去考察,不添加个人的偏见。公正,是指公平、正直、不偏袒。客观和公正原则要求注册会计师应当公正处事、实事求是,不得由于偏见、利益冲突或他人的不当影响而损害自己的职业判断。如果存在导致职业判断出现偏差,或对职业判断产生不当影响的情形,注册会计师不得提供相关专业服务。

(四) 专业胜任能力和应有的关注

专业胜任能力和应有的关注原则要求注册会计师通过教育、培训和执业实践获取和保持专业胜任能力。注册会计师应当持续了解并掌握当前法律、技术和实务的发展变化,将专业知识和技能始终保持在应有的水平,确保为客户提供具有专业水准的服务。

注册会计师作为专业人士,在许多方面都要履行相应的责任,保持和提高专业胜任能力就是其中的重要内容。专业胜任能力,是指注册会计师具有专业知识、技能和经验,能够经济、有效地完成客户委托的业务。注册会计师如果不能保持和提高专业胜任能力,就难以完成客户委托的业务。事实上,如果注册会计师在缺乏足够的知识、技能和经验的情况下提供专业服务,就构成了一种欺诈。一个合格的注册会计师,不仅要充分认识自己的能力,对自己充满信心,更重要的是,必须清醒地认识到自己在专业胜任能力方面存在的不足。如果注册会计师不能认识到这一点,承接了难以胜任的业务,就可能给客户乃至社会公众带来危害。

注册会计师在应用专业知识和技能时,应当合理运用职业判断。专业胜任能力可以分为两个独立阶段:一是专业胜任能力的获取;二是专业胜任能力的保持。注册会计师应当持续了解和掌握相关的专业技术和业务的发展,以保持专业胜任能力。持续职业发展能够使注册会计师发展和保持专业胜任能力,使其能够胜任特定业务环境中的工作。

注册会计师应当保持应有的关注,要求注册会计师遵守执业准则和职业道德规范的要求,勤勉尽责,认真、全面、及时地完成工作任务。在审计过程中,注册会计师应当保持职业怀疑态度,运用专业知识、技能和经验,获取和评价审计证据。同时,注册会计师应当采取措施以确保在其领导下工作的人员得到适当的培训和督导。注册会计师在必要时应当使客户以及业务报告的其他使用者了解专业服务的固有局限性。

(五) 保密

注册会计师能否与客户维持正常的关系,有赖于双方能否自愿而又充分地进行沟通和交流,不掩盖任何重要的事实和情况。只有这样,注册会计师才能有效地完成工作。注册会计师与客户的沟通,必须建立在为客户的信息保密的基础上。这里所说的客户信息,通常是指涉密信息。一旦涉密信息被泄露或被利用,往往会给客户造成损失。因此,许多国家规定,在公众领域执业的注册会计师,在没有取得客户同意的情况下,不能泄露任何客户的涉密信息。

保密原则要求注册会计师应当对在职业活动中获知的涉密信息保密,不得有下列行为:

(1) 未经客户授权或法律法规允许,向会计师事务所以外的第三方披露其所获知的涉密信息;

(2) 利用所获知的涉密信息为自己或第三方谋取利益。

注册会计师在社会交往中应当履行保密义务,警惕无意中泄密的可能性,特别是警惕无意中向近亲属或关系密切的人员泄密的可能性。近亲属,是指配偶、父母、子女、兄弟姐妹、祖父母、外祖父母、孙子女、外孙子女。

另外,注册会计师应当对拟接受的客户或拟受雇的工作单位向其披露的涉密信息保密。在终止与客户的关系后,注册会计师应当对以前职业活动中获知的涉密信息保密。如果获得新客户,注册会计师可以利用以前的经验,但不得利用或披露以前职业活动中获知的涉密信息。注册会计师应当明确在会计师事务所内部保密的必要性,采取有效措施,确保其下级员工以及为其提供建议和帮助的人员遵循保密义务。

在下列情况下,注册会计师可以披露涉密信息:

(1) 法律法规允许披露,并取得客户的授权;

(2) 根据法律法规的要求,为法律诉讼、仲裁准备文件或提供证据,以及向有关监管机构报告所发现的违法行为;

(3) 法律法规允许的情况下,在法律诉讼、仲裁中维护自己的合法权益;

(4) 接受注册会计师协会或监管机构的执业质量检查,答复其询问和调查;

(5) 法律法规、执业准则和职业道德规范规定的其他情形。

(六)良好职业行为

注册会计师应当遵守相关法律法规,避免发生任何损害职业声誉的行为。注册会计师在向公众传递信息以及推介自己和工作时,应当客观、真实、得体、不得损害职业形象。注册会计师应当诚实、实事求是,不得有下列行为:

(1) 夸大宣传提供的服务、拥有的资质或获得的经验;

(2) 贬低或无根据地比较其他注册会计师的工作。

三、注册会计师职业道德概念框架

(一)职业道德概念框架的内涵

《中国注册会计师职业道德守则》提出职业道德概念框架,以指导注册会计师遵循职业道德基本原则,履行维护公众利益的职责。那么,什么是职业道德概念框架呢?职业道德概念框架,是指解决职业道德问题的思路和方法,用以指导注册会计师:

(1) 识别对职业道德基本原则的不利影响;

(2) 评价不利影响的严重程度;

(3) 必要时采取防范措施消除不利影响或将其降低至可接受的水平。

在运用职业道德概念框架时,注册会计师应当运用职业判断。如果发现存在可能违反职业道德基本原则的情形,注册会计师应当评价其对职业道德基本原则的不利影响。在评价不利影响的严重程度时,注册会计师应当从性质和数量两个方面予以考虑。如果认为对职业道德基本原则的不利影响超出可接受的水平,注册会计师应当确定是否能够采取防范措施消除不利影响或将其降低至可接受的水平。

在运用职业道德概念框架时,如果某些不利影响是重大的,或者合理的防范措施不可行或无法实施,注册会计师可能面临不能消除不利影响或将其降至可接受水平的情形。如果无法采取适当的防范措施,注册会计师应当拒绝或终止所从事的特定专业服务,必要时与客户解除合约关系,或向其工作单位辞职。

(二)对遵循职业道德基本原则产生不利影响的因素和防范措施

注册会计师对职业道德基本原则的遵循可能受到多种因素的不利影响。不利影响的性质和严重程度因注册会计师提供服务类型的不同而不同。可能对职业道德基本原则产生不利影响的因素包括自身利益、自我评价、过度推介、密切关系和外在压力。

1. 自身利益导致的不利影响

如果经济利益或其他利益对注册会计师的职业判断或行为产生不当影响,将产生自身利益导致的不利影响。

2. 自我评价导致的不利影响

如果注册会计师对自己(或者其所在会计师事务所或工作单位的其他人员)以前的判断或服务结果做出不恰当的评价,并且将据此形成的判断作为当前服务的组成部分,将产生自我评价导致的不利影响。

3. 过度推介导致的不利影响

如果注册会计师过度推介客户或工作单位的某种立场或意见,使其客观性受到损害,将产生过度推介导致的不利影响。

4. 密切关系导致的不利影响

如果注册会计师与客户或工作单位存在长期或亲密的关系,而过于倾向他们的利益,或认可他们的工作,将产生密切关系导致的不利影响。

5. 外在压力导致的不利影响

如果注册会计师受到实际的压力或感受到压力(包括对注册会计师实施不当影响的意图)而无法客观行事,将产生外在压力导致的不利影响。

防范措施,是指可以消除不利影响或将其降至可接受水平的行动或其他措施。应对不利影响的防范措施包括下列两类:

(1)法律法规和职业规范规定的防范措施;
(2)在具体工作中采取的防范措施。

法律法规和职业规范规定的防范措施主要包括:

(1)取得注册会计师资格必需的教育、培训和经验要求;
(2)持续的职业发展要求;
(3)公司治理方面的规定;
(4)执业准则和职业道德规范的要求;
(5)监管机构或注册会计师协会的监控和惩戒程序;

（6）由依法授权的第三方对注册会计师编制的业务报告、申报资料或其他信息进行外部复核。

某些防范措施有助于识别或制止违反职业道德基本原则的行为发生的可能性。由行业、法律法规、监管机构以及工作单位规定的这类防范措施包括：

（1）由所在的工作单位、行业以及监管机构建立有效的公开投诉系统；

（2）明确规定注册会计师有义务报告违反职业道德守则的行为或情形。

（三）道德冲突的解决

在遵循职业道德基本原则时，注册会计师应当解决遇到的道德冲突问题。在解决道德冲突问题时，注册会计师应当考虑下列因素：

（1）与道德冲突问题有关的事实；

（2）涉及的道德问题；

（3）道德冲突问题涉及的职业道德基本原则；

（4）会计师事务所制定的解决道德冲突问题的程序；

（5）可供选择的措施。

在考虑上述因素并权衡可供选择措施的后果后，注册会计师应当确定适当的措施。如果道德冲突问题仍无法解决，注册会计师应当考虑向会计师事务所内部的适当人员咨询。如果道德问题涉及注册会计师与某一组织的冲突或是组织内部的冲突，注册会计师还应当确定是否向该组织的治理层（例如董事会）咨询。如果某项重大道德冲突问题未能解决，注册会计师可以考虑向注册会计师协会或法律顾问咨询。

第二节 职业道德和概念框架的具体运用

一、可能对职业道德基本原则产生不利影响的因素

（一）自身利益导致不利影响的情形

（1）鉴证业务项目组成员在鉴证客户中拥有直接经济利益。

（2）会计师事务所的收入过分依赖某一客户。

（3）鉴证业务项目组成员与鉴证客户存在重要且密切的商业关系。

（4）会计师事务所担心可能失去某一重要客户。

（5）鉴证业务项目组成员正在与鉴证客户协商受雇于该客户。

（6）会计师事务所与客户就鉴证业务达成或有收费的协议。

（7）注册会计师在评价所在会计师事务所以往提供的专业服务时，发现了重大错误。

（二）自我评价导致不利影响的情形

（1）会计师事务所在对客户提供财务系统的设计或操作服务后，又对系统的运行有效性出具鉴证报告。

(2) 会计师事务所为客户编制原始数据,这些数据构成鉴证业务的对象。

(3) 鉴证业务项目组成员担任或最近曾经担任客户的董事或高级管理人员。

(4) 鉴证业务项目组成员目前或最近曾受雇于客户,并且所处职位能够对鉴证对象施加重大影响。

(5) 会计师事务所为鉴证客户提供直接影响鉴证对象信息的其他服务。

(三) 过度推介导致不利影响的情形

(1) 会计师事务所推介审计客户的股份。

(2) 在审计客户与第三方发生诉讼或纠纷时,注册会计师担任该客户的辩护人。

(四) 密切关系导致不利影响的情形

(1) 项目组成员的近亲属担任客户的董事或高级管理人员。

(2) 项目组成员的近亲属是客户的员工,其所处职位能够对业务对象施加重大影响。

(3) 客户的董事、高级管理人员或所处职位能够对业务对象施加重大影响的员工,最近曾担任会计师事务所的项目合伙人。

(4) 注册会计师接受客户的礼品或款待。

(5) 会计师事务所的合伙人或高级员工与鉴证客户存在长期业务关系。

项目合伙人,是指会计师事务所中负责某项业务及其执行,并代表会计师事务所在报告上签字的合伙人。在有限责任制的会计师事务所,项目合伙人是指主任会计师、副主任会计师或具有同等职位的高级管理人员。如果项目合伙人以外的其他注册会计师在业务报告上签字,《中国注册会计师职业道德守则》对项目合伙人做出的规定也适用于该签字注册会计师。

(五) 外在压力导致不利影响的情形

(1) 会计师事务所受到客户解除业务关系的威胁。

(2) 审计客户表示,如果会计师事务所不同意对某项交易的会计处理,则不再委托其承办拟议中的非鉴证业务。

(3) 客户威胁将起诉会计师事务所。

(4) 会计师事务所受到降低收费的影响而不恰当地缩小工作范围。

(5) 由于客户员工对所讨论的事项更具有专长,注册会计师面临服从其判断的压力。

(6) 会计师事务所合伙人告知注册会计师,除非同意审计客户不恰当的会计处理,否则将影响晋升。

二、应对不利影响的防范措施

注册会计师应当运用判断,确定如何应对超出可接受水平的不利影响,包括采取防范措施消除不利影响或将其降低至可接受的水平,或者终止业务约定或拒绝接受业务委托。在运用判断时,注册会计师应当考虑:一个理性且掌握充分信息的第三方,在权衡注册会计师当时可获得的所有具体事实和情况后,是否很可能认为这些防范措施能够消除不利影响或将其降低至可接受的水平,以使职业道德基本原则不受损害。应对不利影响的防范措施包括法律法规和职业规范规定的防范措施、在具体工作中采取的防范措施。

在具体工作中,应对不利影响的防范措施包括会计师事务所层面的防范措施和具体业务层面的防范措施。

(一) 会计师事务所层面的防范措施

(1) 领导层强调遵循职业道德基本原则的重要性。

(2) 领导层强调鉴证业务项目组成员应当维护公众利益。

(3) 制定有关政策和程序,实施项目质量控制,监督业务质量。

(4) 制定有关政策和程序,识别对职业道德基本原则的不利影响,评价不利影响的严重程度,采取防范措施消除不利影响或将其降低至可接受的水平。

(5) 制定有关政策和程序,保证遵循职业道德基本原则。

(6) 制定有关政策和程序,识别会计师事务所或项目组成员与客户之间的利益或关系。

(7) 制定有关政策和程序,监控对某一客户收费的依赖程度。

(8) 向鉴证客户提供非鉴证服务时,指派鉴证业务项目组以外的其他合伙人和项目组,并确保鉴证业务项目组和非鉴证业务项目组分别向各自的业务主管报告工作。

(9) 制定有关政策和程序,防止项目组以外的人员对业务结果施加不当影响。

(10) 及时向所有合伙人和专业人员传达会计师事务所的政策和程序及其变化情况,并就这些政策和程序进行适当的培训。

(11) 指定高级管理人员负责监督质量控制系统是否有效运行。

(12) 向合伙人和专业人员提供鉴证客户及其关联实体的名单,并要求合伙人和专业人员与之保持独立。

(13) 制定有关政策和程序,鼓励员工就遵循职业道德基本原则方面的问题与领导层沟通。

(14) 建立惩戒机制,保障相关政策和程序得到遵守。

(二) 具体业务层面的防范措施

(1) 对已执行的非鉴证业务,由未参与该业务的注册会计师进行复核,或在必要时提供建议。

(2) 对已执行的鉴证业务,由鉴证业务项目组以外的注册会计师进行复核,或在必要时提供建议。

(3) 向客户审计委员会、监管机构或注册会计师协会咨询。

(4) 与客户治理层讨论有关的职业道德问题。

(5) 向客户治理层说明提供服务的性质和收费的范围。

(6) 由其他会计师事务所执行或重新执行部分业务。

(7) 轮换鉴证业务项目组合伙人和高级员工。

三、专业服务委托

（一）接受客户关系

在接受客户关系前，注册会计师应当确定接受客户关系是否会对职业道德基本原则产生不利影响。注册会计师应当考虑客户的主要股东、关键管理人员和治理层是否诚信，以及客户是否涉足非法活动（如洗钱）或存在可疑的财务报告问题等。

客户存在的问题可能对注册会计师遵循诚信原则或良好职业行为原则产生不利影响，注册会计师应当评价不利影响的严重程度，并在必要时采取防范措施消除不利影响或将其降低至可接受的水平。防范措施主要包括：

(1) 对客户及其主要股东、关键管理人员、治理层和负责经营活动的人员进行了解；

(2) 要求客户对完善公司治理结构或内部控制做出承诺。

如果不能将客户存在的问题产生的不利影响降低至可接受的水平，注册会计师应当拒绝接受客户关系。如果向同一客户连续提供专业服务，注册会计师应当定期评价继续保持客户关系是否适当。

（二）承接业务

注册会计师应当遵循专业胜任能力和应有的关注原则，仅向客户提供能够胜任的专业服务。在承接某一客户业务前，注册会计师应当确定承接该业务是否会对职业道德基本原则产生不利影响。

如果项目组不具备或不能获得执行业务所必需的胜任能力，将对专业胜任能力和应有的关注原则产生不利影响。注册会计师应当评价不利影响的严重程度，并在必要时采取防范措施消除不利影响或将其降低至可接受的水平。防范措施主要包括：

(1) 了解客户的业务性质、经营的复杂程度，以及所在行业的情况；

(2) 了解专业服务的具体要求和业务对象，以及注册会计师拟执行工作的目的、性质和范围；

(3) 了解相关监管要求或报告要求；

(4) 分派足够的具有胜任能力的员工；

(5) 必要时利用专家的工作；

(6) 就执行业务的时间安排与客户达成一致意见；

(7) 遵守质量控制政策和程序，以合理保证仅承接能够胜任的业务。

当利用专家的工作时，注册会计师应当考虑专家的声望、专长及其可获得的资源，以及适用的执业准则和职业道德规范等因素，以确定专家的工作结果是否值得依赖。注册会计师可以通过以前与专家的交往或向他人咨询获得相关信息。

（三）客户变更委托

如果应客户要求或考虑以投标方式接替前任注册会计师，注册会计师应当从专业角度或其他方面确定应否承接该业务。如果注册会计师在了解所有相关情况前就承接业务，可能对专业胜任能力和应有的关注原则产生不利影响。注册会计师应当评价不利影响的严重程度。

由于客户变更委托的表面理由可能并未完全反映事实真相，根据业务性质，注册会计师可能需要与前任注册会计师直接沟通，核实与变更委托相关的事实和情况，以确定是否适宜承接该业务。

注册会计师应当在必要时采取防范措施，消除因客户变更委托产生的不利影响或将其降低至可接受的水平。防范措施主要包括：

（1）当应邀投标时，在投标书中说明，在承接业务前需要与前任注册会计师沟通，以了解是否存在不应接受委托的理由；

（2）要求前任注册会计师提供已知悉的相关事实或情况，即前任注册会计师认为，后任注册会计师在做出承接业务的决定前，需要了解的事实或情况；

（3）从其他渠道获取必要的信息。

如果采取的防范措施不能消除不利影响或将其降低至可接受的水平，注册会计师不得承接该业务。

注册会计师可能应客户要求在前任注册会计师工作的基础上提供进一步的服务。如果缺乏完整的信息，可能对专业胜任能力和应有的关注原则产生不利影响。注册会计师应当评价不利影响的严重程度，并在必要时采取防范措施消除不利影响或将其降低至可接受的水平。

采取的防范措施主要包括将拟承担的工作告知前任注册会计师，提请其提供相关信息，以便恰当地完成该项工作。

前任注册会计师应当遵循保密原则。前任注册会计师是否可以或必须与后任注册会计师讨论客户的相关事务，取决于业务的性质、是否征得客户同意，以及法律法规或职业道德规范的有关要求。

注册会计师在与前任注册会计师沟通前，应当征得客户的同意，最好征得客户的书面同意。前任注册会计师在提供信息时，应当实事求是、清晰明了。如果不能与前任注册会计师沟通，注册会计师应当采取适当措施，通过询问第三方或调查客户的高级管理人员、治理层的背景等方式，获取有关对职业道德基本原则产生不利影响的信息。

四、利益冲突

注册会计师应当采取适当措施，识别可能产生利益冲突的情形。这些情形可能对职业道德基本原则产生不利影响。注册会计师与客户存在直接竞争关系，或与客户的主要竞争者存在合资或类似关系，可能对客观和公正原则产生不利影响。注册会计师为两个以上客户提供服务，而这些客户之间存在利益冲突或对某一事项或交易存在争议，可能对客观和公正原则或保密原则产生不利影响。

注册会计师应当评价利益冲突产生不利影响的严重程度,并在必要时采取防范措施消除不利影响或将其降低至可接受的水平。在接受或保持客户关系和具体业务前,如果与客户或第三方存在商业利益或关系,注册会计师应当评价其所产生不利影响的严重程度。

注册会计师应当根据可能产生利益冲突的具体情形,采取下列防范措施:

(1) 如果会计师事务所的商业利益或业务活动可能与客户存在利益冲突,注册会计师应当告知客户,并在征得其同意的情况下执行业务;

(2) 如果为存在利益冲突的两个以上客户服务,注册会计师应当告知所有已知相关方,并在征得他们同意的情况下执行业务;

(3) 如果为某一特定行业或领域中的两个以上客户提供服务,注册会计师应当告知客户,并在征得他们同意的情况下执行业务。

如果客户不同意注册会计师为存在利益冲突的其他客户提供服务,注册会计师应当终止为其中一方或多方提供服务。

除了采取上述防范措施以外,注册会计师还应当采取下列一种或多种防范措施:

(1) 分派不同的项目组为相关客户提供服务。

(2) 实施必要的保密程序,防止未经授权接触信息。例如,对不同的项目组实施严格的隔离程序,做好数据文档的安全保密工作。

(3) 向项目组成员提供有关安全和保密问题的指引。

(4) 要求会计师事务所的合伙人和员工签订保密协议。

(5) 由未参与执行相关业务的高级员工定期复核防范措施的执行情况。

如果利益冲突对职业道德基本原则产生不利影响,并且采取防范措施无法消除不利影响或将其降低至可接受的水平,注册会计师应当拒绝承接某一特定业务,或者解除一个或多个存在冲突的业务约定。

五、应客户的要求提供第二次意见

在某客户运用会计准则对特定交易和事项进行处理,且已由前任注册会计师发表意见的情况下,如果注册会计师应客户的要求提供第二次意见,可能对职业道德基本原则产生不利影响。

如果第二次意见不是以前任注册会计师所获得的相同事实为基础,或依据的证据不充分,可能对专业胜任能力和应有的关注原则产生不利影响。不利影响存在与否及其严重程度,取决于业务的具体情况,以及为提供第二次意见所能获得的所有相关事实及证据。

如果被要求提供第二次意见,注册会计师应当评价不利影响的严重程度,并在必要时采取防范措施消除不利影响或将其降低至可接受的水平。防范措施主要包括:

(1) 征得客户同意与前任注册会计师沟通;

（2）在与客户沟通中说明注册会计师发表专业意见的局限性；
（3）向前任注册会计师提供第二次意见的副本。

如果客户不允许与前任注册会计师沟通，注册会计师应当在考虑所有情况后决定是否适宜提供第二次意见。

六、收费

会计师事务所在确定收费时应当主要考虑专业服务所需的知识和技能、所需专业人员的水平和经验、各级别专业人员提供服务所需的时间和提供专业服务所需承担的责任。在专业服务得到良好的计划、监督及管理的前提下，收费通常以每一名专业人员适当的小时收费标准或日收费标准为基础计算。

收费是否对职业道德基本原则产生不利影响，取决于收费报价水平和所提供的相应服务。注册会计师应当评价不利影响的严重程度，并在必要时采取防范措施消除不利影响或将其降低至可接受的水平。防范措施主要包括：

（1）让客户了解业务约定条款，特别是确定收费的基础以及在收费报价内所能提供的服务；
（2）安排恰当的时间和具有胜任能力的员工执行任务。

在承接业务时，如果收费报价过低，可能导致难以按照执业准则和职业道德规范的要求执行业务，从而对专业胜任能力和应有的关注原则产生不利影响。如果收费报价明显低于前任注册会计师或其他会计师事务所的相应报价，会计师事务所应当确保：

（1）在提供专业服务时，遵守执业准则和职业道德规范的要求，使工作质量不受损害；
（2）客户了解专业服务的范围和收费基础。

或有收费可能对职业道德基本原则产生不利影响。不利影响存在与否及其严重程度取决于下列因素：

（1）业务的性质；
（2）可能的收费金额区间；
（3）确定收费的基础；
（4）是否由独立第三方复核交易和提供服务的结果。

除了法律法规允许以外，注册会计师不得以或有收费方式提供鉴证服务，收费与否或收费多少不得以鉴证工作结果或实现特定目的为条件。注册会计师应当评价或有收费产生不利影响的严重程度，并在必要时采取防范措施消除不利影响或将其降低至可接受的水平。防范措施主要包括：

（1）预先就收费的基础与客户达成书面协议；
（2）向预期的报告使用者披露注册会计师所执行的工作及收费的基础；
（3）实施质量控制政策和程序；
（4）由独立第三方复核注册会计师已执行的工作。

注册会计师收取与客户相关的介绍费或佣金,可能对客观和公正原则以及专业胜任能力和应有的关注原则产生非常严重的不利影响,导致没有防范措施能够消除不利影响或将其降低至可接受的水平。注册会计师不得收取与客户相关的介绍费或佣金。注册会计师为获得客户而支付业务介绍费,可能对客观和公正原则以及专业胜任能力和应有的关注原则产生非常严重的不利影响,导致没有防范措施能够消除不利影响或将其降低至可接受的水平。注册会计师不得向客户或其他方支付业务介绍费。

七、专业服务营销

注册会计师通过广告或其他营销方式招揽业务,可能对职业道德基本原则产生不利影响。在向公众传递信息时,注册会计师应当维护职业声誉,做到客观、真实、得体。

注册会计师在营销专业服务时,不得有下列行为:
(1) 夸大宣传提供的服务、拥有的资质或获得的经验;
(2) 贬低或无根据地比较其他注册会计师的工作;
(3) 暗示有能力影响有关主管部门、监管机构或类似机构;
(4) 做出其他欺骗性的或可能导致误解的声明。

注册会计师不得采用强迫、欺诈、利诱或骚扰等方式招揽业务。注册会计师不得对其能力进行广告宣传以招揽业务,但可以利用媒体刊登设立、合并、分立、解散、迁址、名称变更和招聘员工等信息。

八、礼品和款待

如果客户向注册会计师(或其近亲属)赠送礼品或给予款待,将对职业道德基本原则产生不利影响。注册会计师不得向客户索取、收受委托合同约定以外的酬金或其他财物,或者利用执行业务之便,谋取其他不正当的利益。

注册会计师应当评价接受款待产生不利影响的严重程度,并在必要时采取防范措施消除不利影响或将其降低至可接受的水平。如果款待超出业务活动中的正常往来,注册会计师应当拒绝接受。

九、保管客户资产

除非法律法规允许或要求,注册会计师不得提供保管客户资金或其他资产的服务。注册会计师保管客户资金或其他资产,应当履行相应的法定义务。保管客户资金或其他资产可能对职业道德基本原则产生不利影响,尤其可能对客观和公正原则以及良好职业行为原则产生不利影响。

注册会计师如果保管客户资金或其他资产,应当符合下列要求:
(1) 将客户资金或其他资产与其个人或会计师事务所的资产分开;
(2) 仅按照预定用途使用客户资金或其他资产;
(3) 随时准备向相关人员报告资产状况及产生的收入、红利或利得;

(4) 遵守所有与保管资产和履行报告义务相关的法律法规。

如果某项业务涉及保管客户资金或其他资产,注册会计师应当根据有关接受与保持客户关系和具体业务政策的要求,适当询问资产的来源,并考虑应当履行的法定义务。如果客户资金或其他资产来源于非法活动(如洗钱),注册会计师不得提供保管资产服务,并应当向法律顾问征询进一步的意见。

十、对客观和公正原则的要求

在提供专业服务时,注册会计师如果在客户中拥有经济利益,或者与客户董事、高级管理人员或员工存在家庭和私人关系或商业关系,应当确定是否对客观和公正原则产生不利影响。

在提供专业服务时,对客观和公正原则的不利影响及其严重程度,取决于业务的具体情形和注册会计师所执行工作的性质。注册会计师应当评价不利影响的严重程度,并在必要时采取防范措施消除不利影响或将其降低至可接受的水平。防范措施主要包括:

(1) 退出项目组;
(2) 实施督导程序;
(3) 终止产生不利影响的经济利益或商业关系;
(4) 与会计师事务所内部较高级别的管理人员讨论有关事项;
(5) 与客户治理层讨论有关事项。

如果防范措施不能消除不利影响或将其降低至可接受的水平,注册会计师应当拒绝接受业务委托或终止业务。

在提供鉴证服务时,注册会计师应当从实质上和形式上独立于鉴证客户,客观公正地提出结论,并且从外界看来没有偏见、无利益冲突、不受他人的不当影响。

第三节 治理层和管理层的责任

现代企业普遍存在由于所有权和经营权的分离而引发的代理问题,部分企业还可能存在处于控制地位的大股东与中小股东之间的代理问题,因此,为了合理保证公司目标,包括股东价值最大化的实现,需要引入一系列的结构和机制,即公司治理。

一、治理层及其职责

(一) 治理层

治理层,是指对被审计单位战略方向以及管理层履行经营管理责任负有监督责任的人员或组织。治理层的责任包括对财务报告过程的监督。在某些被审计单位,治理层可能包括管理层成员。

在不同组织形式的主体中,治理层可能意味着不同的人员或组织。对于有限责任公司而言,其治理层一般是指董事会(不设董事会时为执行董事)、监事会(不设监事会时为监事),在前文所述的特殊情形下,可能还涉及股东会。对于一人有限责任公司而言,其治理层一般为自然人股东本人或法人股东的代表。对于国有独资公司而言,其治理层一般为董事会、监事会。对于股份有限公司而言,其治理层一般为董事会、监事会。上市公司的董事会一般设有若干专门委员会。

(二)治理层的职责

治理层的主要职责是制定战略、进行重大决策、聘任经理并对经营管理活动进行监督、对公司财务进行监督。

对于财务报告的编制和披露过程,治理层负有监督职责。这种监督职责主要有:

(1) 审核或监督企业的重大会计政策;
(2) 审核或监督企业财务报告和披露程序;
(3) 审核或监督与财务报告相关的企业内部控制;
(4) 组织和领导企业内部审计;
(5) 审核和批准企业的财务报告和相关信息披露;
(6) 聘任和解聘负责企业外部审计的注册会计师并与其进行沟通等。

二、管理层及其职责

(一)管理层

管理层,是指对被审计单位经营活动的执行负有管理责任的人员。在某些被审计单位,管理层包括部分或全部的治理层成员。

(二)管理层的职责

编制财务报表是管理层的责任,这种责任包括:

(1) 按照适用的财务报告编制基础编制财务报表,并使其实现公允反映;
(2) 设计、执行和维护必要的内部控制,以使财务报表不存在由于舞弊或错误导致的重大错报。

第四节 注册会计师的法律责任

一、法律环境的变化

(一)针对注册会计师的法律诉讼大量增加

近十几年来,由于经营失败或管理层舞弊造成企业破产倒闭的事件激增,致使投资者或贷款人蒙受巨大损失,因而引发了大量针对注册会计师独立性及执业能力的诉讼,并要求其赔偿相关损失。尽管注册会计师行业竭力应对,但迫于社会公众的巨大压力,许多国家的法院在判决时逐渐倾向于加大注册会计师的法律责任。

(二)扩展了注册会计师对第三方的责任

早期的司法制度倾向于限定注册会计师对第三方的法律责任。但是,自20世纪70

年代末以来,不少法官已放弃上述判例原则。尽管关于注册会计师对第三方承担责任的规定不尽相同,但普遍的观点是,注册会计师对已知的第三方使用者或财务报表的特定用途必须承担法律责任。

(三)扩充注册会计师法律责任的内涵

注册会计师传统法律责任的含义仅限于财务报表符合公认会计原则的公允性。但是,各方面的使用者和利益集团在近十几年来不断要求注册会计师对委托单位的会计记录差错、管理舞弊、经营破产可能性及违反有关法律行为都承担检查和报告责任,从而促使许多的会计职业团体修订有关审计准则,要求注册会计师在进行财务报表审计时,必须设计和实施必要的审计程序,为发现错误与舞弊提供合理的保证,从而在实质扩充了注册会计师法律责任的内涵。

二、注册会计师法律责任的成因

导致注册会计师承担法律责任的原因是多方面的,其中最重要的原因来自被审计单位和注册会计师。

(一)被审计单位方面的原因

1. 错误、舞弊和违反法律法规的行为

错误,是指导致财务报表错报的非故意行为。其主要情形包括:

(1)计算及账户分类错误;采用法律、行政法规或者国家统一的会计制度等不允许的会计政策;

(2)对事实的疏忽或误解。

舞弊,是指被审计单位的管理层、治理层、员工或第三方使用欺骗手段获取不当或非法利益的故意行为。其主要情形包括:

(1)伪造、篡改会计记录或凭证;

(2)故意错误表达或漏记事项、交易或其他重要信息;

(3)故意使用不当的会计政策或做出错误的会计估计;

(4)侵占资产。

违反法律法规,是指被审计单位有意或无意违背除了适用的财务报告编制基础以外的现行法律法规的行为。被审计单位的违反法律法规行为可能与财务报表相关,有些违反法律法规行为还可能产生重大财务后果,进而影响财务报表的合法性和公允性。

2. 经营失败

经营失败,是指企业由于经济或经营条件的变化,例如经济衰退、不当的管理决策或出现意料之外的行业竞争等而无法满足投资者的预期。经营失败的极端情况是申请破产。被审计单位在经营失败时,也可能会连累注册会计师,注册会计师承担的责任通常会由被审计单位的经营失败所引发。很多的会计和法律专业人士认为,财务报表使用者控告会计师事务所的主要原因之一,是不理解经营失败和审计失败之间的差别。审计失败,是指注册会计师由于没有遵守审计准则的要求而发表了错误的审计意见。经营失败则是被审计单位管理层的责任,与注册会计师无关。由于审计中的固有限制影响了注册会计师发现重大错报的能力,注册会计师不能对财务报表整体不存在重大错报做出绝对保证。在审计过程中,注册会计师要恪守应有的职业谨慎,否则就会造成审计失败,并由此承担责任。

(二)注册会计师方面的原因

注册会计师会因违约、过失和欺诈等行为而承担法律责任。

1. 违约

违约,是指合同的一方或多方未能履行合同条款规定的义务。当违约给他人造成损失时,注册会计师应负违约责任。例如,会计师事务所在商定的期间内未能提交纳税申报表,或违反了与被审计单位订立的保密协议等。

2. 过失

过失,是指在一定条件下,注册会计师没有保持应有的职业谨慎。评价注册会计师的过失,是以其他合格注册会计师在相同条件下可做到的谨慎为标准的。当过失给他人造成损失时,注册会计师应负过失责任。过失可以按照程度不同区分为普通过失和重大过失。

(1)普通过失。

普通过失,有的也称一般过失,通常是指没有保持职业上应有的职业谨慎;对注册会计师而言则是指没有完全遵循专业准则的要求。例如,未按待定审计项目获取充分、适当的审计证据就出具审计报告的情况,可视为一般过失。

(2)重大过失。

重大过失,是指连起码的职业谨慎都没有保持。对于注册会计师而言,则是指根本没有遵循专业准则或没有按专业准则的基本要求执行审计。

3. 欺诈

欺诈又称舞弊,是指以欺骗或坑害他人为目的的一种故意的错误行为。作案具有不良动机是欺诈的重要特征,也是欺诈与普通过失和重大过失的主要区别之一。对于注册会计师而言,欺诈就是为了达到欺骗他人的目的,明知委托单位的财务报表有重大错报,却加以虚伪的陈述,出具无保留意见的审计报告。

与欺诈相关的另一个概念是推定欺诈,又称涉嫌欺诈,是指虽无故意欺诈或坑害他人的动机,但却存在极端或异常的过失。推定欺诈和重大过失这两个概念的界限往往很难界定。

三、注册会计师法律责任的种类

注册会计师因违约、过失或欺诈给被审计单位或其他利害关系人造成损失的,按照有关法律规定,可能被判承担行政责任、民事责任或刑事责任。这三种责任可以单处,也可以并处。行政责任,对于注册会计师而言,包括警告、暂停执业、吊销注册会计师证书;对于会计师事务所而言,包括警告、没收违法所得、罚款、暂停执业、撤销等。民事责任主要是指赔偿受害人损失。刑事责任,是指触犯刑法所必须承担的法律后果,其种类包括罚金、有期徒刑以及其他限制人身自由的刑罚等。一般来说,因违约和过失可能使注册会计师负行政责任和民事责任,因欺诈可能会使注册会计师负民事责任和刑事责任。

四、注册会计师避免法律诉讼以及减少诉讼损失的措施

(一)严格遵守职业道德和专业标准的要求

注册会计师是否承担法律责任,关键在于注册会计师是否有过失或欺诈行为。不能苛求注册会计师对于会计报表中的所有错报事项都要承担法律责任。判别注册会计师是否具有过失的关键在于注册会计师是否遵照专业标准的要求执行。因此,保持良好的职业道德,严格遵守专业标准的要求执业、出具报告,对于避免法律诉讼或在提起的诉讼中保护会计师事务所和注册会计师具有无比的重要性。

(二)建立、健全会计师事务所质量控制制度

会计师事务所不同于一般的企业,质量管理是会计师事务所各项管理工作的核心。如果一个会计师事务所质量管理不严,很有可能因为一个人或一个部门的原因导致整个会计师事务所遭受灭顶之灾。因此,会计师事务所必须建立、健全一套严密、科学的内部质量控制制度,并把这套制度推行到每一个人、每一个部门和每一项业务,迫使注册会计师按照专业标准的要求执业,以保证整个会计师事务所的质量。

(三)谨慎选择合伙人,签订合伙人协议,并招收合格的审计从业人员

建立以合伙人为主体的新的经营管理机制,统一注册会计师的执业理念,树立质量意识和风险意识,并招收合格的审计从业人员,是提高执业质量、会计师事务所减少或避免法律诉讼的组织保证。

(四)审慎选择被审计单位

对首次接触的客户在承接业务之前,注册会计师要深入了解被审计单位的情况,评价管理当局的品质,弄清委托的真正目的;对陷于财务困境和法律纠纷的被审计单位更要慎重,若发现可能导致企业财务欺诈的因素,或表明企业存在财务欺诈风险时,应考虑是否拒绝接受委托。

(五)与委托人签订业务委托书

一旦接受审计委托,注册会计师就应当与委托人签订审计业务约定书,并在审计业务约定书中明确被审计单位的会计责任与注册会计师的审计责任。

(六)深入了解被审计单位的业务

从事审计工作必然涉及审计风险,注册会计师应当对被审计单位的经营情况、经营环境、财务状况等心中有数,做到知己知彼才能百战不殆,将审计风险降低至最低程度。

除了采取上述措施以避免或减少法律诉讼以外，会计师事务所还应当考虑采取措施减少法律诉讼可能带来的损失。

（七）购买责任保险或提取风险基金

购买责任保险是会计师事务所的一项重要自我保护措施，在西方国家投保充分的责任保险是会计师事务所一项极为重要的保护措施。《注册会计师法》也规定了会计师事务所应当按照规定建立职业风险基金，办理职业保险。虽然购买责任保险不能免除可能遭受的法律诉讼，但能使会计师事务所在诉讼中发生的财务损失减少到最低程度。

（八）聘请熟悉注册会计师法律责任的律师做法律顾问

注册会计师在执业过程中遇到重大法律问题或发生法律诉讼时，应当聘请熟悉相关法律和有经验的律师参与，并认真考虑律师的建议。

■ 审计法规链接 ■

1. 中国注册会计师职业道德基本准则
2. 中国注册会计师审计准则第1141号——财务报表审计中与舞弊相关的责任
3. 中国注册会计师审计准则第1142号——财务报表审计中对法律法规的考虑
4. 中国注册会计师审计准则第1151号——与治理层的沟通
5. 中国注册会计师审计准则第1152号——向治理层和管理层通报内部控制缺陷

■ 复习思考题 ■

一、重要概念

1. 注册会计师职业道德
2. 独立性
3. 经营失败
4. 注册会计师过失
5. 注册会计师欺诈

二、思考分析

1. 为什么说注册会计师行业需要更高的道德水准？
2. 注册会计师职业道德基本原则有哪些？
3. 可能对职业道德基本原则产生不利影响的因素有哪些？
4. 治理层的职责有哪些？管理层的职责有哪些？
5. 导致注册会计师承担法律责任的主要原因是什么？
6. 注册会计师法律责任有哪几种？导致注册会计师法律责任的原因通常有哪些？
7. 注册会计师应当如何避免法律诉讼？

第四章 审计目标

【本章学习目标】
1. 审计目标的概念及特征。
2. 管理层关于财务报表的认定。
3. 财务报表审计的总体目标和具体目标。

第一节 财务报表审计总目标

审计目标是特定审计环境的产物,它是在一定历史环境下,审计人员通过审计实践活动所期望达到的境地或最终结果。

一、审计目标演变概述

自审计诞生以来,审计目标随着理论和实践的发展经历了一个较为漫长的演变过程。这个演变过程大致可以分为三个阶段,依次是以查错纠弊为主、以判断企业财务状况和偿债能力为主以及以鉴证财务报表真实、公允为主,与之相对应的审计方法分别是详细审计、资产负债表审计和财务报表审计(参见表 4-1)。

表 4-1 审计目标的演变

项目\审计类型	详细审计	资产负债表审计	财务报表审计
时间	1844 年至 20 世纪初	20 世纪初至 20 世纪 30 年代	20 世纪 30 年代以后
审计对象	会计账簿	会计账簿及资产负债表	整体会计报表
审计目标	查错防弊	判断企业财务状况和偿债能力	对会计报表的合法性、公允性发表意见
审计方法	详细审查	初步抽样审计	制度基础审计
主要使用人	股东	股东和债权人	社会公众

二、审计目标的含义

(一) 国际上对审计目标的认识

美国注册公共会计师协会(American Institute of Certified Public Accountants, AICPA)对审计目标的表述是：独立审计师财务报表审计的目标是，对财务报表的编制是否符合公认会计原则，是否在所有的重要方面公允反映了财务状况、经营成果和现金流量表示意见。

英国《公司法》对审计目标的表述是：审计是对企业财务报表的独立检查，目的是对这些报表的反映是否真实和公允并符合相关法规表示意见。

国际会计师联合会(International Federation of Accountants, IFAC)发布的《对财务报表的审计报告准则》认为，财务报表审计的目标是使审计人员能够对财务报表在所有重要方面是否按照确定的财务报告框架编制发表意见。

综合以上三种观点我们可以发现，美国的审计目标强调合规性和公允性，英国的审计目标强调真实性、公允性和合法性，国际会计职业界则强调合规性。

(二) 我国财务报表审计的目标

一般认为，审计目标包含审计总目标和审计具体目标两个层次。审计总目标规范审计具体目标的内容，审计具体目标则是审计总目标的具体化。

2010年修订后的《中国注册会计师审计准则第1101号——注册会计师的总体目标和审计工作的基本要求》第四章第二十五条规定，在执行财务报表审计工作时，注册会计师的总体目标是：

(1) 对财务报表整体是否不存在由于舞弊或错误导致的重大错报获取合理保证，使得注册会计师能够对财务报表是否在所有重大方面按照适用的财务报告编制基础编制发表审计意见；

(2) 按照审计准则的规定，根据审计结果对财务报表出具审计报告，并与管理层和治理层沟通。

与之前的审计准则的内容相比，引入了"财务报告编制基础""审计总目标"的概念。适用的财务报告编制基础，是指法律法规要求采用的财务报告编制基础；或者管理层和治理层(如适用)在编制财务报表时，就被审计单位性质和财务报表目标而言，采用的可接受的财务报告编制基础。适用的财务报告编制基础通常指会计准则和法律法规的规定。

财务报告编制基础分为通用目的编制基础和特殊目的编制基础。通用目的编制基础，是指旨在满足广大财务报表使用者共同的财务信息需求的财务报告编制基础，主要是指会计准则和会计制度。特殊目的编制基础，是指旨在满足财务报表特定使用者对财务信息需求的财务报告编制基础，包括计税核算基础、监管机构的报告要求和合同的约定等。特殊目的财务报告编制基础分为公允列报编制基础和遵循性编制基础。

(三) 审计目标的特征和分类

审计目标是审计监督体系运行的导向机制，发挥着引导审计活动方向的作用。审计目标具有社会需要性、现实可能性、动态性和可分解性等特征。

1. 社会需要性

社会需要性，是指审计目标由社会需要转化而来，它反映了社会政治经济环境对审计的客观要求。

2. 现实可能性

现实可能性，是指审计目标源于社会需要，但只有符合审计内在特性和规律的社会需要才能转化为审计目标，从而使审计目标的实现具有现实可能性。

3. 动态性

动态性，是指审计目标的具体内容随着社会历史条件和政治经济环境的变化而变化。

4. 可分解性

可分解性，是指任何系统都有总目标，总目标又可以分解为若干个子目标。因此，审计目标也是由总目标及子目标组成的。

审计目标的变动总是受到社会环境变迁的影响。具体来说，社会需求是影响审计目标的根本因素，审计能力是确定审计目标的决定因素。例如，在第二次世界大战前后，美国及世界资本市场的迅猛发展、投资者对投资收益的关心使人们的主要兴趣从资产负债表转向收益表，对利润表的审计遂成为审计的主要内容。同时，对财务报表的可靠性也日益重视，从而使对财务报表是否公允表述的审查成为审计的主要目标。但是，从另一个方面来说，审计能力是有限的。限制审计能力的因素是多方面的，主要有审计技术方面、审计人员素质、审计时间限制以及审计委托人所能承担的费用等。审计能力的有限性限制了审计满足社会需求的程度，它在审计目标的确定中起着平衡作用。

第二节 对财务报表的责任以及管理层认定

一、管理层对财务报表的责任

管理层，是指对企业经营活动的执行负有管理责任的人员。其主要职责有：
（1）选择适用的会计准则和相关会计制度；
（2）选择和运用恰当的会计政策；
（3）根据企业的具体情况，做出合理的会计估计；
（4）设计、实施和维护与财务报表编制相关的内部控制。

二、治理层对财务报表的责任

治理层，是指对企业战略方向和管理层履行经营管理职责负有监管责任的组织和人

员。治理层的责任是监管财务报告的编制和披露过程,具体包括:

(1) 审核或监督企业的重大会计政策;

(2) 审核或监督企业财务报告编制和披露程序,审核或监督与财务报告相关的企业内部控制;

(3) 组织和领导企业内部审计,审核和批准企业的财务和相关信息披露;

(4) 聘任和解聘负责企业外部审计的注册会计师并与其进行沟通。

三、注册会计师的责任

注册会计师的责任是按照审计准则的规定对财务报表发表审计意见。财务报表审计不能减轻被审计单位管理层和治理层的责任,如果财务报表存在重大错报,而注册会计师通过审计没能发现,也不能因为财务报表已经过注册会计师审计这一事实而减轻管理层和治理层对财务报表的责任。

四、管理层认定

管理层认定,是指管理层对财务报表组成要素的确认、计量、列报做出的明确或隐含的表达。管理层在财务报表上的认定有些是明确表达的,有些则是隐含表达的。如管理层在资产负债表中列报存货及其金额,意味着做出了下列明确的认定:

(1) 记录的存货是存在的;

(2) 存货以恰当的金额包括在财务报表中,与之相关的计价或分摊调整已恰当记录。

同时,管理层也做出下列隐含的认定:

(1) 所有应当记录的存货均已记录;

(2) 记录的存货都由被审计单位拥有。

管理层对财务报表各组成要素均做出了认定,注册会计师的审计工作就是要确定管理层的认定是否恰当。管理层的认定有与各类交易和事项相关的认定、与期末余额相关的认定和与列报与披露相关的认定三个层次。

(一) 与各类交易和事项相关的认定

注册会计师通常将所审计期间与各类交易和事项相关的认定分为以下类别:

(1) 发生。记录的交易和事项已发生且与本单位有关。

(2) 完整性。所有应当记录的交易和事项均已记录。

(3) 准确性。与交易和事项有关的金额及其数据已恰当记录。

(4) 截止。交易和事项已记录于正确的会计期间。

(5) 分类。交易和事项已记录于恰当的账户。

(二) 与期末余额相关的认定

注册会计师通常将与期末余额相关的认定分为以下类别:

(1) 存在。记录的资产、负债和所有者权益是存在的。

(2) 权利和义务。记录的资产由本单位拥有或控制,记录的负债是本单位应当履行的偿还义务。

(3) 完整性。所有应当记录的资产、负债和所有者权益均已记录。

(4) 计价和分摊。资产、负债和所有者权益以恰当的金额记录,与之相关的计价或分摊调整已恰当记录。

(三) 与列报和披露相关的认定

注册会计师通常将与列报和披露相关的认定分为以下类别:

(1) 发生及权利和义务。列报的交易、事项和其他情况已发生,且与本单位有关。

(2) 完整性。所有应当包括在财务报表中的列报均已包括。

(3) 分类和可理解性。财务信息已被恰当地列报,且表述清楚。

(4) 准确性和计价。财务信息和其他的信息已公允披露,且金额恰当。

审计目标与被审计单位管理当局的认定相关,因为审计人员的基本职责就在于确定被审计单位管理当局对其财务报表的认定是否合理、合规。所以,审计就是对被审计单位管理层认定的再认定。

第三节 审计具体目标

一、审计具体目标的确定

将审计总目标与管理层各项认定相对应便形成了审计具体目标。审计具体目标是审计总目标的具体化。审计具体目标必须根据审计总目标和被审计单位管理层的认定来确定。

(一) 与各类交易和事项相关的审计目标

1. 发生

由发生认定推导的审计目标是确认已记录的交易是真实的。例如,如果没有发生销售交易,但在销售日记账和总账中记录了一笔销售,则违反了发生目标。

发生认定所要解决的问题是管理层是否把那些不曾发生的项目记入财务报表,它主要与财务报表组成要素的高估有关。

2. 完整性

由完整性认定推导的审计目标是确认已发生的交易确实已经记录。例如,如果发生了销售交易,但没有在销售日记账和总账中记录,则违反了完整性目标。发生和完整性两者强调的是相反的关注点。发生目标针对潜在的高估,而完整性目标则针对漏记交易(低估)。

3. 准确性

由准确性认定推导的审计目标是确认已记录的交易是按正确金额反映的。例如,如果在销售交易中,发出商品的数量与账单上的数量不符,或是开账单时使用了错误的销售价格,或是账单中的乘积或加总有误,或是在销售日记账中记录了错误的金额,则违反了准确性目标。

准确性与发生、完整性之间存在区别。例如,若已记录的销售交易是不应当记录的(如发出的商品是寄销商品),则即使发票金额是准确计算的,仍违反了发生目标。又如,若已入账的销售交易是对正确发出商品的记录,但金额计算错误,则违反了准确性目标,但没有违反发生目标。在完整性与准确性之间也存在同样的关系。

4. 截止

由截止认定推导的审计目标是确认接近于资产负债表日的交易记录于恰当的期间。例如,如果本期交易推到下期,或下期交易提到本期,均违反了截止目标。

5. 分类

由分类认定推导的审计目标是确认被审计单位记录的交易经过适当分类。例如,如果将现销记录为赊销,将出售经营性固定资产所得的收入记录为营业收入,则导致交易分类的错误,违反了分类目标。

(二) 与期末余额相关的审计目标

1. 存在

由存在认定推导的审计目标是确认已记录的金额确实存在。例如,如果不存在某顾客的应收账款,在应收账款试算平衡表中却列入了对该顾客的应收账款,则违反了存在性目标。

2. 权利和义务

由权利和义务认定推导的审计目标是确认资产归属于被审计单位,负债属于被审计单位的义务。例如,将他人的寄售商品记入被审计单位的存货中,违反了权利目标;将不属于被审计单位的债务记入账内,违反了义务目标。

3. 完整性

由完整性认定推导的审计目标是确认存在的金额均已记录。例如,如果存在某顾客的应收账款,在应收账款试算平衡表中却没有列入对该顾客的应收账款,则违反了完整性目标。

4. 计价和分摊

由计价和分摊推导的审计目标是资产、负债和所有者权益以恰当的金额包括在财务报表中,与之相关的计价或分摊调整已恰当记录。

(三) 与列报相关的审计目标

各类交易和账户余额的认定正确只是为列报正确打下了必要的基础,财务报表还可能因被审计单位误解有关列报的规定或舞弊等而产生错报。另外,还可能因被审计单位没有遵守一些专门的披露要求而导致财务报表错报。因此,即使注册会计师审计了各类交易和账户余额的认定,实现了各类交易和账户余额的具体审计目标,也不意味着获取了足以对财务报表发表审计意见的充分、适当的审计证据。因此,注册会计师还应当对各类交易、账户余额及相关事项在财务报表中列报的正确性实施审计。

1. 发生及权利和义务

将没有发生的交易、事项,或与被审计单位无关的交易和事项包括在财务报表中,则违反该目标。例如,复核董事会会议记录中是否记载了固定资产抵押等事项,询问管理层固定资产是否被抵押,即是对列报的权利认定的运用。如果抵押固定资产则需要在财务报表中列报,说明其权利受到限制。

2. 完整性

如果应当披露的事项没有包括在财务报表中,则违反该目标。例如,检查关联方和关联交易,以验证其在财务报表中是否得到充分披露,即是对列报的完整性认定的运用。

3. 分类和可理解性

财务信息已被恰当地列报和描述,且披露内容表述清楚。例如,检查存货的主要类别是否已披露,是否将一年内到期的长期负债列为流动负债,即是对列报的分类和可理解性认定的运用。

4. 准确性和计价

财务信息和其他的信息已公允披露,且金额恰当。例如,检查财务报表附注是否分别对原材料、在产品和产成品等存货成本核算方法作了恰当说明,即是对列报的准确性和计价认定的运用。

二、管理层认定、审计具体目标与审计程序的关系

管理层认定是确定审计具体目标的基础。注册会计师通常将认定转化为能够通过审计程序予以实现的审计目标。针对财务报表每一项目所表现出的各项认定,注册会计师相应地确定一项或多项审计目标,然后通过执行一系列审计程序获取充分、适当的审计证据以实现审计目标。管理层认定、审计具体目标与审计程序之间的关系举例参见表4-2。

表4-2 管理层认定、审计具体目标与审计程序之间的关系

管理层认定	审计具体目标	审计程序
存在	资产负债表列示的存货存在	实施存货监盘程序
完整性	销售收入包括所有已发货的交易	检查发货单和销售发票的编号以及销售明细账
准确性	应收账款反映的销售业务是否基于正确的价格和数量,计算是否准确	比较价格清单与发票上的价格、发货单与销售订购单上的数量是否一致,重新计算发票上的金额
截止	销售业务记录在恰当的期间	比较上一年度最后几天和下一年度最初几天的发货单日期与记账日期
权利和义务	资产负债表中的固定资产确实为企业所有	查阅所有权证书、购货合同、结算单和保险单
计价和分摊	以净值记录应收款项	检查应收账款账龄分析表、评估计提的坏账准备是否充足

第四节 审计过程

审计方法从早期的账项基础审计(详细审计),演变到今天的风险导向审计。风险导向审计模式要求注册会计师在审计的过程中,以重大错报风险的识别、评估和应对作为工作主线。相应的,审计过程大致可以分为以下五个阶段。

一、接受业务委托

会计师事务所应当按照执业准则的规定,谨慎决策是否接受或保持某客户关系和具体审计业务。在接受新客户的业务前,或决定是否保持现有业务或考虑接受现有客户的新业务时,会计师事务所应当执行一些客户接受与保持的程序,以获取以下信息:

(1)考虑客户的诚信,没有信息表明客户缺乏诚信;
(2)具有执行业务必要的素质、专业胜任能力、时间和资源;
(3)能够遵守相关职业道德要求。

会计师事务所执行接受与保持客户程序的目的,旨在识别和评估会计师事务所面临的风险。在此阶段,注册会计师需要做出的最重要的决策之一就是接受和保持客户。一项低质量的决策会导致不能准确确定计酬的时间或未被支付的费用,增加项目合伙人和员工的额外压力,使会计师事务所的声誉遭受损失,或者涉及潜在的诉讼。

一旦决定接受业务委托,注册会计师应当与客户就审计约定条款达成一致意见。对于连续审计,注册会计师应确定是否需要根据具体情况修改业务约定条款,以及是否需要提醒客户注意现有的审计业务约定书。

二、计划审计工作

计划审计工作十分重要。如果没有恰当的审计计划,不仅无法获取充分、适当的审计证据,影响审计目标的实现,而且还会浪费有限的审计资源,影响审计工作的效率。因此,对于任何一项审计业务,注册会计师在执行具体审计程序之前,都必须根据具体情况制订科学、合理的计划,使审计业务以有效的方式得到执行。

一般来说,计划审计工作主要包括:
(1)在本期审计业务开始时开展的初步业务活动;
(2)制定总体审计策略;
(3)制订具体审计计划等。需要指出的是,计划审计工作不是审计业务的一个孤立阶段,而是一个持续的、不断修正的过程,贯穿于整个审计过程的始终。

三、实施风险评估程序

根据审计准则的规定,注册会计师必须实施风险评估程序,以此作为评估财务报表层次和认定层次重大错报风险的基础。风险评估程序,是指注册会计师为了解被审计单位及其环境,以识别和评估财务报表层次和认定层次的重大错报风险(无论该错报由于舞弊或错误导致)而实施的审计程序。风险评估程序是必要程序,了解被审计单位及其环境为注册会计师在许多关键环节做出职业判断提供了重要基础。了解被审计单位及其环境实际上是一个连续和动态地收集、更新与分析信息的过程,贯穿于整个审计过程的始终。一般来说,实施风险评估程序的主要工作包括:(1)了解被审计单位及其环境;(2)识别和评估财务报表层次以及各类交易、账户余额和披露认定层次的重大错报风险,包括确定需要特别考虑的重大错报风险(即特别风险)以及仅通过实施实质性程序无法应对的重大错报风险等。

四、实施控制测试和实质性程序

注册会计师实施风险评估程序本身并不足以为发表审计意见提供充分、适当的审计证据,还应当实施进一步审计程序,包括实施控制测试(必要时或决定测试时)和实质性程序。因此,注册会计师在评估财务报表重大错报风险后,应当运用职业判断,针对评估的财务报表层次重大错报风险确定总体应对措施,并针对评估的认定层次重大错报风险设计和实施进一步审计程序,以将审计风险降至可接受的低水平。

五、完成审计工作和编制审计报告

注册会计师在完成财务报表进一步审计程序后,还应当按照有关审计准则的规定做好审计完成阶段的工作,并根据所获取的各种证据,合理运用专业判断,形成适当的审计意见。

本阶段的主要工作有:(1)考虑持续经营假设、或有事项和期后事项;(2)获取管理层声明;(3)汇总审计差异,提请被审计单位调整或披露;(4)复核审计工作底稿和财务报表;(5)与管理层和治理层沟通;(6)评价所有的审计证据,形成审计意见;(7)编制审计报告等。

■ 审计法规链接 ▎

1. 中国注册会计师鉴证业务基本准则
2. 中国注册会计师审计准则第1101号——注册会计师的总体目标和审计工作的基本要求
3. 中国注册会计师审计准则第1211号——通过了解被审计单位及其环境识别和评估重大错报风险

■ 复习思考题 ▎

一、重要概念

  1. 审计目标
  2. 风险评估程序

二、思考分析
1. 简述我国财务报表审计的总体目标。
2. 什么是管理层认定?
3. 如何理解审计具体目标与认定的关系?
4. 简述审计过程各阶段的主要工作。

第五章 审计计划

【本章学习目标】
1. 掌握初步业务活动和审计业务约定书的有关内容。
2. 掌握制定总体审计策略时应考虑的主要事项。
3. 理解审计重要性、审计风险等基本概念。
4. 理解审计重要性与审计风险的关系。

第一节 初步业务活动

一、初步业务活动的目的

注册会计师开展初步业务活动,主要是为了确保审计计划工作的完成,并实现以下三个目的:
(1) 确保注册会计师已具备执行业务所需要的独立性和专业胜任能力;
(2) 不存在因管理层诚信问题而影响注册会计师保持该业务意愿的情况;
(3) 与被审计单位不存在对业务约定条款的误解。

二、初步业务活动的内容

(一) 针对保持客户关系和具体审计业务实施相应的质量控制程序

在首次接受审计委托时,注册会计师需要执行针对建立客户关系和承接具体审计业务的质量控制程序;在连续审计时,注册会计师通常执行针对保持客户关系和具体审计业务的质量控制程序。注册会计师应当按照相关审计准则的规定开展初步业务活动。

(二) 评价遵守职业道德要求的情况

虽然保持客户关系和具体审计业务以及评价职业道德的工作贯穿审计业务的全过程,但是这项活动需要安排在其他的审计工作之前进行,以确保注册会计师已具备执行业务所需要的独立性和专业胜任能力。

(三) 就审计业务约定条款达成一致意见

在做出接受或保持客户关系和具体审计业务的决策后,注册会计师就应当与被审计单位就审计业务约定条款达成一致意见,签订或修改审计业务约定书。审计业务约定书一经签订,双方就要按审计业务约定书规定的条款履行。

三、审计业务约定书

(一) 审计业务约定书的含义及作用

审计业务约定书,是指会计师事务所与被审计单位签订的,用以记录和确认审计业务的委托与受托关系、审计目标和审计范围、双方的责任以及报告的格式等事项的书面协议。会计师事务所承接任何审计业务,都应与被审计单位签订审计业务约定书。审计业务约定书具有经济合同的性质,一经约定双方签字,即成为会计师事务所与委托人之间在法律上生效的契约。

审计业务约定书的作用包括:

(1) 审计业务约定书可以增进会计师事务所与委托人之间的了解,尤其是可以使被审计单位了解他们的会计责任和注册会计师的审计责任,明确被审计单位应该提供的合作,并以此作为划分责任的依据;

(2) 审计业务约定书可以作为被审计单位鉴定审计业务完成情况及会计师事务所检查被审计单位约定义务履行情况的依据;

(3) 出现法律诉讼时,审计业务约定书可以作为确定会计师事务所和委托人双方应负法律责任的重要依据。

(二) 审计业务约定书的内容

审计业务约定书的具体内容因被审计单位的不同而存在差异,但应当包括以下主要内容:

(1) 财务报表审计的目标与范围。

(2) 双方的责任。

(3) 管理层编制财务报表所使用的财务报告编制基础。

(4) 注册会计师拟出具的审计报告的预期形式和内容。

(5) 审计工作范围。

(6) 对审计业务结果的其他沟通形式。

(7) 说明由于审计和内部控制的固有限制。即使审计工作按照审计准则的规定得到恰当的计划和执行,仍不可避免地存在某些重大错报未被发现的风险。

(8) 计划和执行审计工作的安排,包括审计项目组的构成。

(9) 管理层确认将提供书面声明。

(10) 管理层同意向注册会计师及时提供财务报表草稿和其他所有附带信息,以使注册会计师能够按照预定的时间表完成审计工作。

(11) 管理层同意告知注册会计师在审计报告日至财务报表报出日之间注意到的可能影响财务报表的事实。

(12) 收费的计算基础和收费安排。

(13) 管理层确认收到审计业务约定书并同意其中的条款。

如果情况需要，注册会计师应当考虑在审计业务约定书中列明其他有关内容，例如：在某些方面对利用其他注册会计师和专家工作的安排；在首次审计的情况下，与前任注册会计师进行沟通的安排等。

注册会计师可以不在每期都致送新的审计业务约定书或其他书面协议。但是，下列因素可能导致注册会计师修改审计业务约定条款或提醒被审计单位注意现有的业务约定条款：

(1) 有迹象表明被审计单位误解审计目标和审计范围；

(2) 需要修改约定条款或增加特别条款；

(3) 被审计单位的高级管理人员近期发生变动；

(4) 被审计单位的所有权发生重大变动；

(5) 被审计单位业务的性质或规模发生重大变化；

(6) 法律法规的规定发生变化；

(7) 编制财务报表采用的财务报告编制基础发生变更等。

(三) 审计业务约定条款的变更

1. 变更审计业务约定条款的要求

在完成审计业务前，如果被审计单位或委托人要求将审计业务变更为保证程度较低的业务，注册会计师应当确定是否存在合理理由予以变更。

下列原因可能导致被审计单位要求变更业务：

(1) 环境变化对审计服务的需求产生影响；

(2) 对原来要求的审计业务的性质存在误解；

(3) 无论是管理层施加的还是其他情况引起的审计范围受到限制。

上述第一项和第二项通常被认为是变更业务的合理理由，但如果有迹象表明该变更要求与错误的、不完整的或者不能令人满意的信息有关，注册会计师不应认为该变更是合理的。

如果没有合理的理由，注册会计师不应同意变更审计业务。如果注册会计师不同意变更审计业务约定条款，而管理层又不允许继续执行原审计业务，注册会计师应当：

(1) 在适用的法律法规允许的情况下，解除审计业务约定；

(2) 确定是否有约定义务或其他义务向治理层、所有者或监管机构等报告该事项。

2. 变更为审阅业务或相关服务业务的要求

在同意将审计业务变更为审阅业务或相关服务业务前，接受委托按照审计准则执行审计工作的注册会计师，除了考虑上述提及的事项以外，还需要评估变更业务对法律责任或业务约定的影响。

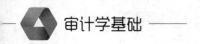

第二节 总体审计策略和具体审计计划

一、总体审计策略

注册会计师应当为审计工作制定总体审计策略。总体审计策略用以确定审计范围、时间安排和方向,并指导具体审计计划的制订。在制定总体审计策略时,注册会计师应当考虑以下主要事项。

(一)审计范围

在确定审计范围时,注册会计师需要考虑下列具体事项:

(1) 编制拟审计的财务信息所依据的财务报告编制基础;

(2) 特定行业的报告要求,例如某些行业监管机构要求提交的报告;

(3) 预期审计工作涵盖的范围,包括应涵盖的组成部分的数量及所在地点;

(4) 母公司和集团组成部分之间存在的控制关系的性质,以确定如何编制合并财务报表;

(5) 由组成部分注册会计师审计组成部分的范围等。

(二)报告目标、时间安排及所需沟通的性质

为计划报告目标、时间安排和所需沟通的性质,注册会计师需要考虑下列事项:

(1) 被审计单位对外报告的时间表,包括中间阶段和最终阶段;

(2) 与管理层和治理层举行会谈,讨论审计工作的性质、时间安排和范围;

(3) 与管理层和治理层讨论注册会计师拟出具的报告的类型和时间安排及其他事项,包括审计报告、管理建议书和向治理层通报的其他事项;

(4) 与管理层讨论预期就整个审计业务中对审计工作的进展进行的沟通;

(5) 与组成部分注册会计师沟通拟出具的报告的类型和时间安排,以及与组成部分审计相关的其他事项;

(6) 项目组成员之间预期沟通的性质和时间安排,包括项目组会议的性质和时间安排,以及复核已执行工作的时间安排;

(7) 预期是否需要和第三方进行其他的沟通,包括与审计相关的法定或约定的报告责任。

(三)审计方向

总体审计策略的制定应当考虑影响审计业务的重要因素,以确定项目组的工作方向,包括确定适当的重要性水平,初步识别可能存在较高的重大错报风险的领域,初步识别重要的组成部分和账户余额,评价是否需要针对内部控制的有效性获取审计证据,识别被审计单位、所处行业、财务报告要求及其他相关方面最近发生的重大变化等。

(四)审计资源

注册会计师应当在总体审计策略中清楚地说明审计资源的规划和调配,包括确定执

行审计业务所必需的审计资源的性质、时间安排和范围,具体包括以下四个方面:

(1) 向具体审计领域调配的资源,包括向高风险领域分派有适当经验的项目组成员,就复杂的问题利用专家工作等;

(2) 向具体审计领域分配资源的多少,包括分派的项目组成员的人数,向高风险领域分配的审计时间预算等;

(3) 何时调配这些资源,包括是在期中审计阶段还是在关键的截止日期调配资源等;

(4) 如何管理、指导、监督这些资源,例如预期项目合伙人和经理如何进行复核,实施项目质量控制复核等。

总体审计策略的参考格式参见范 5-1。

范 5-1 总体审计策略的参考格式

被审计单位:＿＿＿＿＿＿＿＿＿＿＿＿＿＿ 索引号:＿＿＿＿＿＿＿＿＿＿＿＿＿＿

项目:＿＿＿＿＿＿＿＿＿＿＿＿＿＿＿＿ 财务报表截止日/期间:＿＿＿＿＿＿＿

编制:＿＿＿＿＿＿＿＿＿＿＿＿＿＿＿＿ 复核:＿＿＿＿＿＿＿＿＿＿＿＿＿＿＿

日期:＿＿＿＿＿＿＿＿＿＿＿＿＿＿＿＿ 日期:＿＿＿＿＿＿＿＿＿＿＿＿＿＿＿

一、审计范围

报告要求	
1. 适用的财务报告编制基础	
2. 适用的审计准则	
3. 与财务报告相关的行业特别规定	
4. 由组成部分注册会计师审计的范围	
……	

二、审计业务时间安排

(一) 报告时间要求

审计工作	时间
1. 提交审计报告草稿	
2. 签署正式审计报告	
3. 公布已审报表和审计报告	
……	

（二）执行审计工作的时间安排

审计工作	时间
1. 制定总体审计策略	
2. 制订具体审计计划	
3. 执行存货监盘	
……	

（三）沟通的时间安排

沟通	时间
1. 与管理层的沟通	
2. 与治理层的沟通	
3. 项目组会议（包括预备会和总结会）	
……	

三、影响审计业务的重要因素

（一）重要性

重要性	索引号
1. 财务报表整体重要性	
2. 各类交易、账户余额或披露的重要性水平	
3. 实际执行的重要性	
4. 明显微小错报的临界值	

（二）可能存在较高重大错报风险的领域

可能存在较高重大错报风险的领域	索引号

四、人员安排

（一）项目组主要成员

姓名	职级	主要职责

（二）质量控制复核人员

姓名	职级	主要职责

五、对专家或其他第三方工作的利用（如适用）

（一）对专家工作的利用

主要报表项目	专家名称	主要职责及工作范围	索引号

（二）对内部审计工作的利用

主要流程/报表项目	拟利用的内部审计工作	索引号

（三）对组成部分注册会计师工作的利用

组成部分注册会计师名称	利用其工作范围及程度	索引号

（四）对被审计单位使用服务机构的考虑

主要报表项目	服务机构名称	服务机构提供的相关服务及其注册会计师出具的审计报告意见及日期	索引号

六、其他事项

二、具体审计计划

注册会计师应当为审计工作制订具体审计计划。具体审计计划比总体审计策略更加详细，其内容包括为获取充分、适当的审计证据以将审计风险降至可接受的低水平，项目组成员拟实施的审计程序的性质、时间安排和范围。确定审计程序的性质、时间安排和范围的决策是具体审计计划的核心。因此，具体审计计划也被称为审计程序计划。

具体审计计划应当包括：

（1）风险评估程序；
（2）计划实施的进一步审计程序；
（3）计划的其他审计程序。

三、审计过程中对计划的更改

计划审计工作并非审计业务的一个孤立阶段，而是一个持续的、不断修正的过程，贯穿于整个审计业务的始终。注册会计师应当在必要时对总体审计策略和具体审计计划做出更新和修改。一旦计划被更新和被修改，审计工作也就应当进行相应的修正。

如果注册会计师在审计过程中对总体审计策略或具体审计计划做出重大修改，应当在审计工作底稿中记录做出的重大修改及其理由。

四、指导、监督与复核

注册会计师应当制订计划，确定对项目组成员的指导、监督以及对其工作进行复核的性质、时间安排和范围。项目组成员的指导、监督以及对其工作进行复核的性质、时间安排和范围主要取决于下列因素：
（1）被审计单位的规模和复杂程度；
（2）审计领域；
（3）评估的重大错报风险；
（4）执行审计工作的项目组成员的专业素质和胜任能力。

注册会计师应在评估重大错报风险的基础上，计划对项目组成员工作的指导、监督与复核的性质、时间安排和范围。当评估的重大错报风险增加时，注册会计师通常会扩大指导与监督的范围，增强指导与监督的及时性，执行更详细的复核工作。在计划复核的性质、时间安排和范围时，注册会计师还应考虑单个项目组成员的专业素质和胜任能力。

第三节　审计重要性

一、重要性的含义

重要性，是指被审计单位财务报表中错报或漏报的严重程度，这一程度在特定环境下可能影响财务报表使用者的判断或决策。也就是说，重要性取决于在具体环境下对错报金额和性质的判断。如果一项错报单独或连同其他的错报可能影响财务报表使用者依据财务报表做出的经济决策，则该项错报就是重大的。重要性水平可以视为财务报表中的错报、漏报能否影响财务报表使用者决策的"临界点"，超过该"临界点"，就会影响财务报表使用者的判断和决策，这种错报和漏报就应被看作"重要的"。

通常而言，重要性概念可以从以下三个方面进行理解：

(1) 如果合理预期错报（包括漏报）单独或汇总起来可能影响财务报表使用者依据财务报表做出的经济决策，则通常认为错报是重大的；

(2) 对重要性的判断是根据具体环境做出的，并受错报的金额或性质的影响，或受两者共同作用的影响；

(3) 判断某事项对财务报表使用者是否重大，是在考虑财务报表使用者整体共同的财务信息需求的基础上做出的，由于不同的财务报表使用者对财务信息的需求可能差异很大，因此不考虑错报对个别财务报表使用者可能产生的影响。

对重要性的评估是注册会计师的一种专业判断。在确定审计程序的性质、时间、范围和评价审计结果时，注册会计师应当合理运用重要性原则。注册会计师必须将重要性水平的确定过程和结果记录于审计工作底稿。

二、重要性水平的确定

在计划审计工作时，注册会计师应当确定一个合理的重要性水平，以发现在金额上重大的错报。注册会计师在确定计划的重要性水平时，需要考虑对被审计单位及其环境的了解、审计的目标、财务报表各项目的性质及其相互关系、财务报表项目的金额及其波动幅度。

（一）财务报表整体的重要性

注册会计师在制定总体审计策略时，应当确定财务报表整体的重要性。

对财务报表层次重要性水平的判断，是注册会计师运用职业判断的结果。很多的注册会计师根据所在会计师事务所的惯例和自己的经验来考虑重要性。

通常，注册会计师先选择一个适当的基准，再乘以某一百分比作为财务报表整体的重要性。财务报表层次重要性水平的基本计算公式为：

$$计划重要性水平 = 评估基准 \times 适用比率$$

其中，评估基准通常使用一些汇总性财务数据，包括总资产、净资产、销售收入、费用总额、净利润等。对于以盈利为目的的实体，通常以经常性业务的税前利润作为基准，如果经常性业务的税前利润不稳定，选用其他的基准可能更加合适，例如毛利或营业收入。

在确定恰当的基准后，注册会计师通常需要运用职业判断合理选择一个适用比率。选择的适用比率和选定的基准之间存在一定的联系，例如经常性业务的税前利润对应的适用比率通常比营业收入对应的适用比率要高。例如，对于以盈利为目的的制造行业实体，注册会计师可能认为经常性业务的税前利润的5%是适当的；而对于非营利组织，注册会计师可能认为总收入或费用总额的1%是适当的。

（二）特定类别交易、账户余额或披露的重要性水平

根据被审计单位的特定情况，下列因素可能表明存在一个或多个特定类别的交易、账户余额或披露，其发生的错报金额虽然低于财务报表整体的重要性，但合理预期将影

响财务报表使用者依据财务报表做出的经济决策:

(1) 法律法规或适用的财务报告编制基础是否影响财务报表使用者对特定项目(例如关联方交易、管理层和治理层的薪酬)计量或披露的预期;

(2) 与被审计单位所处行业相关的关键性披露(例如制药企业的研究与开发成本);

(3) 财务报表使用者是否特别关注财务报表中单独披露的业务的特定方面(例如新收购的业务)。

在根据被审计单位的特定情况考虑是否存在上述交易、账户余额或披露时,注册会计师了解治理层和管理层的看法和预期通常是有用的。

(三) 实际执行的重要性

实际执行的重要性,是指注册会计师确定的低于财务报表整体的重要性的一个或多个金额,旨在将未更正和未发现错报的汇总数超过财务报表整体的重要性的可能性降至适当的低水平。如果适用,实际执行的重要性还指注册会计师确定的低于特定类别的交易、账户余额或披露的重要性水平的一个或多个金额。

确定实际执行的重要性需要注册会计师运用职业判断,并考虑下列因素的影响:

(1) 对被审计单位的了解(这些了解在实施风险评估程序的过程中得到更新);

(2) 前期审计工作中识别出的错报的性质和范围;

(3) 根据前期识别出的错报对本期错报做出的预期。

通常而言,实际执行的重要性通常为财务报表整体重要性的 50%~75%。

(四) 审计过程中修改重要性

由于存在下列原因,注册会计师可能需要修改财务报表整体的重要性和特定类别的交易、账户余额或披露的重要性水平(如适用):

(1) 审计过程中情况发生重大变化(如决定处置被审计单位的一个重要组成部分);

(2) 获取新信息;

(3) 通过实施进一步审计程序,注册会计师对被审计单位及其经营所了解的情况发生变化。例如,注册会计师在审计过程中发现,实际财务成果与最初确定财务报表整体的重要性时使用的预期本期财务成果相比存在很大的差异,则需要修改重要性。

三、评价审计过程中识别出的错报

(一) 错报的含义

错报,是指某一财务报表项目的金额、分类、列报或披露,与按照适用的财务报告编制基础应当列示的金额、分类、列报或披露之间存在的差异;或根据注册会计师的判断,为使财务报表在所有重大方面实现公允反映,需要对金额、分类、列报或披露做出的必要调整。错报可能是由于错误或舞弊导致的。

错报可能由下列事项导致:

(1) 收集或处理用以编制财务报表的数据时出现错误;

(2) 遗漏某项金额或披露；

(3) 由于疏忽或明显误解有关事实导致做出不正确的会计估计；

(4) 注册会计师认为管理层所作的会计估计不合理或选择和运用的会计政策不恰当。

(二) 累积识别出的错报

为了帮助注册会计师评价审计过程中累积的错报的影响以及与管理层和治理层沟通错报事项，将错报区分为事实错报、判断错报和推断错报是有必要的。

1. 事实错报

事实错报，是指产生于被审计单位收集和处理数据的错误，对事实的忽略或误解，或故意舞弊行为。例如，注册会计师在审计测试中发现购入存货的实际价值为 25 000 元，但账面记录的金额却为 20 000 元。因此，存货和应付账款分别被低估了 5 000 元，这里被低估的 5 000 元就是已识别的对事实的具体错报。

2. 判断错报

判断错报，是指由于注册会计师认为管理层对会计估计做出不合理的判断或不恰当地选择和运用会计政策而导致的差异。这类错报产生于两种情况：一是管理层和注册会计师对会计估计值的判断差异。例如，由于包含在财务报表中的管理层做出的估计值超出了注册会计师确定的一个合理范围，导致出现判断差异。二是管理层和注册会计师对选择和运用会计政策的判断差异，由于注册会计师认为管理层选用会计政策造成错报，管理层却认为选用会计政策适当，导致出现判断差异。

3. 推断错报

推断错报，是指通过测试样本估计出的总体的错报减去在测试中发现的已经识别的具体错报。例如，应收账款年末余额为 20 000 000 元，注册会计师测试样本发现样本金额中有 1 000 000 元的高估，高估部分为样本账面金额的 20%，据此注册会计师推断总体的错报金额为 4 000 000 元（即 20 000 000×20%），那么上述 1 000 000 元就是已识别的具体错报，其余 3 000 000 元即为推断错报。

值得注意的是，在上述错报中，注册会计师对"明显微小"错报不需要累积。注册会计师可能将低于某一金额的错报界定为明显微小的错报，这些明显微小的错报，无论单独或者汇总起来，无论从规模、性质或其发生的环境来看都是明显微不足道的。如果不确定一个或多个错报是否明显微小，就不能认为这些错报是明显微小的。注册会计师需要在制定总体审计策略和具体审计计划时，确定一个明显微小错报的临界值，低于该临界值的错报被视为明显微小的错报，可以不累积。

(三) 对审计过程中识别出的错报的考虑

错报可能不会孤立发生，一项错报的发生还可能表明存在其他的错报。例如，注册会计师识别出由于内部控制失效而导致的错报，或被审计单位广泛运用不恰当的假设或评估方法而导致的错报，均可能表明还存在其他的错报。此外，抽样风险和非抽样风险可能导致某些错报未被发现。

（四）错报的沟通和更正

对审计中发现的错报，注册会计师及时与适当层级的管理层沟通是很重要的，因为管理层有义务评价这些事项是否为错报，并采取必要的行动，如有异议则告知注册会计师。

（五）评价未更正错报的影响

未更正错报，是指注册会计师在审计过程中累积的且被审计单位未予更正的错报。注册会计师需要在出具审计报告前评估尚未更正的错报或累积的影响是否重大。在评价未更正错报的影响之前，注册会计师可能有必要依据实际的财务结果对重要性做出修改。

注册会计师评估未更正的错报是否重大时，不仅需要考虑每项错报对财务报表的单独影响，而且也要考虑所有的错报对财务报表的累计影响及其形成原因，尤其是一些金额较小的错报，其累计数可能对财务报表产生重大影响。

尚未更正的错报汇总数低于重要性水平时，对财务报表的影响不重大，注册会计师可以发表无保留意见的审计报告。

如果被审计单位拒绝更正发现的未更正错报，但是注册会计师确定未更正错报单独或汇总起来是重大的而认为财务报表整体存在重大错报，注册会计师应当考虑出具非无保留意见的审计报告。

第四节　审计风险

注册会计师应当通过计划和实施审计工作，获取充分、适当的审计证据，将审计风险降至可接受的低水平。审计风险，是指当财务报表存在重大错报时，注册会计师发表不恰当审计意见的可能性。审计风险取决于重大错报风险和检查风险。

一、重大错报风险

重大错报风险，是指财务报表在审计前存在重大错报的可能性。重大错报风险与被审计单位的风险相关，且独立于财务报表审计而存在。

在设计审计程序以确定财务报表整体是否存在重大错报时，注册会计师应当从财务报表层次和各类交易、账户余额和披露认定层次方面考虑重大错报风险。

（一）两个层次的重大错报风险

1. 财务报表层次的重大错报风险

财务报表层次的重大错报风险与财务报表整体存在广泛联系，可能影响多项认定，但难以界定于某类交易、账户余额和披露的具体认定。此类风险通常与控制环境有关，例如管理层缺乏诚信、治理层形同虚设而不能对管理层进行有效监督等；但也可能与其他的因素有关,例如经济萧条、企业所处行业处于衰退期。

注册会计师应对财务报表层次的重大错报风险的措施包括:

(1) 考虑审计项目组重要责任人的学识、技术和能力,是否需要专家介入;

(2) 考虑给予业务主力人员适当程度的监督指导;

(3) 考虑是否存在导致注册会计师怀疑被审计单位持续经营假设合理性的事项或情况。

2. 认定层次的重大错报风险

注册会计师应当考虑各类交易、账户余额和披露认定层次的重大错报风险,考虑的结果有助于注册会计师确定对认定层次上实施进一步审计程序的性质、时间安排和范围。注册会计师在各类交易、账户余额和披露认定层次获取审计证据,以便能够在审计工作完成时,以可接受的低审计风险水平对财务报表整体发表审计意见。

(二) 固有风险和控制风险

认定层次的重大错报风险又可以进一步细分为固有风险和控制风险。

1. 固有风险

固有风险,是指在考虑相关的内部控制之前,某类交易、账户余额或披露的某一认定易于发生错报(该错报单独或连同其他错报可能是重大的)的可能性。

某些类别的交易、账户余额和披露及其认定,固有风险较高。例如,复杂的计算比简单的计算更可能出错;受重大计量不确定性影响的会计估计发生错报的可能性较大。产生经营风险的外部因素也可能影响固有风险,例如,技术进步可能导致某项产品陈旧,进而导致存货易于发生高估错报(计价认定)。被审计单位及其环境中的某些因素还可能与多个甚至所有类别的交易、账户余额和披露有关,进而影响多个认定的固有风险。这些因素包括维持经营的流动资金匮乏、被审计单位处于夕阳行业等。

2. 控制风险

控制风险,是指某类交易、账户余额或披露的某一认定发生错报,该错报单独或连同其他错报是重大的,但没有被内部控制及时防止或发现并纠正的可能性。控制风险取决于与财务报表编制有关的内部控制的设计和运行的有效性。由于控制的固有局限性,某种程度的控制风险始终存在。

由于固有风险和控制风险不可分割地交织在一起,有时无法单独进行评估,通常不再单独分割固有风险和控制风险,而只是将这两者合并称为重大错报风险。但这并不意味着注册会计师不可以单独对固有风险和控制风险进行评估。注册会计师既可以对两者进行单独评估,又可以对两者进行合并评估。具体采用的评估方法取决于会计师事务所偏好的审计技术、审计方法及实务上的考虑。

二、检查风险

检查风险,是指如果存在某一错报,该错报单独或连同其他错报可能是重大的,注册会计师为将审计风险降至可接受的低水平而实施程序后没有发现这种错报的风险。检查风险取决于审计程序设计的合理性和执行的有效性。由于注册会计师通常并不对所有的交易、账户余额和披露进行检查以及其他原因,检查风险不可能降低为零。其他原因包括注册会计师可能选择了不恰当的审计程序、审计过程执行不当,或者错误解读了审计结论。这些因素可以通过适当计划、在项目组成员之间进行恰当的职责分配、保持职业怀疑态度以及监督、指导和复核项目组成员所执行的审计工作得以解决。

三、检查风险与重大错报风险的反向关系

在既定的审计风险水平下,可接受的检查风险水平与认定层次的重大错报风险的评估结果呈反向关系。评估的重大错报风险越高,可接受的检查风险越低;评估的重大错报风险越低,可接受的检查风险越高。检查风险与重大错报风险的反向关系用数学模型表示如下:

$$审计风险 = 重大错报风险 \times 检查风险$$

根据该审计风险模型,在总的审计风险水平确定的情况下,检查风险可以推算如下:

$$检查风险 = \frac{审计风险}{重大错报风险}$$

假如针对某一认定,注册会计师将可接受的审计风险水平设定为5%,注册会计师实施风险评估程序后将重大错报风险评估为10%,则根据这一审计风险模型,可接受的检查风险为50%。当然,在实务中,注册会计师不一定用绝对数表达这些风险水平,而是选用"高""中""低"等文字进行定性描述。

注册会计师应当合理设计审计程序的性质、时间安排和范围,并有效执行审计程序,以控制检查风险。审计计划在很大程度上围绕确定审计程序的性质、时间安排和范围而展开。

四、重要性与审计风险的关系

重要性与审计风险之间存在反向关系,即重要性水平越高,审计风险就越低;重要性水平越低,审计风险就越高。这里所说的重要性水平高低指的是金额的大小。通常,6 000元的重要性水平要比3 000元的重要性水平高。在理解两者之间的关系时必须注意,重要性水平是注册会计师从财务报表使用者的角度进行判断的结果。如果重要性水平是6 000元,则意味着低于6 000元的错报不会影响财务报表使用者的决策,此时注册会计师需要通过执行有关审计程序合理保证能发现金额高于6 000元的错报。如果重要性水平是3 000元,则金额在3 000元以上的错报就会影响财务报表使用者的决策,此时注册会计师需要通过执行有关审计程序合理保证能发现金额在3 000元以上的错报。显然,重要性水平为3 000元时审计未发现重大错报的可能性,即审计风险要比重要性水平为6 000元时的审计风险高。审计风险越高,越要求注册会计师收集更多、更有效的审计证据,以将审计风险降至可接受的低水平。因此,重要性与审计风险之间是反向变动关系。

■ **审计法规链接** |

　　1. 中国注册会计师审计准则第 1111 号——就审计业务约定条款达成一致意见
　　2. 中国注册会计师审计准则第 1201 号——计划审计工作
　　3. 中国注册会计师审计准则第 1211 号——通过了解被审计单位及其环境识别和评估重大错报风险
　　4. 中国注册会计师审计准则第 1221 号——计划和执行审计工作时的重要性

■ **复习思考题** |

一、重要概念

　　1. 重要性
　　2. 审计风险
　　3. 重大错报风险
　　4. 检查风险

二、思考分析

　　1. 在制定总体审计策略时,注册会计师应当考虑哪些事项?
　　2. 如何理解审计重要性?
　　3. 怎样理解审计重要性与审计风险的关系?

第六章 审计证据和审计工作底稿

【本章学习目标】
1. 掌握审计证据的种类和基本特征。
2. 了解获取审计证据的程序。
3. 了解审计抽样的步骤。
4. 理解审计工作底稿的含义、性质及编制审计工作底稿的目的。

第一节 审计证据和基本特征

一、审计证据的含义

审计证据,是指注册会计师为了得出审计结论、形成审计意见而使用的所有信息,既包括编制财务报表所依据的会计记录中含有的信息,也包括其他信息。

(一) 会计记录中含有的信息

会计记录是编制财务报表的依据,是注册会计师执行财务报表审计业务所需获取的审计证据的重要组成部分,包括原始凭证、记账凭证、总分类账和明细分类账、未在记账凭证中反映的对财务报表的其他调整以及支持成本分配、计算、调节和披露的手工计算表和电子计算表。

会计记录如果是电子数据,注册会计师需要对内部控制予以充分关注,以获取电子数据会计记录的真实性、准确性和完整性。

(二) 其他信息

其他信息是注册会计师从被审计单位内部或外部获取的会计记录以外的信息,包括被审计单位的会议记录、内部控制手册、询证函的回函、分析师的报告以及与竞争对手的比较数据等。注册会计师应当获取充分、适当的审计证据,以得出合理的审计结论,作为形成审计意见的基础。

财务报表依据的会计记录中包含的信息和其他信息共同构成审计证据,两者缺一不可。如果没有会计记录中包含的信息,审计工作将无法进行;如果没有其他信息,可能无法识别重大错报风险。只有结合两者,才能将审计风险降至可接受的低水平,为注册会计师发表审计意见提供合理基础。

二、审计证据的种类

在审计实务中,审计证据的种类繁多,不同来源的审计证据有不同的证明力,按照不同的标准可以分为不同的类别。

(一)实物证据、书面证据、口头证据和环境证据

按照审计证据的外在形式分类,审计证据可以分为实物证据、书面证据、口头证据和环境证据。

1. 实物证据

实务证据,是指通过实际观察或盘点所取得的,用以证实实物资产的真实性和完整性的证据。实物证据通常是证明实物资产是否存在的最有说服力的证据,但实物证据并不能完全证明被审计单位对实物资产拥有所有权,而且审计人员根据实物证据有时还无法对某些资产的价值情况做出判断。

2. 书面证据

书面证据,是指审计人员所获取的各种以书面形式存在的证实经济活动的一类证据,包括会议记录、被审计单位管理层声明书和其他书面文件。

3. 口头证据

口头证据,是指被审计单位的有关人员对审计人员的提问所做的口头答复形成的一类证据。在通常情况下,这类证据的主观性比较强,由于其往往包含个人的偏见,所以通常这类证据的可靠性不强,证明力较小,但它具有一定的旁证作用,在必要时还应获得被询问者的签名确认。

4. 环境证据

环境证据,是指对被审计单位产生影响的各种环境因素所形成的一类证据。获取的环境证据有助于审计人员在了解被审计单位及其经济活动所处的环境的基础上,合理地制订审计计划和审计策略,提高审计质量和审计效率。环境证据包括:(1)有关行业和宏观经济的运行情况;(2)有关内部控制情况;(3)被审计单位管理人员的素质;(4)各种管理条件和管理水平。

(二)基本证据和辅助证据

按照审计证据的证明力分类,审计证据可以分为基本证据和辅助证据。

1. 基本证据

基本证据通常也称主证,是审计证据的主要部分,能够用来直接证实被审事项的重要证据。例如,实物证据、书面证据都属于基本证据。

2. 辅助证据

辅助证据也称旁证或者佐证,是指对基本证据起辅助证明作用的证据,是用来从旁

证明被审事项的真实性和可靠性的证据。

（三）外部证据和内部证据

按照审计证据的来源分类，审计证据可以分为外部证据和内部证据。

1. 外部证据

外部证据，是指由被审计单位以外的组织机构或人士编制的书面证据，一般具有较强的证明力。

外部证据又可以分为直接递交的外部证据和被审计单位持有并提交的外部证据。其中，由于直接递交的外部证据不仅由完全独立于被审计单位的外部机构或者人员提供，而且没有经过被审计单位有关职员之手，所以不存在伪造或者更改凭证或者业务记录的可能性，从而证明力最强。

2. 内部证据

内部证据，是指由被审计单位内部机构或职员编制和提供的书面证据。一般而言，内部证据不如外部证据可靠，但当内部证据在外部流转并得到印证时则具有较高的可靠性；或者在被审计单位内部控制较为健全的情况下，内部证据的可靠程度也是较高的。

三、审计证据的基本特征

充分性和适当性是审计证据的两个基本特征。根据《中国注册会计师审计准则第1301号——审计证据》的规定，注册会计师应当获取充分、适当的审计证据，以得出合理的审计结论，作为形成审计意见的基础。

（一）审计证据的充分性

审计证据的充分性是对审计证据数量的衡量，是指审计证据的数量足以支持注册会计师的审计意见，主要与注册会计师确定的样本量有关。注册会计师判断审计证据是否充分、适当应考虑审计风险、具体审计项目的重要性、注册会计师及业务助理人员的审计经验、审计过程中是否发现错误或舞弊，以及审计证据的质量。此外，注册会计师在判断审计证据充分性时还应考虑成本因素和被审计单位总体规模与特征。

（二）审计证据的适当性

审计证据的适当性是对审计证据质量的衡量，即审计证据在支持各类交易、账户余额、列报的相关认定，或发现其中存在错报方面具有相关性和可靠性。相关性和可靠性是审计证据适当性的核心内容，只有既相关又可靠的审计证据才是高质量的。

1. 审计证据的相关性

审计证据是否相关必须结合具体审计目标来考虑。在确定审计证据的相关性时，注册会计师应当考虑：

（1）特定的审计程序可能只为某些认定提供相关的审计证据，而与其他认定无关；

（2）针对同一项认定可以从不同来源获取审计证据或获取不同性质的审计证据；

（3）只与特定认定相关的审计证据并不能替代与其他认定相关的审计证据。

2. 审计证据的可靠性

审计证据的可靠性,是指审计证据的可信程度。审计证据的可靠性受其来源和性质的影响,并取决于获取审计证据的具体环境。注册会计师通常按照下列原则考虑审计证据的可靠性:

(1) 从外部独立来源获取的审计证据比从其他来源获取的审计证据更可靠;

(2) 内部控制有效时内部生成的审计证据比内部控制薄弱时内部生成的审计证据更可靠;

(3) 直接获取的审计证据比间接获取或推论得出的审计证据更可靠;

(4) 以文件记录形式(无论是纸质、电子或其他介质)存在的审计证据比口头形式的审计证据更可靠;

(5) 从原件获取的审计证据比从传真件或复印件获取的审计证据更可靠。

注册会计师在按照上述原则评价审计证据的可靠性时,还应当注意可能出现的重要例外情况。例如,审计证据虽然是从独立的外部来源获得的,但如果该证据是由不知情者或者不具有资格者提供,审计证据也有可能是不可靠的。同样,如果注册会计师不具备评价证据的专业能力,那么即使是直接获取的证据,也可能是不可靠的。此外,当审计证据相互矛盾时,应从以下方面加以考虑:如果针对某项认定从不同来源获取的审计证据或获取的不同性质的审计证据能够相互印证,与该项认定相关的审计证据则具有更强的说服力;如果从不同来源获取的审计证据或获取的不同性质的审计证据不一致,可能表明某项审计证据不可靠,注册会计师应当追加必要的审计程序。

对文件记录可靠性的考虑通常不涉及鉴定文件记录的真伪,注册会计师也不是鉴定文件记录真伪的专家,但应当考虑用作审计证据的信息的可靠性,并考虑与这些信息生成与维护相关控制的有效性;如果在审计过程中识别出的情况使其认为文件记录可能是伪造的或文件记录中的某些条款已发生变动,注册会计师应当做出进一步调查,包括直接向第三方询证,或考虑利用专家的工作以评价文件记录的真伪。应当指出的是,尽管审计证据的充分性和适当性相关,但如果审计证据的质量存在缺陷,注册会计师仅靠获取更多的审计证据可能无法弥补其质量上的缺陷。

第二节 审计证据获取的程序

一、审计程序的含义

审计程序,是指注册会计师在审计过程中的某个时间,对将要获取的某类审计证据如何进行收集的详细指令。在设计审计程序时,注册会计师通常使用规范的措辞或术语,以使审计人员能够准确理解和执行。

二、审计证据的获取程序

如何通过实施审计程序,获取充分、适当的审计证据,以满足对财务报表发表意见是注册会计师面临的主要决策之一。由于受到成本的约束,注册会计师不可能检查和评价所有可能获取的证据,因此对审计证据充分性、适当性的判断是非常重要的。在审计过程中,注册会计师可以根据需要单独或综合运用以下审计程序以获取充分、适当的审计证据。

(一) 检查记录或文件

检查记录或文件,是指注册会计师对被审计单位内部或外部生成的,以纸质、电子或其他介质形式存在的记录或文件进行审查。检查记录或文件的目的是对财务报表所包含或应包含的信息进行验证,通过检查记录或文件可以提供可靠程度不同的审计证据,审计证据的可靠性取决于记录或文件的来源和性质。比如,外部记录或文件通常被认为比内部记录或文件可靠。

(二) 检查有形资产

检查有形资产,是指注册会计师对资产实物进行审查。检查有形资产的程序主要适用于存货和现金,也适用于有价证券、应收票据和固定资产等。检查有形资产可以为其存在性提供可靠的审计证据,但不一定能够为权利和义务或计价认定提供可靠的审计证据。检查存货项目前,注册会计师可以先对客户实施的存货盘点进行观察。

(三) 观察

观察,是指注册会计师查看相关人员正在从事的活动或执行的程序。例如,对客户执行的存货盘点或者控制活动进行观察。观察提供的审计证据仅限于观察发生的时点,并且在相关人员已知被观察时,相关人员从事活动或执行程序可能与日常的做法不同,从而影响注册会计师对真实情况的了解。因此,注册会计师有必要获取其他类型的佐证证据。

(四) 询问

询问,是指注册会计师以书面或口头方式,向被审计单位内部或外部的知情人员获取财务信息和非财务信息,并对答复进行评价的过程。询问本身不足以发现认定层次存在的重大错报,也不足以测试内部控制运行的有效性,注册会计师还应当实施其他审计程序以获取充分、适当的审计证据。

(五) 函证

函证,是指注册会计师为了获取影响财务报表或相关披露认定的项目的信息,通过直接来自第三方对有关信息和现存状况的说明,获取和评价审计证据的过程。通过函证获取的证据可靠性较高,因此,函证是受到高度重视并经常被使用的一种重要程序。函证常用于对银行存款、应收账款等项目的审计过程。

(六) 重新计算

重新计算,是指注册会计师以人工方式或使用计算机辅助审计技术,对记录或文件中的数据计算的准确性进行核对。在财务报表审计中,注册会计师往往需要大量地运用加总技术来获取必要的审计证据。重新计算通常包括计算销售发票和存货的总金额、加总日记账和明细账、检查折旧费用和预付费用的计算、检查应纳税额的计算等。

（七）重新执行

重新执行，是指注册会计师以人工方式或使用计算机辅助审计技术，重新独立执行作为被审计单位内部控制组成部分的程序或控制。例如，注册会计师利用被审计单位的银行存款日记账和银行对账单，重新编制《银行存款余额调节表》，并与被审计单位编制的《银行存款余额调节表》进行比较。

（八）分析程序

分析程序，是指注册会计师通过研究不同财务数据之间以及财务数据与非财务数据之间的内在关系，对财务信息做出评价。分析程序还包括调查识别出的、与其他相关信息不一致或与预期数据严重偏离的波动和关系。例如，注册会计师可以对被审计单位的财务报表和其他会计资料中的重要比率及其变动趋势进行分析性复核，以发现其异常变动项目。对于异常变动项目，注册会计师应重新考虑对其所采用的审计方法是否合适，必要时应追加适当的审计程序，以获取适当的审计证据。

第三节　审计抽样

现代审计与传统审计的重要区别之一就是抽样技术的广泛应用，抽样技术运用于审计工作是审计理论和审计实践的重大突破，实现了审计从详查到抽查的历史性飞跃。《中国注册会计师审计准则第1314号——审计抽样》规范了注册会计师在设计和选择审计样本以实施控制测试和细节测试，以及评价样本结果时对统计抽样和非统计抽样的使用。

一、审计抽样的含义和特征

（一）审计抽样的含义

审计抽样，是指注册会计师对具有审计相关性的总体中低于100%的项目实施审计程序，使所有的抽样单元都有被选取的机会，为注册会计师针对整个总体得出结论提供合理基础。审计抽样能够使注册会计师获取和评价有关所选取项目某一特征的审计证据，以形成或有助于形成有关总体的结论。

总体，是指注册会计师从中选取样本并期望据此得出结论的整个数据集合。

（二）审计抽样的特征

审计抽样应当具备以下三个特征：

(1) 对某类交易或账户余额中低于100%的项目实施审计程序；
(2) 所有的抽样单元都有被选取的机会；
(3) 可以根据样本项目的测试结果推断出有关抽样总体的结论。

审计抽样并非在所有的审计程序中都可以使用。注册会计师拟实施的审计程序将对运用审计抽样产生重要影响。在风险评估程序、控制测试和实质性程序中,有些审计程序可以使用审计抽样,有些审计程序则不宜使用审计抽样。

风险评估程序通常不涉及抽样。如果注册会计师在了解控制的设计和确定控制是否得到执行的同时计划和实施控制测试,则可能涉及审计抽样,但此时审计抽样仅适用于控制测试。

当控制的运行留下轨迹时,注册会计师可以考虑使用审计抽样实施控制测试。对于未留下运行轨迹的控制,注册会计师通常实施询问、观察等审计程序,以获取有关控制运行有效性的审计证据,此时不宜使用审计抽样。

实质性程序包括对各类交易、账户余额和披露的细节测试,以及实质性分析程序。在实施细节测试时,注册会计师可以使用审计抽样获取审计证据,以验证有关财务报表金额的一项或多项认定,或对某些金额做出独立估计。在实施实质性分析程序时,注册会计师不宜使用审计抽样。

二、抽样风险和非抽样风险

审计风险由重大错报风险和检查风险构成,抽样风险和非抽样风险可能影响注册会计师对重大错报风险的评估和检查风险的确定。

(一) 抽样风险

抽样风险,是指注册会计师根据样本得出的结论,可能不同于如果对整个总体实施与样本相同的审计程序所得出的结论的风险。

抽样风险可以分为影响审计效果的抽样风险和影响审计效率的抽样风险两种类型。

1. 影响审计效果的抽样风险

影响审计效果的抽样风险包括信赖过度风险和误受风险。在实施控制测试时,注册会计师推断的控制有效性高于其实际有效性的风险,也就是抽样结果使注册会计师对内部控制信赖过度的可能性,称为信赖过度风险;在实施细节测试时,注册会计师推断某一重大错报不存在而实际上存在的风险,称为误受风险。注册会计师主要关注这类错误结论,其影响审计效果,很有可能导致注册会计师发表不恰当的审计意见。这是因为,如果注册会计师对内部控制过度信赖,就会导致他们对重大错报风险的评估偏低,注册会计师可能不适当地减少审计程序和审计证据,最终导致不恰当的审计意见的形成。同样,如果账面金额存在重大错报而注册会计师认为其不存在,就会停止对账面金额的测试,并根据样本测试结果得出不存在重大错报的错误结论。对于注册会计师而言,这种风险更值得关注。

2. 影响审计效率的抽样风险

影响审计效率的抽样风险包括信赖不足风险和误拒风险。在实施控制测试时,注册会计师推断的控制有效性低于其实际有效性的风险,也就是抽样结果使注册会计师对内部控制信赖不足的可能性,称为信赖不足风险;在实施细节测试时,注册会计师推断某一重大错报存在而实际上不存在的风险,称为误拒风险。这类错误结论影响审计效率,其通常导致注册会计师实施额外的工作,但一般不会导致注册会计师发表不恰当的审计意见。这是因为,对内部控制信赖不足将引起对重大错报风险的评估偏高,注册会计师可能因此增加不必要的审计程序,从而降低审计效率。同样,如果注册会计师推断某一重大错报存在而实际上不存在,就很可能扩大细节测试的范围,或取得其他审计证据,得出的审计结论可能是适当的,但审计效率无疑会降低。

(二) 非抽样风险

非抽样风险,是指注册会计师由于任何与抽样风险无关的原因而得出错误结论的风险。非抽样风险包括审计风险中不是由抽样导致的所有风险。注册会计师即使对某类交易或账户余额的全部项目实施了必要的审计程序,仍有可能未发现重大错报或控制无效。产生非抽样风险的主要原因是注册会计师使用了不适当的审计程序,或误解了审计证据而没有发现偏差,具体来说包括以下情况:

(1) 选择的总体不适合测试目标。例如,注册会计师在测试销售收入完整性认定时将主营业务收入日记账界定为总体。

(2) 控制偏差或错报的定义不恰当。例如,注册会计师在测试现金支付授权控制的有效性时,未将签字人未得到适当授权的情况界定为控制偏差。

(3) 审计程序选择不当。例如,注册会计师依赖应收账款函证来揭露未入账的应收账款。

(4) 对审计发现的评价不当。例如,注册会计师错误解读审计证据可能导致没有发现误差。注册会计师对所发现误差的重要性的判断有误,从而忽略了性质十分重要的误差,也可能导致得出不恰当的结论。

(5) 其他原因。

非抽样风险是由人为错误造成的,因而可以降低或防范。虽然注册会计师不能量化非抽样风险,但通过采取适当的质量控制政策和程序,对审计工作进行适当的指导、监督和复核,以及对注册会计师实务的适当改进,可以将非抽样风险降至可接受的水平。注册会计师也可以通过仔细设计其审计程序尽量降低非抽样风险。

三、审计抽样的分类

审计抽样的种类很多,通常按照抽样决策的依据不同,审计抽样可以分为统计抽样和非统计抽样;按照所了解总体特征的不同,审计抽样可以分为属性抽样和变量抽样。

(一) 统计抽样和非统计抽样

注册会计师在运用审计抽样时,既可以使用统计抽样的方法,也可以使用非统计抽样的方法,这取决于注册会计师的职业判断。统计抽样是指同时具备下列特征的抽样方法:

(1) 随机抽取样本项目;

(2) 运用概率论评价样本结果,包括计量抽样风险。

不同时具备上述提及的两个特征的抽样方法为非统计抽样。

注册会计师应当根据具体情况并运用职业判断能力,确定使用统计抽样或非统计抽样方法,以最有效率地获取审计证据。注册会计师在统计抽样与非统计抽样方法之间进行选择时主要考虑成本效益。统计抽样的优点在于能够客观地计量抽样风险,并通过调整样本规模精确地控制风险,这是其与非统计抽样最重要的区别。另外,统计抽样还有助于注册会计师高效地设计样本,计量所获取证据的充分性,以及定量评价样本结果。非统计抽样如果设计适当,也能提供与统计抽样方法同样有效的结果。注册会计师使用非统计抽样时,也必须考虑抽样风险并将其降至可接受水平,但无法精确地测定出抽样风险。

不管是统计抽样还是非统计抽样,这两种方法都要求注册会计师在设计、实施和评价样本时运用职业判断。另外,对选取的样本项目实施的审计程序通常与使用的抽样方法无关。

(二)属性抽样和变量抽样

属性抽样,是指一种用来对总体中某一事件发生概率得出结论的统计抽样方法。属性抽样在审计中最常见的用途是测试某一设定控制的偏差率,以支持注册会计师评估的控制有效性。在属性抽样中,设定控制的每一次发生或偏离都被赋予同样的权重,而不管交易金额的大小。

变量抽样,是指一种用来对总体金额得出结论的统计抽样方法。变量抽样通常回答下列问题:(1)金额是多少;(2)账户是否存在错报。变量抽样在审计中的主要用途是进行细节测试,以确定记录金额是否合理。

四、审计抽样的步骤

(一)样本设计阶段

在设计审计样本时,注册会计师应当考虑审计程序的目标和抽样总体的属性。换言之,注册会计师首先应该考虑拟实现的具体目标,并根据目标和总体的特点确定能够最好地实现该目标的审计程序组合,以及如何在实施审计程序时运用审计抽样。审计抽样中样本设计阶段的工作主要包括以下三个步骤。

1. 确定测试目标

审计抽样必须紧紧围绕审计测试的目标展开,因此确定测试目标是样本设计阶段的第一项工作。一般而言,控制测试是为了获取关于某项控制运行是否有效的证据,而细节测试的目的是确定某类交易或账户余额的金额是否正确,获取与存在的错报有关的证据。

2. 定义总体与抽样单元

(1)总体。

在实施抽样之前,注册会计师必须仔细定义总体,确定抽样总体的范围。总体可以包括构成某类交易或账户余额的所有项目,也可以只包括某类交易或账户余额中的部分项目。例如,如果应收账款中没有单个重大项目,注册会计师直接对应收账款账面余额进行抽样,则总体包括构成应收账款期末余额的所有项目。如果注册会计师已使用选取特定项目的方法将应收账款中的单个重大项目挑选出来单独测试,只对剩余的应收账款余额进行抽样,则总体只包括构成应收账款期末余额的部分项目。

(2)抽样单元。

抽样单元,是指构成总体的个体项目。在确定抽样单元时,注册会计师应当使其与审计测试的目标保持一致。注册会计师在定义总体时通常都指明了适当的抽样单元。抽样单元可能是一个账户余额、一笔交易或交易中的一项记录,甚至是每一个货币单位。

(3)分层。

如果总体项目存在重大的变异性,注册会计师可以考虑将总体分层。分层,是指将总体划分为多个子总体的过程,每个子总体由一组具有相同特征(通常为货币金额)的抽样单元组成。分层可以降低每一层中项目的变异性,从而在抽样风险没有成比例增加的前提下减小样本规模,提高审计效率。注册会计师应当仔细界定子总体,以使每一抽样单元只能属于一个层。

分层可以按照不同的特征来进行,可以是业务的类型、账户余额的大小、项目的重要程度以及内部控制的强弱等。可见,分层除了能提高抽样效率以外,也可以使注册会计师能够按照项目的重要性、变化频率或其他特征而选取不同的样本数,且可以对不同层次使用不同的审计程序。通常,注册会计师应对包含最重要项目的层次实施全部审查。例如,为了函证应收账款,注册会计师可以将应收账款账户按照金额的重要性分为三层,即账户金额在 10 000 元以上的,在 5 000~10 000 元的和在 5 000 元以下的。对应收账款金额在 10 000 元以上的账户可以进行全部函证。

在对总体进行分层的情况下要注意,对某一层中的样本实施审计程序的结果,只能用于推断该子总体,要想推断总体,注册会计师应当考虑与构成总体其他层有关的重大错报风险。

3. 定义误差构成的条件

注册会计师必须事先准确定义误差构成的条件,否则执行程序时就没有识别误差的标准。在控制测试中,误差是指控制偏差,注册会计师要仔细定义所要测试的控制及可能出现偏差的情况;在细节测试中,误差是指错报,注册会计师要确定哪些情况构成错报。注册会计师在定义误差构成的条件时要考虑审计程序的目标。注册会计师清楚地了解误差构成的条件,对于确保在界定误差时将且仅将所有与审计目标相关的条件包括在内至关重要。

(二)选取样本阶段

1. 确定样本规模

样本规模,是指从总体中选取样本项目的数量。在审计抽样中,如果样本规模过小,就不能反映出审计对象总体的特征,注册会计师就无法获取充分的审计证据,其审计结论的可靠性就会大打折扣,甚至可能得出错误的审计结论。因此,注册会计师应当确定足够的样本规模,以将抽样风险降至可接受的低水平。相反,如果样本规模过大,则会增加审计工作量,造成不必要的时间和人力的浪费,加大审计成本,降低审计效率,就会

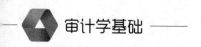

失去抽样的意义。

影响样本规模的主要因素包括以下五个方面。

(1) 可接受的抽样风险。

可接受的抽样风险与样本规模成反比。注册会计师愿意接受的抽样风险越低,样本规模通常越大。反之,注册会计师愿意接受的抽样风险越高,样本规模越小。

(2) 可容忍误差。

可容忍误差,是指注册会计师在认为测试目标已经实现的情况下准备接受的总体最大误差。在控制测试中,它指可容忍偏差率。可容忍偏差率,是指注册会计师设定的偏离规定的内部控制程序的比率,注册会计师试图对总体中的实际偏差率不超过该比率获取适当水平的保证。换言之,可容忍偏差率是指注册会计师能够接受的最大偏差数量;如果偏差超过这一数量则减少或取消对内部控制程序的信赖。在细节测试中,它指可容忍错报。可容忍错报,是指注册会计师设定的货币金额,注册会计师试图对总体中的实际错报不超过该货币金额获取适当水平的保证。实际上,可容忍错报是实际执行的重要性这个概念在特定抽样程序中的运用。可容忍错报可能等于或低于实际执行的重要性。当保证程度一定时,注册会计师运用职业判断确定可容忍误差。可容忍误差越小,为实现同样的保证程度所需的样本规模越大。

(3) 预计总体误差。

预计总体误差,是指注册会计师根据以前对被审计单位的经验或实施风险评估程序的结果而估计总体中可能存在的误差。预计总体误差越大,可容忍误差也应当越大;但预计总体误差不应超过可容忍误差。在既定的可容忍误差下,预计总体误差越大,表明审计风险越高,所需的样本规模越大。

(4) 总体变异性。

总体变异性,是指总体的某一特征(例如金额)在各项目之间的差异程度。在控制测试中,注册会计师在确定样本规模时一般不考虑总体变异性。在细节测试中,注册会计师确定适当的样本规模时要考虑特征的变异性。总体项目的变异性越低,通常样本规模越小,注册会计师可以通过分层,将总体分为相对同质的组,以尽可能降低每一组中变异性的影响,从而减小样本规模。未分层总体具有高度变异性,其样本规模通常很大。最有效率的方法是根据预期会降低变异性的总体项目特征进行分层。在细节测试中分层的依据通常包括项目的账面金额,与项目处理有关的控制的性质,或与特定项目(例如更可能包含错报的那部分总体项目)有关的特殊考虑等。分组后的每一组子总体被称为一层,每层分别独立选取样本。

(5) 总体规模。

除非总体非常小,一般而言,总体规模对样本规模的影响几乎为零。注册会计师通常将抽样单元超过5 000个的总体视为大规模总体。对大规模总体而言,总体的实际容量对样本规模几乎没有影响。对小规模总体而言,审计抽样比选择其他测试项目的方法的效率低。

影响样本规模的因素及其影响方向参见表 6-1。

表 6-1　影响样本规模的因素

影响因素	控制测试	细节测试	与样本规模的关系
可接受的抽样风险	可接受的信赖过度风险	可接受的误受风险	反向变动
可容忍误差	可容忍偏差率	可容忍错报	反向变动
预计总体误差	预计总体偏差率	预计总体错报	同向变动
总体变异性		总体变异性	同向变动
总体规模	总体规模	总体规模	影响很小

在使用统计抽样方法时，注册会计师必须对影响样本规模的因素进行量化，并利用根据统计公式开发的专门的计算机程序或专门的样本量表来确定样本规模。在非统计抽样中，注册会计师可以只对影响样本规模的因素进行定性的估计，并运用职业判断确定样本规模。

2. 选取样本

不管使用统计抽样或非统计抽样，在选取样本项目时，注册会计师都应当使总体中的每个抽样单元都有被选取的机会。在统计抽样中，注册会计师选取样本项目时每个抽样单元被选取的概率是已知的。在非统计抽样中，注册会计师根据判断选取样本项目。由于抽样的目的是为注册会计师得出有关总体的结论提供合理的基础，因此，注册会计师通过选择具有总体典型特征的样本项目，从而选出有代表性的样本以避免偏向是很重要的。选取样本的基本方法包括随机数表法、系统选样和随意选样。

（1）随机数表法。

应用随机数表选样的步骤如下：

① 对总体项目进行编号，建立总体中的项目与表中数字的一一对应关系。一般情况下，编号可以利用总体项目中原有的某些编号，例如凭证号、支票号、发票号等。在没有事先编号的情况下，注册会计师需要按照一定的方法进行编号。例如，由 40 页、每页 50 行组成的应收账款明细表，可以采用四位数字编号，前两位由 01—40 的整数组成，表示该记录在明细表中的页数，后两位数字由 01—50 的整数组成，表示该记录的行次。这样，编号 0632 表示第 6 页第 32 行的记录。所需使用的随机数的位数一般由总体项目数或编号位数决定。比如，上例中可以采用四位随机数表，也可以使用五位随机数表的前四位数字或后四位数字。

② 从随机数表中选择一个随机起点和一个选号路线，随机起点和选号路线可以任意选择，但一经选定就不得改变。

③ 按照随机起点和选号路线依次查找符合总体项目编号要求的数字，即为选中的号码，与此号码相对应的总体项目即为选取的样本项目，一直到选足所需的样本量为止。例如，从上述应收账款明细表的 2 000 个记录中选择 10 个样本，总体编号规则如前所述，即前两位数字不能超过 40，后两位数字不能超过 50。选择表中第一行第一列为起点，使用前四位随机数，逐行向右查找，则选中的样本为编号 3204，0741，0903，0941，3815，

2216,0141,3723,0550,3748 的 10 个记录。该法举例中使用的随机数表参见表 6-2。

表 6-2 随机数表(局部)

行\列	1	2	3	4	5	6	7	8	9	10
1	32044	69037	29655	92114	81034	40582	01584	77184	85762	46505
2	23821	96070	82592	81642	08971	07411	09037	81530	56195	98425
3	82383	94987	66441	28677	95961	78346	37916	09416	42438	48432
4	68310	21792	71635	86089	38157	95620	96718	79554	50209	17705
5	94856	76940	22165	01414	01413	37231	05509	37489	56459	52983
6	95000	61958	83430	98250	70030	05436	74814	45978	09277	13827
7	20764	64638	11359	32556	89822	02713	81293	52970	25080	33555
8	71401	17964	50940	95753	34905	93566	36318	79530	51105	26952
9	38464	75707	16750	61371	01523	69205	32122	03436	14489	02086
10	59442	59247	74955	82835	98378	83513	47870	20795	01352	89906

随机数选样不仅使总体中每个抽样单元被选取的概率相等,而且使相同数量的抽样单元组成的每种组合被选取的概率相等。这种方法在统计抽样和非统计抽样中均适用。由于统计抽样要求注册会计师能够计量实际样本被选取的概率,这种方法尤其适合于统计抽样。

(2)系统选样。

系统选样也称等距选样,是指按照相同的间隔从审计对象总体中等距离地选取样本的一种选样方法。采用系统选样,首先要计算选样间距,确定选样起点,然后再根据间距顺序地选取样本。选样间距的计算公式如下:

$$选样间距 = \frac{总体规模}{样本规模}$$

例如,如果销售发票的总体范围是 652—3 151,设定的样本量是 125,那么选样间距为 20[(3 152−652)÷125]。注册会计师必须从 0—19 中选取一个随机数作为抽样起点。如果随机选择的数码是 9,那么第一个样本项目是发票号码为 661(652+9)的那一张,其余的 124 个项目是 681(661+20),701(681+20)……依此类推,直至第 3141 号。

系统选样的主要优点是使用方便,比其他的选样方法节省时间,并可用于无限总体。此外,在使用这种方法时,对总体中的项目不需要编号,注册会计师只要简单数出每一个间距即可。但是,使用系统选样要求总体必须是随机排列的,否则容易发生较大的偏差,造成非随机的、不具代表性的样本。系统选样可以在非统计抽样中使用,在总体随机分布时也可以适用于统计抽样。

(3)随意选样。

随意选样也称任意选样,在这种方法中,注册会计师选取样本不采用结构化的方法。尽管不使用结构化方法,注册会计师也要避免任何有意识的偏向或可预见性(例如,回避难以找到的项目,或总是选择或回避每页的第一个或最后一个项目),从而试图保证总体中的所有项目都有被选中的机会。在使用统计抽样时,注册会计师运用随意选样是不恰当的。

以上三种基本方法均可选出代表性样本。但随机数选样和系统选样属于随机基础选样方法,即对总体的所有项目按随机规则选取样本,因而可以在统计抽样中使用,当然也可以在非统计抽样中使用。而随意选样虽然也可以选出代表性样本,但它属于非随机基础选样方法,因而不能在统计抽样中使用,只能在非统计抽样中使用。

(三)评价样本结果阶段

1. 分析样本误差

注册会计师应当考虑样本的结果、已识别的所有误差的性质和原因,及其对具体审计目标和审计的其他方面可能产生的影响。

2. 推断总体误差

在属性抽样中,由于样本的误差率就是总体的推断误差率,因此注册会计师无须推断总体误差率。在变量抽样中,注册会计师应当根据样本中发现的误差金额推断总体误差金额,并考虑推断误差对特定审计目标和审计的其他方面的影响。

3. 形成审计结论

注册会计师应当评价样本结果,以确定对总体相关特征的评估是否得到证实或需要修正。

综上所述,审计抽样流程大致可以用图 6-1 表示。

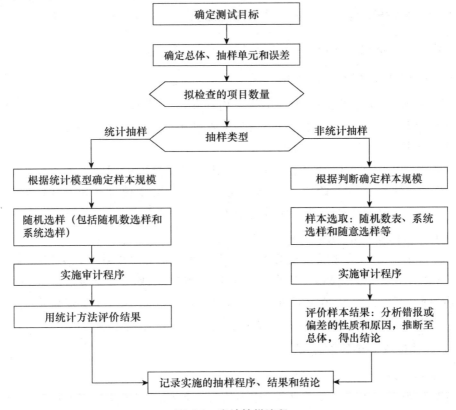

图 6-1 审计抽样流程

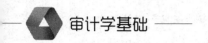

第四节　审计工作底稿

一、审计工作底稿的含义和目的

(一)审计工作底稿的含义

审计工作底稿,是指注册会计师对制订的审计计划、实施的审计程序、获取的相关审计证据,以及得出的审计结论做出的记录。

审计工作底稿是审计证据的载体,是注册会计师在审计过程中形成的审计工作记录和获取的资料。它形成于审计过程,也反映整个审计过程。

(二)编制审计工作底稿的目的

注册会计师应当及时编制审计工作底稿,以实现下列目的。

(1)提供充分、适当的记录,作为审计报告的基础:审计工作底稿是注册会计师得出审计结论、形成审计意见的直接依据。及时编制审计工作底稿,有助于提高审计工作的质量,便于注册会计师在出具审计报告之前,对取得的审计证据和得出的审计结论进行有效复核和评价。

(2)提供证据,证明其按照审计准则的规定执行了审计工作:在会计师事务所接受监管机构的执业质量检查时,或者因执业质量而涉及诉讼时,审计工作底稿能够提供证据,证明会计师事务所是否按照审计准则的规定执行了审计工作。

二、审计工作底稿的性质

(一)审计工作底稿的存在形式

随着信息技术的广泛运用,审计工作底稿存在的形式有纸质、电子或其他介质形式存在。无论审计工作底稿以哪种形式存在,会计师事务所都应当针对审计工作底稿设计和实施适当的控制,以实现下列目的:

(1)使审计工作底稿清晰地显示其生成、修改及复核的时间和人员;

(2)在审计业务的所有阶段,尤其是在项目组成员共享信息或通过互联网将信息传递给其他人员时,保护信息的完整性和安全性;

(3)防止未经授权改动审计工作底稿;

(4)允许项目组和其他经授权的人员为适当履行职责而接触审计工作底稿。

在实务中,为了便于复核,注册会计师可以将以电子或其他介质形式存在的审计工作底稿通过打印等方式,转换成纸质形式的审计工作底稿,并与其他纸质形式的审计工作底稿一并归档,同时,单独保存这些以电子或其他介质形式存在的审计工作底稿。

(二)审计工作底稿的编制要求

1. 总体要求

注册会计师编制的审计工作底稿,应当使得未曾接触该项审计工作的有经验的专业人士清楚了解审计程序、审计证据与审计结论三个方面的内容：
（1）按照审计准则的规定实施的审计程序的性质、时间和范围；
（2）实施审计程序的结果和获取的审计证据；
（3）就重大事项得出的结论。

2．有经验的专业人士

依据审计准则，有经验的专业人士是指对下列方面有合理了解的人士：
（1）审计过程；
（2）相关法律法规和审计准则的规定；
（3）被审计单位所处的经营环境；
（4）与被审计单位所处行业相关的会计问题和审计问题。

三、确定审计工作底稿的格式和内容

（一）在确定审计工作底稿的格式、内容时，注册会计师应当考虑的因素

（1）考虑实施审计程序的性质。
（2）考虑已识别的重大错报风险。
（3）在执行审计工作和评价审计结果时需要做出判断的程度。
（4）已获取审计证据的重要程度。
（5）已识别的例外事项的性质和范围。
（6）当从已执行审计工作或获取审计证据的记录中不易确定结论或结论的基础时，记录结论或结论基础的必要性。
（7）使用的审计方法。

（二）审计工作底稿的基本要素

1．审计工作底稿的标题

审计工作底稿的标题包括被审计单位名称、审计项目名称以及资产负债表日或底稿涵盖的会计期间（如果与交易相关）。

2．审计过程记录

（1）记录特定项目或事项的识别特征。识别特征，是指被测试的项目或事项表现出的征象或标志。
（2）重大事项和重大事项概要，注册会计师应当根据具体情况判断某一事项是否属于重大事项。
（3）记录针对重大事项如何处理矛盾或不一致的情况。如果注册会计师识别出的信息与针对某重大事项得出的最终结论相矛盾或不一致，则应当记录形成最终结论时如何处理该矛盾或不一致的情况。

3．审计结论

（1）注册会计师需要根据所执行审计程序及获取的审计证据得出结论，并以此作为对财务报表发表审计意见的基础。

(2) 在记录审计结论时需注意，在审计工作底稿中记录的审计程序和审计证据是否足以支持所得出并记录的审计结论。

4. 审计标识及其说明

审计工作底稿中可以使用各种审计标识，但应说明其含义，并保持前后一致。

5. 索引号及顺序编号

通常，审计工作底稿需要注明索引号及顺序编号，相关审计工作底稿之间需要保持清晰的勾稽关系。

6. 编制者姓名、编制日期和复核者姓名、复核日期

(1) 在记录实施审计程序的性质、时间和范围时，注册会计师应当记录：审计工作的执行人员及完成该项审计工作的日期；审计工作的复核人员及复核的日期和范围。

(2) 在需要项目质量控制复核的情况下，还需要注明项目质量控制复核人员及日期。

(3) 通常，需要在每一张审计工作底稿上注明执行审计工作的人员和复核人员、完成该项审计工作的日期以及完成复核的日期。

(三) 审计工作底稿的内容

审计工作底稿通常包括总体审计策略、具体审计计划、分析表、问题备忘录、重大事项概要、询证函回函、管理层声明书、有关重大事项的往来信件（包括电子邮件），以及对被审计单位文件记录的摘要或复印件等。

审计工作底稿通常还包括审计业务约定书、管理建议书、项目组内部或项目组与被审计单位举行的会议记录、与其他人士（例如其他注册会计师、律师、专家等）的沟通文件及错报汇总表等。但是，审计工作底稿不包括已被取代的审计工作底稿的草稿或财务报表的草稿、对不全面或者初步思考的记录、存在印刷错误或者其他错误而作废的文本，以及重复的文件记录等。

四、审计工作底稿的归档与保存

(一) 审计工作底稿的归档

1. 审计工作底稿归档工作的性质

审计工作底稿的归档是一项事务性的工作。

在出具审计报告前，注册会计师应当完成所有必要的审计程序，取得充分、适当的审计证据并得出适当的审计结论。

在审计报告日后将审计工作底稿归整为最终审计档案，不涉及实施新的审计程序或得出新的结论。

在归档期间对审计工作底稿进行的事务性的变动主要包括：

(1) 删除或废弃被取代的审计工作底稿；

(2) 对审计工作底稿进行分类、整理和交叉索引；

(3) 对审计档案归整工作的完成核对表签字认可；

（4）记录在审计报告日前获取的、与审计项目组相关成员进行讨论并取得一致意见的审计证据。

2. 审计工作底稿在归档期后的变动

（1）需要变动审计工作底稿的情形。

一般情况下，在审计报告归档之后不需要对审计工作底稿进行修改或增加，如果有必要修改现有审计工作底稿或增加新的审计工作底稿的情形主要有以下两种：

① 注册会计师已实施了必要的审计程序，取得了充分、适当的审计证据并得出了恰当的审计结论，但审计工作底稿的记录不够充分；

② 审计报告日后，发现例外情况要求注册会计师实施新的或追加审计程序，或导致注册会计师得出新的结论。

（2）变动审计工作底稿时的记录要求。

在完成最终审计档案的归整工作后，如果发现有必要修改现有审计工作底稿或增加新的审计工作底稿，无论修改或增加的性质如何，注册会计师均应当记录下列事项：

① 修改或增加审计工作底稿的时间和人员，以及复核的时间和人员；

② 修改或增加审计工作底稿的具体理由；

③ 修改或增加审计工作底稿对审计结论产生的影响。

3. 审计工作底稿的归档期限

审计工作底稿的归档期限为审计报告日后60天内。如果注册会计师未能完成审计业务，审计工作底稿的归档期限为审计业务中止后的60天内。如果针对客户的同一财务信息执行不同的委托业务，出具两个或多个不同的报告，会计师事务所应当将其视为不同的业务，根据会计师事务所内部制定的政策和程序，在规定的归档期限内分别将审计工作底稿归整为最终审计档案。

（二）审计工作底稿的保存

会计师事务所应当自审计报告日起，对审计工作底稿至少保存10年。如果注册会计师未能完成审计业务，会计师事务所应当自审计业务中止日起，对审计工作底稿至少保存10年。对于连续审计的情况，当期归整的永久性档案可能包括以前年度获取的资料（有可能是10年以前）。这些资料虽然是在以前年度获取，但由于其作为本期档案的一部分，并作为支持审计结论的基础，因此，注册会计师对于这些对当期有效的档案，应视为当期取得并保存10年。如果这些资料在某一个审计期间被替换，被替换资料可以从被替换的年度起至少保存10年。在完成最终审计档案的归整工作后，注册会计师不得在规定的保存期届满前删除或废弃审计工作底稿。

■ 审计法规链接 ■

1. 中国注册会计师审计准则第1131号——审计工作底稿
2. 中国注册会计师审计准则第1301号——审计证据
3. 中国注册会计师审计准则第1312号——函证

4. 中国注册会计师审计准则第1313号——分析程序
5. 中国注册会计师审计准则第1314号——审计抽样

■ 复习思考题

一、重要概念

1. 审计证据
2. 审计证据的充分性
3. 审计证据的适当性
4. 审计抽样
5. 抽样风险
6. 信赖过度风险
7. 信赖不足风险
8. 误拒风险
9. 误受风险
10. 审计工作底稿

二、思考分析

1. 如何评价审计证据的充分性和适当性？
2. 影响样本规模的主要因素有哪些？
3. 影响审计效率的风险有哪些？影响审计效果的风险有哪些？
4. 注册会计师在确定审计工作底稿的格式和内容时应考虑哪些因素？
5. 审计工作底稿归档后需要变动的情形有哪些？

第七章 风险评估与风险应对

【本章学习目标】
1. 理解风险评估的含义和作用。
2. 掌握重大错报风险的评估程序。
3. 熟悉针对财务报表层次重大错报风险的总体应对措施。
4. 掌握进一步审计程序的含义、性质、时间和范围的确定。
5. 掌握控制测试的性质、时间和范围。
6. 掌握实质性程序的性质、时间和范围。

第一节 风险评估

一、风险评估概述

（一）风险识别和风险评估的含义

在风险导向审计模式下，注册会计师以重大错报风险的识别、评估和应对为审计工作的主线，最终将审计风险控制在可接受的低水平。风险识别和风险评估是审计风险控制流程的起点。风险识别和风险评估，是指注册会计师通过实施风险评估程序，识别和评估财务报表层次和认定层次的重大错报风险。其中，风险识别是指找出财务报表层次和认定层次的重大错报风险；风险评估是指对重大错报发生的可能性和后果严重程度进行评估。

（二）风险识别和风险评估的作用

《中国注册会计师审计准则第1211号——通过了解被审计单位及其环境识别和评估重大错报风险》作为专门规范风险评估的准则，规定注册会计师应当了解被审计单位及其环境，以充分识别和评估财务报表重大错报风险，设计和实施进一步审计程序。

了解被审计单位及其环境是必要程序，特别是为注册会计师在下列关键环节做出职业判断提供重要基础：

（1）确定重要性水平，并随着审计工作的进程评估对重要性水平的判断是否仍然

适当;

(2) 考虑会计政策的选择和运用是否恰当,以及财务报表的列报是否适当;

(3) 识别需要特别考虑的领域,包括关联方交易、管理层运用持续经营假设的合理性,或交易是否具有合理的商业目的等;

(4) 确定在实施分析程序时所使用的预期值;

(5) 设计和实施进一步审计程序,以将审计风险降至可接受的低水平;

(6) 评价所获取审计证据的充分性和适当性。

了解被审计单位及其环境是一个连续和动态地收集、更新与分析信息的过程,贯穿于整个审计过程的始终。注册会计师应当运用职业判断确定需要了解被审计单位及其环境的程度。

评价对被审计单位及其环境的了解程度是否恰当,关键是看注册会计师对被审计单位及其环境的了解是否足以识别和评估财务报表的重大错报风险。如果了解被审计单位及其环境获得的信息足以识别和评估财务报表的重大错报风险,设计和实施进一步审计程序,那么,了解的程度就是恰当的。

二、风险评估程序

注册会计师了解被审计单位及其环境,目的是为了识别和评估财务报表重大错报风险。为了解被审计单位及其环境而实施的程序称为风险评估程序。注册会计师应当依据实施这些程序所获取的信息,评估重大错报风险。

注册会计师应当实施下列风险评估程序,以了解被审计单位及其环境:

(1) 询问管理层以及被审计单位内部其他人员;

(2) 分析程序;

(3) 观察和检查。

注册会计师在审计过程中应当实施上述审计程序,但是在了解被审计单位及其环境的每一个方面时无须实施上述所有程序。

(一) 询问管理层和被审计单位内部其他人员

询问管理层和被审计单位内部其他人员是注册会计师了解被审计单位及其环境的一个重要信息来源。注册会计师可以考虑向管理层和财务负责人询问下列事项:

(1) 管理层所关注的主要问题。例如,新的竞争对手、主要客户和供应商的流失、新的税收法规的实施以及经营目标或战略的变化等。

(2) 被审计单位最近的财务状况、经营成果和现金流量。

(3) 可能影响财务报告的交易和事项,或者目前发生的重大会计处理问题。例如,重大的购并事宜等。

(4) 被审计单位发生的其他重要变化。例如,所有权结构、组织结构的变化,以及内部控制的变化等。

注册会计师也可以通过询问被审计单位内部的不同层级的人员获取信息,或为识别重大错报风险提供不同的视角。

（1）直接询问管理层,有助于注册会计师了解编制财务报表的环境。

（2）直接询问内部审计人员,有助于获取有关以下事项的信息:本年度针对被审计单位内部控制设计和运行有效性而实施的内部审计程序,以及管理层是否根据实施这些程序的结果采取了适当的应对措施。

（3）询问参与生成、处理或记录复杂或异常交易的员工,可能有助于注册会计师评价被审计单位选择和运用某项会计政策的恰当性。

（4）直接询问内部法律顾问,可能有助于注册会计师了解有关信息,例如诉讼、遵守法律法规的情况、影响被审计单位的舞弊或舞弊嫌疑、产品保证、售后责任、与业务合作伙伴的安排（例如合营企业）和合同条款的含义等。

（5）直接询问营销人员或销售人员,可能有助于注册会计师了解被审计单位营销策略的变化、销售趋势或与客户的合同安排。

（二）实施分析程序

分析程序,是指注册会计师通过研究不同财务数据之间以及财务数据与非财务数据之间的内在关系,对财务信息做出评价。分析程序还包括调查识别出的、与其他相关信息不一致或与预期数据严重偏离的波动和关系。

分析程序既可以用于风险评估程序和实质性程序,也可以用于财务报表的总体复核。注册会计师实施分析程序有助于识别异常的交易或事项,以及对财务报表和审计产生影响的金额、比率和趋势。在实施分析程序时,注册会计师应当预期可能存在的合理关系,并与被审计单位记录的金额、依据记录金额计算的比率或趋势相比较;如果发现异常或未预期到的关系,注册会计师应当在识别重大错报风险时考虑这些比较结果。

（三）观察和检查

观察和检查程序可以支持对管理层和被审计单位内部其他相关人员的询问结果,并可以提供有关被审计单位及其环境的信息,注册会计师应当实施下列观察和检查程序。

1. 观察被审计单位的经营活动

例如,观察被审计单位人员正在从事的生产活动和内部控制活动,增加注册会计师对被审计单位人员如何进行生产经营活动以及实施内部控制的了解。

2. 检查文件、记录和内部控制手册

例如,检查被审计单位的经营计划、策略、章程,与其他单位签订的合同、协议,各业务流程操作指引和内部控制手册等,了解被审计单位组织结构和内部控制制度的建立健全情况。

3. 阅读由管理层和治理层编制的报告

例如,阅读被审计单位年度和中期财务报告,股东大会、董事会会议、高级管理层会议的会议记录或会议纪要,管理层的讨论和分析资料,对重要经营环节和外部因素的评价,被审计单位内部管理报告以及其他特殊项目的报告（例如新投资项目的可行性分析报告)等,了解自上一期审计结束至本期审计期间被审计单位发生的重大事项。

4. 实地查看被审计单位的生产经营场所和厂房设备

通过现场访问和实地查看被审计单位的生产经营场所和厂房设备,可以帮助注册会计师了解被审计单位的性质及其经营活动。在实地查看被审计单位的生产经营场所和厂房设备的过程中,注册会计师有机会与被审计单位管理层和担任不同职责的员工进行交流,可以增强注册会计师对被审计单位的经营活动及其重大影响因素的了解。

5. 追踪交易在财务报告信息系统中的处理过程(穿行测试)

追踪交易在财务报告信息系统中的处理过程(穿行测试)是注册会计师了解被审计单位业务流程及其相关控制时经常使用的审计程序。通过追踪某笔或某几笔交易在业务流程中如何生成、记录、处理和报告,以及相关控制如何执行,注册会计师可以确定被审计单位的交易流程和相关控制是否与之前通过其他程序所获得的了解一致,并确定相关控制是否得到执行。

三、了解被审计单位及其环境

注册会计师应当从下列方面了解被审计单位及其环境:
(1) 相关行业状况、法律环境和监管环境及其他外部因素;
(2) 被审计单位的性质;
(3) 被审计单位对会计政策的选择和运用;
(4) 被审计单位的目标、战略以及相关经营风险;
(5) 对被审计单位财务业绩的衡量和评价;
(6) 被审计单位的内部控制。

上述第一项是被审计单位的外部环境,第二项、第三项、第四项以及第六项是被审计单位的内部因素,第五项则既有外部因素又有内部因素。值得注意的是,被审计单位及其环境的各个方面可能会互相影响。例如,被审计单位的行业状况、法律环境和监管环境以及其他外部因素可能影响被审计单位的目标、战略以及相关经营风险,而被审计单位的性质、目标、战略以及相关经营风险可能影响被审计单位对会计政策的选择和运用,以及内部控制的设计和执行。因此,注册会计师在对被审计单位及其环境的各个方面进行了解和评估时,应当考虑各因素之间的相互关系。

(一) 相关行业状况、法律环境和监管环境及其他外部因素

1. 行业状况

了解行业状况有助于注册会计师识别与被审计单位所处行业有关的重大错报风险。注册会计师应当了解被审计单位的行业状况,主要包括:
(1) 所处行业的市场与竞争,包括市场需求、生产能力和价格竞争;
(2) 生产经营的季节性和周期性;
(3) 与被审计单位产品相关的生产技术;
(4) 能源供应与成本;

(5) 行业的关键指标和统计数据。

2. **法律环境和监管环境**

注册会计师应当了解被审计单位所处的法律环境和监管环境,主要包括:

(1) 会计原则和行业特定惯例;

(2) 受管制行业的法规框架;

(3) 对被审计单位经营活动产生重大影响的法律法规,包括直接的监管活动;

(4) 税收政策(关于企业所得税和其他税种的政策);

(5) 目前对被审计单位开展经营活动产生影响的政府政策,例如货币政策(包括外汇管制)、财政政策、财政刺激措施(例如政府援助项目)、关税或贸易限制政策等;

(6) 影响行业和被审计单位经营活动的环保要求。

3. **其他外部因素**

注册会计师应当了解影响被审计单位经营的其他外部因素,主要包括总体经济情况、利率、融资的可获得性、通货膨胀水平或币值变动等。

4. **了解的重点和程度**

注册会计师应当考虑被审计单位所在行业的业务性质或监管程度是否可能导致特定的重大错报风险,考虑项目组是否配备了具有相关知识和经验的成员。

(二) 被审计单位的性质

1. **经营活动**

了解被审计单位经营活动有助于注册会计师识别预期在财务报表中反映的主要交易类别、重要账户余额和列报。注册会计师应当了解被审计单位的经营活动,主要包括:

(1) 主营业务的性质;

(2) 与生产产品或提供劳务相关的市场信息;

(3) 业务的开展情况;

(4) 联营、合营与外包情况;

(5) 从事电子商务的情况;

(6) 地区分布与行业细分;

(7) 生产设施、仓库和办公室的地理位置,存货存放地点和数量;

(8) 关键客户;

(9) 货物和服务的重要供应商;

(10) 劳动用工安排;

(11) 研究与开发活动及其支出;

(12) 关联方交易。

2. **所有权结构**

对被审计单位所有权结构的了解有助于注册会计师识别关联方关系并了解被审计单位的决策过程。注册会计师应当了解所有权结构以及所有者与其他人员或实体之间的关系,考虑关联方关系是否已经得到识别,以及关联方交易是否得到恰当核算。例如,注册会计师应当了解被审计单位是属于国有企业、外商投资企业、民营企业,还是属于其他类型的企业,还应当了解其直接控股母公司、间接控股母公司、最终控股母公司和其他股东的构成,以及所有者与其他人员或实体(例如控股母公司控制的其他企业)之间的关系。

3. 治理结构

良好的治理结构可以对被审计单位的经营和财务运作实施有效的监督,从而降低财务报表发生重大错报的风险。注册会计师应当了解被审计单位的治理结构。例如,董事会的构成情况、董事会内部是否有独立董事;治理结构中是否设有审计委员会或监事会及其运作情况。注册会计师应当考虑治理层是否能够在独立于管理层的情况下对被审计单位事务(包括财务报告)做出客观判断。

4. 投资活动

了解被审计单位投资活动有助于注册会计师关注被审计单位在经营策略和经营方向上的重大变化。注册会计师应当了解被审计单位的投资活动,主要包括:

(1) 近期拟实施或已实施的并购活动与资产处置情况,包括业务重组或某些业务的终止;

(2) 证券投资、委托贷款的发生与处置;

(3) 资本性投资活动,包括固定资产和无形资产投资,近期或计划发生的变动,以及重大的资本承诺等;

(4) 不纳入合并范围的投资。

5. 组织结构

复杂的组织结构可能导致某些特定的重大错报风险。注册会计师应当了解被审计单位的组织结构,考虑复杂组织结构可能导致的重大错报风险,包括财务报表合并、商誉减值以及长期股权投资核算等问题。

6. 筹资活动

了解被审计单位筹资活动有助于注册会计师评估被审计单位在融资方面的压力,并进一步考虑被审计单位在可预见未来的持续经营能力。注册会计师应当了解被审计单位的筹资活动,主要包括:

(1) 债务结构和相关条款,包括资产负债表外融资和租赁安排;

(2) 主要子公司和联营企业(无论是否处于合并范围内)的重要融资安排;

(3) 实际受益方及关联方;

(4) 衍生金融工具的使用。

7. 财务报告

被审计单位的财务报告主要包括:

(1) 会计政策和行业特定惯例,包括特定行业的重要活动(例如银行业的贷款和投资、医药行业的研究与开发活动);

(2) 收入确认惯例;

(3) 公允价值会计核算;

(4) 外币资产、负债与交易;

(5) 异常或复杂交易(包括在有争议的或新兴领域的交易)的会计处理(例如对股份支付的会计处理)。

(三) 被审计单位对会计政策的选择和运用

1. 重大和异常交易的会计处理方法

例如,被审计单位本期发生企业合并时采用的会计处理方法。被审计单位可能存在与其所处行业相关的重大交易。注册会计师应当考虑对重大的和不经常发生的交易的会计处理方法是否适当。

2. 在缺乏权威性标准或共识的新兴领域采用重要会计政策产生的影响

在缺乏权威性标准或共识的领域,注册会计师应当关注被审计单位选用了哪些会计政策、为什么选用这些会计政策以及选用这些会计政策产生的影响。

3. 会计政策的变更

如果被审计单位变更了重要的会计政策,注册会计师应当考虑变更的原因及其适当性,即考虑:

(1) 会计政策变更是否是法律、行政法规或者适用的会计准则和相关会计制度要求的变更;

(2) 会计政策变更是否能够提供更可靠、更相关的会计信息。

除此之外,注册会计师还应当关注会计政策的变更是否得到恰当处理和充分披露。

4. 新颁布的财务报告准则、法律法规,以及在被审计单位的使用情况

例如,当新的企业会计准则颁布施行时,注册会计师应当考虑被审计单位是否应采用新颁布的会计准则;如果采用,是否已按照新的企业会计准则的要求做好衔接调整工作,并收集执行新的企业会计准则需要的信息资料。

(四) 被审计单位的目标、战略以及相关经营风险

1. 目标、战略与经营风险

目标,是指企业经营活动的指针。企业管理层或治理层一般会根据企业经营面临的外部环境和内部各种因素,制定合理可行的经营目标。战略,是指管理层为实现经营目标采用的方法。为了实现某一既定的经营目标,企业可能有多个可行战略。例如,如果目标是在某一特定期间内进入一个新的市场,那么可行的战略可能包括收购该市场内的现有企业、与该市场内的其他企业合资经营或自行开发进入该市场。随着外部环境的变化,企业应对目标和战略做出相应的调整。

经营风险,是指可能对被审计单位实现目标和实施战略的能力产生不利影响的重要状况、事项、情况、作为(或不作为)所导致的风险,或由于制定不恰当的目标和战略而导致的风险。不同的企业可能面临不同的经营风险,这取决于企业经营的性质、所处行

业、外部监管环境、企业的规模和复杂程度。管理层有责任识别和应对这些风险。

不能随环境的变化而做出相应的调整固然可能产生经营风险。但是，调整的过程也可能导致经营风险。例如，为了应对消费者需求的变化，企业开发了新产品。但是，开发的新产品可能会产生开发失败的风险；即使开发成功，市场需求可能不如预期，从而产生产品营销风险；产品的缺陷还可能导致企业遭受声誉风险和承担产品赔偿责任的风险。

注册会计师应当了解被审计单位是否存在与下列方面有关的目标和战略，并考虑相应的经营风险：

(1) 行业发展；
(2) 开发新产品或提供新服务；
(3) 业务扩张；
(4) 新的会计要求；
(5) 监管要求；
(6) 本期及未来的融资条件；
(7) 信息技术的运用；
(8) 实施战略的影响，特别是由此产生的需要运用新的会计要求的影响。

2. 经营风险对重大错报风险的影响

经营风险与财务报表重大错报风险是既有联系又相互区别的两个概念。前者比后者的范围更广。注册会计师了解被审计单位的经营风险有助于其识别财务报表重大错报风险。但并非所有的经营风险都与财务报表相关，注册会计师没有责任识别或评估对财务报表没有影响的经营风险。

多数经营风险最终都会产生财务后果，从而影响财务报表，但并非所有的经营风险都会导致重大错报风险。经营风险可能对某类交易、账户余额和披露的认定层次重大错报风险或财务报表层次重大错报风险产生直接影响。例如，企业合并导致银行客户群减少，使银行信贷风险集中，由此产生的经营风险可能增加与贷款计价认定有关的重大错报风险。

目标、战略、经营风险和重大错报风险之间的相互联系可以举例予以说明。例如，企业当前的目标是在某一特定期间内进入某一新的海外市场，企业选择的战略是在当地成立合资公司。从该战略本身来看，是可以实现这一目标的。但是，成立合资公司可能会带来很多的经营风险，例如，企业如何与当地合资方在经营活动、企业文化等各方面协调，是否在合资公司中获得控制权或共同控制权，当地市场情况是否会发生变化，当地对合资公司的税收和外汇管理方面的政策是否稳定，合资公司的利润是否可以汇回，是否存在汇率风险等。这些经营风险反映到财务报表中，可能会因涉及对合资公司是属于子公司、合营企业或联营企业的判断问题、投资核算问题，包括是否存在减值问题、对当地税收规定的理解是否充分的问题，以及外币折算等问题，而导致财务报表出现重大错报风险。

3. 被审计单位的风险评估过程

管理层通常制定识别和应对经营风险的策略,注册会计师应当了解被审计单位的风险评估过程。此类风险评估过程是被审计单位内部控制的组成部分。

4. 对小型被审计单位的考虑

小型被审计单位通常没有正式的计划和程序来确定其目标、战略并管理经营风险。注册会计师应当询问管理层或观察小型被审计单位如何应对这些事项,以获取了解,并评估重大错报风险。

(五) 对被审计单位财务业绩的衡量和评价

1. 了解的主要方面

在了解被审计单位财务业绩衡量和评价情况时,注册会计师应当关注下列信息:

(1) 关键业绩指标(财务或非财务的)、关键比率、趋势和经营统计数据;

(2) 同期财务业绩比较分析;

(3) 预算、预测、差异分析,分部信息与分部、部门或其他不同层次的业绩报告;

(4) 员工业绩考核与激励性报酬政策;

(5) 被审计单位与竞争对手的业绩比较。

2. 关注内部财务业绩衡量的结果

内部财务业绩衡量可能显示未预期到的结果或趋势。在这种情况下,管理层通常会进行调查并采取纠正措施。与内部财务业绩衡量相关的信息可能显示财务报表存在错报风险,例如,内部财务业绩衡量可能显示被审计单位与同行业其他单位相比具有异常快的增长率或盈利水平,此类信息如果与业绩奖金或激励性报酬等因素结合起来考虑,可能显示管理层在编制财务报表时存在某种倾向的错报风险。因此,注册会计师应当关注被审计单位内部财务业绩衡量所显示的未预期到的结果或趋势、管理层的调查结果和纠正措施,以及相关信息是否显示财务报表可能存在重大错报。

3. 考虑财务业绩衡量指标的可靠性

如果拟利用被审计单位内部信息系统生成的财务业绩衡量指标,注册会计师应当考虑相关信息是否可靠,以及利用这些信息是否足以实现审计目标。许多财务业绩衡量中使用的信息可能由被审计单位的信息系统生成。如果被审计单位管理层在没有合理基础的情况下,认为内部生成的衡量财务业绩的信息是准确的,而实际上信息有误,那么根据有误的信息得出的结论也可能是错误的。如果注册会计师计划在审计中(例如在实施分析程序时)利用财务业绩指标,应当考虑相关信息是否可靠,以及在实施审计程序时利用这些信息是否足以发现重大错报。

4. 对小型被审计单位的考虑

小型被审计单位通常没有正式的财务业绩衡量和评价程序,管理层往往依据某些关键指标,作为评价财务业绩和采取适当行动的基础,注册会计师应当了解管理层使用的关键指标。

四、了解被审计单位内部控制

（一）内部控制的含义和要素

内部控制，是指被审计单位为了合理保证财务报告的可靠性、经营的效率和效果以及对法律法规的遵守，由治理层、管理层和其他人员设计与执行的政策及程序。

内部控制包括下列要素：

（1）控制环境；

（2）风险评估过程；

（3）与财务报告相关的信息系统和沟通；

（4）控制活动；

（5）对控制的监督。

（二）关注与审计相关的控制

注册会计师必须调查和了解被审计单位的内部控制，重点了解与审计相关的各项控制。被审计单位旨在实现财务报告可靠性目标的控制以及防止财务报表重大错报风险的控制通常与审计相关。旨在保护资产的内部控制可能包括与实现财务报告可靠性和经营效率、效果目标相关的控制，注册会计师在了解内部控制各个要素时，可以仅考虑其中与财务报告可靠性目标相关的控制。

如果旨在保证经营效率、效果的控制以及对法律法规遵循的控制与实施审计程序时评价或使用的数据相关，注册会计师则可以考虑这些控制可能与审计相关。如果在设计和实施进一步审计程序时拟利用被审计单位内部生成的信息，注册会计师则可以考虑旨在保证信息完整性和准确性的控制可能与审计相关。

注册会计师需要运用职业判断，考虑一项控制单独或连同其他控制是否与评估重大错报风险，以及针对评估的风险设计和实施进一步审计程序有关。注册会计师在运用职业判断时要和重要性判断结合起来，要考虑作为内部控制一部分的系统的性质和复杂性，同时还要考虑被审计单位的规模、性质、经营的多样性和复杂性。

（三）对内部控制了解的深度

对内部控制了解的深度，是指在了解被审计单位及其环境时对内部控制了解的程度。对内部控制了解的深度包括评价控制的设计，并确定其是否得到执行，但不包括对控制是否得到一贯执行的测试。

1. 评价控制的设计

注册会计师在了解内部控制时，应当评价控制的设计，并确定其是否得到执行。评价控制的设计涉及考虑该控制单独或连同其他控制是否能够有效防止或发现并纠正重大错报。控制得到执行，是指某项控制存在且被审计单位正在使用。评估一项无效控制的运行没有什么意义，因此，需要首先考虑控制的设计。设计不当的控制可能表明存在值得关注的内部控制缺陷。

2．获取控制设计和执行的审计证据

注册会计师通常实施下列风险评估程序，以获取有关控制设计和执行的审计证据：

（1）询问被审计单位人员；

（2）观察特定控制的运用；

（3）检查文件和报告；

（4）追踪交易在财务报告信息系统中的处理过程（穿行测试）。

这些程序是风险评估程序在了解被审计单位内部控制方面的具体运用。

询问本身并不足以评价控制的设计以及确定其是否得到执行，注册会计师应当将询问与其他风险评估程序结合使用。

3．了解内部控制与测试控制运行有效性的关系

除非存在某些可以使控制得到一贯运行的自动化控制，否则注册会计师对控制的了解并不足以测试控制运行的有效性。例如，获取某一人工控制在某一时点得到执行的审计证据，并不能证明该控制在所审计期间内的其他时点也有效运行。但是，信息技术可以使被审计单位持续一贯地对大量数据进行处理，提高了被审计单位监督控制活动运行情况的能力，信息技术还可以通过对应用软件、数据库、操作系统设置安全控制来实现有效的职责划分。由于信息技术处理流程的内在一贯性，实施审计程序确定某项自动控制是否得到执行，也可能实现对控制运行有效性测试的目标，这取决于注册会计师对控制（例如针对程序变更的控制）的评估和测试。

（四）认识内部控制的局限性

内部控制存在固有局限性，任何内部控制都会有某种程度的缺陷，无论内部控制的设计和执行多么严密，也不能认为它是完全有效的。即使管理层能够设计出一套严密的控制制度，这套制度的有效性也还要取决于执行制度的人的胜任能力和可靠性。内部控制通常存在下列固有局限性，无论如何设计和执行，只能对财务报告的可靠性提供合理的保证。

（1）在决策时人为判断可能出现错误和因人为失误而导致内部控制失效。

例如，被审计单位信息技术人员没有完全理解系统如何处理销售交易，为使系统能够处理新型产品的销售，可能错误地对系统进行更改；或者对系统的更改是正确的，但是程序员没能把更改转化为正确的程序代码。

（2）控制可能由于两个或更多的人员串通或管理层不当地凌驾于内部控制之上而被规避。

例如，管理层可能与客户签订背后协议，修改标准的销售合同条款和条件，从而导致确认收入发生错误。

（3）管理层建立内部控制需要考虑成本与效益。

当实施某项控制成本大于控制效果而发生损失时，就没有必要设置该控制环节或控制措施。

（4）行使控制职能人员的素质不适应岗位要求，也会影响内部控制功能的正常

发挥。

（5）内部控制一般都是针对经常而且重复发生的业务而设置的，如果出现不经常发生或未预计到的业务，原有控制就可能不适用。

此外，小型被审计单位拥有的员工通常较少，限制了其职责分离的程度。

（五）控制环境

1. 控制环境的含义

控制环境，是指对建立、加强或削弱特定政策或程序及其实施效率产生影响的各种因素的总称。控制环境包括治理职能和管理职能，以及治理层和管理层对内部控制及其重要性的态度、认识和措施。控制环境设定了被审计单位的内部控制基调，影响员工对内部控制的意识。良好的控制环境是实施有效内部控制的基础。防止或发现并纠正舞弊和错误是被审计单位治理层和管理层的责任。在评价控制环境的设计和实施情况时，注册会计师应当了解管理层在治理层的监督下，是否营造并保持了诚实守信和合乎道德的文化，以及是否建立了防止或发现并纠正舞弊和错误的恰当控制。实际上，在审计业务承接阶段，注册会计师就需要对控制环境做出初步了解和评价。

2. 对诚信和道德价值观念的沟通与落实

诚信和道德价值观念是控制环境的重要组成部分，影响重要业务流程的内部控制设计和运行。内部控制的有效性直接依赖于负责创建、管理和监控内部控制的人员的诚信和道德价值观念。被审计单位是否存在道德行为规范，以及这些规范如何在被审计单位内部得到沟通和落实，决定了是否能产生诚信和道德的行为。对诚信和道德价值观念的沟通与落实，既包括管理层如何处理不诚实、非法或不道德行为，又包括在被审计单位内部，通过行为规范以及高层管理人员的身体力行，对诚信和道德价值观念的营造和保持。

例如，管理层在行为规范中指出，员工不允许从供货商那里获得超过一定金额的礼品，超过部分都须报告和退回。尽管该行为规范本身并不能绝对保证员工都照此执行，但至少意味着管理层已对此进行明示，它连同其他的程序，可能构成一个有效的预防机制。

注册会计师在了解和评估被审计单位诚信和道德价值观念的沟通与落实时，考虑的主要因素可能包括：

（1）被审计单位是否有书面的行为规范并向所有的员工传达；

（2）被审计单位的企业文化是否强调诚信和道德价值观念的重要性；

（3）管理层是否身体力行，高级管理人员是否起表率作用；

（4）对违反有关政策和行为规范的情况，管理层是否采取适当的措施。

3. 对胜任能力的重视

胜任能力，是指具备完成某一职位的工作所应有的知识和能力。管理层对胜任能力的重视包括对于特定工作所需的胜任能力水平的设定，以及对达到该水平所必需的知识和能力的要求。注册会计师应当考虑主要管理人员和其他相关人员是否能够胜任承担的工作和职责,例如,财务人员是否对编报财务报表所适用的会计准则和相关会计制度有足够的了解并能正确运用。

注册会计师在就被审计单位对胜任能力的重视情况进行了解和评估时,考虑的主要因素可能包括:

(1) 财务人员以及信息管理人员是否具备与被审计单位业务性质和复杂程度相称的足够的胜任能力和培训,在发生错误时,是否通过调整人员或系统来加以处理;

(2) 管理层是否配备足够的财务人员以适应业务发展和有关方面的需要;

(3) 财务人员是否具备理解和运用会计准则所需的技能。

4. 治理层的参与程度

被审计单位的控制环境在很大程度上受治理层的影响。治理层的职责应在被审计单位的章程和政策中予以规定。治理层(董事会)通常通过自身的活动,并在审计委员会或类似机构的支持下,监督被审计单位的财务报告政策和程序。因此,董事会、审计委员会或类似机构应关注被审计单位的财务报告,并监督被审计单位的会计政策以及内部、外部的审计工作和结果。治理层的职责还包括监督用于复核内部控制有效性的政策和程序设计是否合理,执行是否有效。

注册会计师在对被审计单位治理层的参与程度进行了解和评估时,考虑的主要因素可能包括:

(1) 董事会是否建立了审计委员会或类似机构;

(2) 董事会、审计委员会或类似机构是否与内部审计人员以及注册会计师有联系和沟通,联系和沟通的性质以及频率是否与被审计单位的规模和业务复杂程度相匹配;

(3) 董事会、审计委员会或类似机构的成员是否具备适当的经验和资历;

(4) 董事会、审计委员会或类似机构是否独立于管理层;

(5) 审计委员会或类似机构会议的数量和时间是否与被审计单位的规模和业务复杂程度相匹配;

(6) 董事会、审计委员会或类似机构是否充分地参与了监督编制财务报告的过程;

(7) 董事会、审计委员会或类似机构是否对经营风险的监控有足够的关注,进而影响被审计单位和管理层的风险评估过程;

(8) 董事会成员是否保持相对的稳定性。

5. 管理层的理念和经营风格

管理层负责企业的运作以及经营策略和程序的制定、执行与监督。控制环境的每个方面在很大程度上都受管理层采取的措施和做出决策的影响,或在某些情况下受管理层不采取某些措施或不做出某种决策的影响。在有效的控制环境中,管理层的理念和经营风格可以创造一个积极的氛围,促进业务流程和内部控制的有效运行,同时创造一个减少错报发生可能性的环境。在管理层以一个或少数几个人为主时,管理层的理念和经营风格对内部控制的影响尤为突出。

注册会计师在了解和评估被审计单位管理层的理念和经营风格时,考虑的主要因素可能包括：

（1）管理层是否对内部控制，包括信息技术的控制，给予了适当的关注；

（2）管理层是否由一个或几个人所控制，董事会、审计委员会或类似机构对其是否实施了有效监督；

（3）管理层在承担和监控经营风险方面是风险偏好者还是风险规避者；

（4）管理层在选择会计政策和做出会计估计时是倾向于激进还是保守；

（5）管理层对于信息管理人员以及财会人员是否给予了适当关注；

（6）对于重大的内部控制和会计事项，管理层是否征询注册会计师的意见，或者经常在这些方面与注册会计师存在不同意见。

6. 组织结构及职权与责任的分配

被审计单位的组织结构为计划、运作、控制及监督经营活动提供了一个整体框架。通过集权或分权决策，可以在不同部门间进行适当的职责划分，建立适当层次的报告体系。组织结构将影响权利、责任和工作任务在组织成员中的分配。被审计单位的组织结构在一定程度上取决于被审计单位的规模和经营活动的性质。

注册会计师在对被审计单位组织结构和职权与责任的分配进行了解和评估时，考虑的主要因素可能包括：

（1）在被审计单位内部是否有明确的职责划分，是否将业务授权、业务记录、资产保管和维护以及业务执行的责任尽可能地分离；

（2）数据处理和管理职责划分是否合理；

（3）是否已针对授权交易建立适当的政策和程序。

7. 人力资源政策与实务

政策与程序（包括内部控制）的有效性，通常取决于执行人。因此，被审计单位员工的能力与诚信是控制环境中不可缺少的因素。人力资源政策与实务涉及招聘、培训、考核、咨询、晋升和薪酬等方面。被审计单位是否有能力雇用并保留一定数量既有能力又有责任心的员工在很大程度上取决于其人事政策与实务。例如，如果招聘录用标准要求录用最合适的员工，包括强调员工的学历、经验、诚信和道德，这表明被审计单位希望录用有能力并值得信赖的人员。被审计单位有关培训方面的政策应显示员工应达到的工作表现和业绩水准，通过定期考核的晋升政策表明被审计单位希望具备相应资格的人员承担更多的职责。

注册会计师在对被审计单位人力资源政策与实务进行了解和评估时，考虑的主要因素可能包括：

（1）被审计单位在招聘、培训、考核、咨询、晋升、薪酬、补救措施等方面是否都有适当的政策和实务（特别是在会计、财务和信息系统方面）；

（2）是否有书面的员工岗位职责手册，或者在没有书面文件的情况下，对于工作职责和期望是否做了适当的沟通和交流；

（3）人力资源政策与实务是否清晰，并且定期发布和更新；

(4) 是否设定适当的程序,对分散在各地区和海外的经营人员建立和沟通人力资源政策与程序。

综上所述,注册会计师应当对控制环境的构成要素获取足够的了解,并考虑内部控制的实质及其综合效果,以了解管理层和治理层对内部控制及其重要性的态度、认识以及所采取的措施。

在小型被审计单位,可能无法获取以文件形式存在的有关控制环境要素的审计证据,在这种情况下,管理层或业主兼经理的态度、认识和措施对注册会计师了解小型被审计单位的控制环境非常重要。

(六) 风险评估过程

任何经济组织在经营活动中都会面临各种各样的风险,风险对其生存和竞争能力产生影响。很多的风险并不为经济组织所控制,但管理层应当确定可以承受的风险水平,识别这些风险并采取一定的应对措施。

可能产生风险的事项和情形包括:

(1) 监管及经营环境的变化;

(2) 新员工的加入;

(3) 新信息系统的使用或对原系统进行升级;

(4) 业务快速发展;

(5) 新技术;

(6) 新生产型号、产品和业务活动;

(7) 企业重组;

(8) 发展海外经营;

(9) 新的会计准则。

注册会计师在对被审计单位整体层面的风险评估过程进行了解和评估时,考虑的主要因素可能包括:

(1) 被审计单位是否已建立并沟通其整体目标,并辅以具体策略和业务流程层面的计划;

(2) 被审计单位是否已建立风险评估过程,包括识别风险、估计风险的重大性、评估风险发生的可能性以及确定需要采取的应对措施;

(3) 被审计单位是否已建立某种机制,识别和应对可能对被审计单位产生重大且普遍影响的变化,例如,在金融机构中建立资产负债管理委员会,在制造型企业中建立期货交易风险管理组等;

(4) 会计部门是否建立了某种流程,以识别会计准则的重大变化;

(5) 当被审计单位业务操作发生变化并影响交易记录的流程时,是否存在沟通渠道以通知会计部门;

(6) 风险管理部门是否建立了某种流程,以识别经营环境包括监管环境发生的重大变化。

在审计过程中,如果发现与财务报表有关的风险要素,注册会计师可以通过向管理层询问和检查有关文件确定被审计单位的风险评估过程是否也发现了该风险;如果识别出管理层未能识别的重大错报风险,注册会计师应当考虑被审计单位的风险评估过程为何没有识别出这些风险,以及评估过程是否适合于具体环境。

小型被审计单位可能没有正式的风险评估过程。在这种情况下,管理层很可能通过亲自参与经营来识别风险。无论情况如何,注册会计师询问识别出的风险以及管理层如何应对这些风险仍是必要的。

(七)与财务报告相关的信息系统和沟通

1. 信息系统

与财务报告相关的信息系统包括用以生成、记录、处理和报告交易、事项和情况,对相关资产、负债和所有者权益履行经营管理责任的程序和记录。交易可能通过人工或自动化程序生成。记录包括识别和收集与交易、事项有关的信息。处理包括编辑、核对、计量、估价、汇总和调节活动,可能由人工或自动化程序来执行。报告,是指用电子或书面形式编制财务报告和其他信息,供被审计单位用于衡量和考核财务及其他方面的业绩。

与财务报告相关的信息系统通常包括下列职能:

(1)识别与记录所有的有效交易;

(2)及时、详细地描述交易,以便在财务报告中对交易做出恰当分类;

(3)恰当计量交易,以便在财务报告中对交易的金额做出准确记录;

(4)恰当确定交易生成的会计期间;

(5)在财务报表中恰当列报交易。

注册会计师应当从下列方面了解与财务报告相关的信息系统(包括相关业务流程):

(1)在被审计单位经营过程中,对财务报表具有重大影响的各类交易;

(2)在信息技术和人工系统中,被审计单位的交易生成、记录、处理、必要的更正、结转至总账以及在财务报表中报告的程序;

(3)用以生成、记录、处理和报告(包括纠正不正确的信息以及信息如何结转至总账)交易的会计记录、支持性信息和财务报表中的特定账户;

(4)被审计单位的信息系统如何获取除了交易以外的对财务报表重大的事项和情况;

(5)用于编制被审计单位财务报表(包括做出的重大会计估计和披露)的财务报告过程;

(6)与会计分录相关的控制,这些分录包括用以记录非经常性的、异常的交易或调整的非标准会计分录。

2. 沟通

与财务报告相关的沟通包括使员工了解各自在与财务报告有关的内部控制方面的角色和职责,员工之间的工作联系,以及向适当级别的管理层报告例外事项的方式。

公开的沟通渠道有助于确保例外情况得到报告和处理。沟通可以采用政策手册、会计和财务报告手册及备忘录等形式进行,也可以通过发送电子邮件、口头沟通和管理层的行动来进行。

注册会计师应当了解被审计单位内部如何对财务报告的岗位职责以及与财务报告相关的重大事项进行沟通。注册会计师还应当了解管理层与治理层(特别是审计委员会)之间的沟通,以及被审计单位与外部(包括与监管部门)的沟通。了解内容具体包括:

(1) 管理层就员工的职责和控制责任是否进行了有效沟通;
(2) 针对可疑的不恰当事项和行为是否建立了沟通渠道;
(3) 组织内部沟通的充分性是否能够使人员有效地履行职责;
(4) 对于与客户、供应商、监管者和其他外部人士的沟通,管理层是否及时采取适当的进一步行动;
(5) 被审计单位是否受到某些监管机构发布的监管要求的约束;
(6) 外部人士如客户和供应商在多大程度上获知被审计单位的行为守则。

在小型被审计单位,与财务报告相关的信息系统和沟通可能不如大型被审计单位正式和复杂。管理层可能会更多地参与日常经营管理活动和财务报告活动,不需要很多书面的政策和程序指引,也没有复杂的信息系统和会计流程。由于小型被审计单位的规模较小、报告层次较少,因此,小型被审计单位可能比大型被审计单位更容易实现有效的沟通。注册会计师应当考虑这些特征对评估重大错报风险的影响。

(八) 控制活动

控制活动,是指有助于确保管理层的指令得以执行的政策和程序。控制活动包括与授权、业绩评价、信息处理、实物控制和职责分离等相关的活动。

1. 授权

注册会计师应当了解与授权有关的控制活动,包括一般授权和特别授权。

授权的目的在于保证交易在管理层授权范围内进行。一般授权,是指管理层制定的要求组织内部遵守的普遍适用于某类交易或活动的政策。特别授权,是指管理层针对特定类别的交易或活动逐一设置的授权,例如重大资本支出和股票发行等。特别授权也可能用于超过一般授权限制的常规交易。例如,因某些特别原因,同意对某个不符合一般信用条件的客户赊销商品。

2. 业绩评价

注册会计师应当了解与业绩评价相关的控制活动,主要包括被审计单位分析评价实际业绩与预算(或预测、前期业绩)的差异,综合分析财务数据与经营数据的内在关系,将内部数据与外部信息来源相比较,评价职能部门、分支机构或项目活动的业绩(例如银行客户信贷经理复核各分行、地区和各种贷款类型的审批和收回),以及对发现的异常差异或关系采取必要的调查与纠正措施。

通过调查非预期的结果和非正常的趋势,管理层可以识别可能影响经营目标实现的情形。管理层对业绩信息的使用（例如将这些信息用于经营决策，用于对财务报告系统报告的非预期结果进行追踪），决定了业绩指标的分析是只用于经营目的还是同时用于财务报告目的。

3. 信息处理

注册会计师应当了解与信息处理有关的控制活动，包括信息技术的一般控制和应用控制。

被审计单位通常执行各种措施，检查各种类型信息处理环境下的交易的准确性、完整性和授权。信息处理控制可以是人工的、自动化的，或是基于自动流程的人工控制。信息处理控制分为两类，即信息技术一般控制和应用控制。

信息技术一般控制，是指与多个应用系统有关的政策和程序，有助于保证信息系统持续恰当地运行（包括信息的完整性和数据的安全性），支持应用控制作用的有效发挥，通常包括数据中心和网络运行控制，系统软件的购置、修改及维护控制，接触或访问权限控制，应用系统的购置、开发及维护控制。例如，程序改变的控制、限制接触程序和数据的控制、与新版应用软件包实施有关的控制等都属于信息技术一般控制。

信息技术应用控制，是指主要在业务流程层面运行的人工或自动化程序，与用于生成、记录、处理、报告交易或其他财务数据的程序相关，通常包括检查数据计算的准确性，审核账户和试算平衡表，设置对输入数据和数字序号的自动检查，以及对例外报告进行人工干预。

4. 实物控制

注册会计师应当了解实物控制，主要包括了解对资产和记录采取适当的安全保护措施，对访问计算机程序和数据文件设置授权，以及定期盘点并将盘点记录与会计记录相核对。例如，现金、有价证券和存货的定期盘点控制。实物控制的效果影响资产的安全，从而对财务报表的可靠性及审计产生影响。

5. 职责分离

注册会计师应当了解职责分离，主要包括了解被审计单位如何将交易授权、交易记录以及资产保管等职责分配给不同员工，以防范同一员工在履行多项职责时可能发生的舞弊或错误。当信息技术运用于信息系统时，职责分离可以通过设置安全控制来实现。

在了解控制活动时，注册会计师应当重点考虑一项控制活动单独或连同其他控制活动，是否能够以及如何防止或发现并纠正各类交易、账户余额和披露存在的重大错报。注册会计师的工作重点是识别和了解针对重大错报可能发生的领域的控制活动。如果多项控制活动能够实现同一目标，注册会计师不必了解与该目标相关的每项控制活动。

注册会计师对被审计单位整体层面的控制活动进行的了解和评估，主要是针对被审计单位的一般控制活动，特别是信息技术一般控制。注册会计师在了解和评估一般控制活动时考虑的主要因素可能包括：

（1）被审计单位的主要经营活动是否都有必要的控制政策和程序；

（2）管理层在预算、利润和其他财务及经营业绩方面是否都有清晰的目标，在被审

计单位内部,是否对这些目标都加以清晰的记录和沟通,并且积极地对其进行监控;

(3) 是否存在计划和报告系统,以识别与目标业绩的差异,并向适当层次的管理层报告该差异;

(4) 是否由适当层次的管理层对差异进行调查,并及时采取适当的纠正措施;

(5) 不同人员的职责应在何种程度上相分离,以降低舞弊和不当行为发生的风险;

(6) 会计系统中的数据是否与实物资产定期核对;

(7) 是否建立了适当的保护措施,以防止未经授权接触文件、记录和资产;

(8) 是否存在信息安全职能部门负责监控信息安全政策和程序。

小型被审计单位控制活动依据的理念与较大型被审计单位可能相似,但是它们运行的正式程度可能不同。进一步讲,在小型被审计单位中,由于某些控制活动由管理层执行,特定类型的控制活动可能变得并不相关。例如,只有管理层拥有批准赊销、重大采购的权力,才可以对重要账户余额和交易实施有力控制,降低或消除实施更具体的控制活动的必要性。

小型被审计单位通常难以实施适当的职责分离,注册会计师应当考虑小型被审计单位采取的控制活动(特别是职责分离)能够有效实现控制目标。

(九) 对控制的监督

对控制的监督,是指被审计单位评价内部控制在一段时间内运行有效性的过程。对控制的监督涉及及时评估控制的有效性并采取必要的补救措施。例如,管理层对是否定期编制《银行存款余额调节表》进行复核,内部审计人员评价销售人员是否遵守企业关于销售合同条款的政策,法律部门定期监控企业的道德规范和商务行为准则是否得以遵循等。

注册会计师在对被审计单位整体层面的监督进行了解和评估时,考虑的主要因素可能包括:

(1) 被审计单位是否定期评价内部控制;

(2) 被审计单位人员在履行正常职责时,能够在多大程度上获得内部控制是否有效运行的证据;

(3) 与外部的沟通能够在多大程度上证实内部产生的信息或者指出存在的问题;

(4) 管理层是否采纳内部审计人员和注册会计师有关内部控制的建议;

(5) 管理层是否及时纠正控制运行中的偏差;

(6) 管理层根据监管机构的报告及建议是否及时采取纠正措施;

(7) 是否存在协助管理层监督内部控制的职能部门(例如内部审计部门)。

小型被审计单位通常没有正式的持续监督活动,且持续的监督活动与日常管理工作难以明确区分,业主往往通过其对经营活动的密切参与来识别财务数据中的重大差异和错报,并对控制活动采取纠正措施,注册会计师应当考虑业主对经营活动的密切参与能否有效实现其对控制的监督目标。

五、评估重大错报风险

评估重大错报风险是风险评估阶段的最后一个步骤。注册会计师了解被审计单位及其环境的目的是识别和评估财务报表层次和认定层次的重大错报风险,从而根据风险评估结果确定实施进一步审计程序的性质、时间和范围。

(一)在两个层次上进行评估

注册会计师可以在两个层次上识别和评估重大错报风险,一是财务报表层次,二是各类交易、账户余额和披露认定层次。注册会计师应当确定识别的重大错报风险是与特定的某类交易、账户余额和披露的认定相关,还是与财务报表整体广泛相关,进而影响多项认定。财务报表层次的重大错报风险很可能源于薄弱的控制环境。薄弱的控制环境带来的风险可能对财务报表产生广泛影响,并不限于某类交易、账户余额和披露,在这种情况下注册会计师必须采取总体的应对措施。

在识别和评估重大错报风险时,注册会计师需要考虑做到:

(1) 在了解被审计单位及其环境的整个过程中都要进行风险识别,并考虑各类交易、账户余额和披露等各个方面;

(2) 将识别的风险与认定层次可能发生错报的领域相联系;

(3) 考虑识别的风险是否重大;

(4) 考虑识别的风险导致财务报表发生重大错报的可能性。

如果通过对内部控制的了解发现下列情况,并对财务报表局部或整体的可审计性产生疑问,注册会计师应当考虑发表保留意见或无法表示意见,必要时解除业务约定:

(1) 对管理层的诚信和正直存在严重疑虑,由此推断财务报表的错报风险非常重大;

(2) 被审计单位会计记录的状况和可靠性存在重大问题,不能获取充分、适当的审计证据以发表无保留意见。

注册会计师可以将实施风险评估程序获取的信息,包括在评价控制设计和确定其是否得到执行时获取的审计证据,作为支持风险评估结果的审计证据。注册会计师要根据风险评估的结果,确定实施进一步审计程序的性质、时间和范围。

(二)需要特别考虑的重大错报风险

1. 确定特别风险时应考虑的事项

特别风险,是指注册会计师识别和评估的、根据判断认为需要特别考虑的重大错报风险。在确定风险性质时,注册会计师应考虑下列事项:

(1) 风险是否属于舞弊风险;

(2) 风险是否与近期经济环境、会计处理方法或其他方面的重大变化相关,因而需要特别关注;

(3) 交易的复杂程度;

(4) 风险是否涉及重大的关联方交易；

(5) 财务信息计量的主观程度，特别是计量结果是否具有高度不确定性；

(6) 风险是否涉及异常或超出正常经营过程的重大交易。

2. 非常规交易和判断事项导致的特别风险

非常规交易，是指由于金额或性质异常而不经常发生的交易，例如企业购并、债务重组、重大或有事项等。由于非常规交易具有下列特征，与重大非常规交易相关的特别风险可能导致更高的重大错报风险：

(1) 管理层更多地干预会计处理；

(2) 数据收集和处理进行更多的人工干预；

(3) 复杂的计算或会计处理方法；

(4) 非常规交易的性质可能使被审计单位难以对由此产生的特别风险实施有效控制。

判断事项通常包括做出的会计估计（具有计量的重大不确定性），例如资产减值准备金额的估计、需要运用复杂估值技术确定的公允价值计量等。由于下列原因，与重大判断事项相关的特别风险可能导致更高的重大错报风险：

(1) 对涉及会计估计、收入确认等方面的会计原则存在不同的理解；

(2) 所要求的判断可能是主观和复杂的，或需要对未来事项做出假设。

3. 考虑与特别风险相关的控制

对于特别风险，注册会计师应当评价相关控制的设计情况，并确定其是否已经得到执行。由于与重大非常规交易或判断事项相关的风险很少受到日常控制的约束，注册会计师应当了解被审计单位是否针对该特别风险设计和实施了控制。例如，做出会计估计所依据的假设是否由管理层或专家进行复核，是否建立做出会计估计的正规程序，重大会计估计结果是否由治理层批准等。又如，管理层在收到重大诉讼事项的通知时采取的措施，包括这类事项是否提交适当的专家（例如内部或外部的法律顾问）处理、是否对该事项的潜在影响做出评估、是否确定该事项在财务报表中的披露问题以及如何确定等。

如果管理层未能实施控制以恰当应对特别风险，注册会计师应当认为内部控制存在重大缺陷，并考虑其对风险评估的影响。在此情况下，注册会计师应当就此类事项与治理层沟通。

(三) 仅通过实质性程序无法应对的重大错报风险

作为风险评估的一部分，如果认为仅通过实质性程序获取的审计证据无法将认定层次的重大错报风险降至可接受的低水平，注册会计师应当评价被审计单位针对这些风险设计的控制，并确定其执行情况。

在被审计单位对日常交易采用高度自动化处理的情况下，审计证据可能仅以电子形式存在，其充分性和适当性通常取决于自动化系统相关控制的有效性，注册会计师应当考虑仅通过实施实质性程序不能获取充分、适当的审计证据的可能性。例如，某企业通过高度自动化的系统确定采购品种和数量，生成采购订单，并通过系统中设定的收货确认和付款条件进行付款。除了系统中的相关信息以外,该企业没有其他有关订单和收货的记录。在这种情况下,如果认为仅通过实质性程序不能获取充分、适当的审计证据,注册会计师应当考虑依赖的相关控制的有效性,并对其进行了解、评估和测试。

在实务中,注册会计师可以用表 7-1 汇总识别的重大错报风险。

表 7-1 识别的重大错报风险汇总表

识别的重大错报风险	对财务报表的影响	相关的各类交易类别、账户余额和披露的认定	是否与财务报表整体广泛相关	是否属于特别风险	是否属于仅通过实质性程序无法应对的重大错报风险
记录识别的重大错报风险	描述对财务报表的影响和导致财务报表发生重大错报的可能性	列示相关的各类交易、账户余额和披露及其认定	考虑是否属于财务报表层次的重大错报风险	考虑是否属于特别风险	考虑是否属于仅通过实质性程序无法应对的重大错报风险

（四）对风险评估的修正

注册会计师对认定层次重大错报风险的评估,可能随着审计过程中不断获取审计证据而做出相应的变化。注册会计师对重大错报风险的评估可能基于预期控制运行有效这一判断,即相关控制可以防止或发现并纠正认定层次的重大错报。但在测试控制运行的有效性时,注册会计师获取的证据可能表明相关控制在被审计期间并未有效运行。同样,在实施实质性程序后,注册会计师可能发现错报的金额和频率比在风险评估时预计的金额和频率要高。因此,如果通过实施进一步审计程序获取的审计证据与初始评估获取的审计证据相矛盾,注册会计师应当修正风险评估结果,并相应修改原计划实施的进一步审计程序。

因此,评估重大错报风险与了解被审计单位及其环境一样,也是一个连续和动态地收集、更新与分析信息的过程,贯穿于整个审计过程的始终。

第二节 风险应对

注册会计师对识别和评估的重大错报风险需要采取相应的应对措施,以将审计风险降至可接受的低水平。注册会计师针对评估的财务报表层次的重大错报风险,应当确定总体应对措施;针对评估的认定层次的重大错报风险,应当设计和实施进一步审计程序。在确定总体应对措施,以及设计和实施进一步审计程序的性质、时间和范围时,注册会计师应当运用职业判断。

一、财务报表层次重大错报风险与总体应对措施

在财务报表重大错报风险的评估过程中,注册会计师应当确定,识别的重大错报风险是与特定的某类交易、账户余额和披露的认定相关,还是与财务报表整体广泛相关,进而影响多项认定。如果是后者,则属于财务报表层次的重大错报风险。

注册会计师应当针对评估的财务报表层次重大错报风险确定下列总体应对措施。

(一)向项目组强调保持职业怀疑的必要性

职业怀疑态度,是指注册会计师以质疑的思维方式评价所获取审计证据的有效性,并对相互矛盾的审计证据,以及引起对文件记录或管理层和治理层提供的信息的可靠性产生怀疑的审计证据保持警觉。职业怀疑态度并不要求注册会计师假设管理层是不诚信的,但是注册会计师也不能假设管理层的诚信就毫无疑问。职业怀疑态度要求注册会计师凭证据说话。在整个审计过程中,职业怀疑态度十分必要。例如,它有助于降低注册会计师疏忽异常情况的风险,有助于降低注册会计师在确定审计程序的性质、时间、范围及评价由此得出的结论时采用错误假设的风险,有助于注册会计师避免根据有限的测试范围过度推断总体实际情况。

(二)分派更有经验或具有特殊技能的审计人员,或利用专家的工作

由于各行业在经营业务、经营风险、财务报告、法规要求等方面具有特殊性,审计人员的专业分工细化成为一种趋势。审计项目组成员中应有一定比例的人员曾经参与过被审计单位以前年度的审计,或具有被审计单位所处特定行业的相关审计经验。在必要时,注册会计师要考虑利用信息技术、税务、评估、精算等方面专家的工作。

(三)提供更多的督导

对于财务报表层次重大错报风险较高的审计项目,审计项目组的高级别成员,例如项目合伙人、项目经理等经验较丰富的人员,要为其他成员提供更详细、更经常、更及时的指导和监督并加强项目质量复核。

(四)在选择拟实施的进一步审计程序时融入更多的不可预见的因素

被审计单位人员,尤其是管理层,如果熟悉注册会计师的审计套路,就可能采取种种规避手段,掩盖财务报告中的舞弊行为。因此,在设计拟实施审计程序的性质、时间安排和范围时,为了避免既定思维对审计方案的限制,避免对审计效果的人为干涉,从而使得针对重大错报风险的进一步审计程序更加有效,注册会计师要考虑使某些程序不被被审计单位管理层预见或事先了解。

在实务中,注册会计师可以通过以下方式提高审计程序的不可预见性:

(1)对某些未测试过的低于设定的重要性水平或风险较小的账户余额和认定实施实质性程序;

(2)调整实施审计程序的时间,使被审计单位不可预期;

（3）采取不同的审计抽样方法，使当期抽取的测试样本与以前有所不同；

（4）选取不同的地点实施审计程序，或预先不告知被审计单位所选定的测试地点。

（五）对拟实施审计程序的性质、时间安排和范围做出总体修改

财务报表层次的重大错报风险很可能源于薄弱的控制环境。薄弱的控制环境带来的风险可能对财务报表产生广泛影响，难以限于某类交易、账户余额和披露，注册会计师应当采取总体应对措施。相应的，注册会计师对控制环境的了解也影响其对财务报表层次重大错报风险的评估。有效的控制环境可以使注册会计师增强对内部控制和被审计单位内部产生的证据的信赖程度。如果控制环境存在缺陷，注册会计师在对拟实施审计程序的性质、时间安排和范围做出总体修改时应当考虑：

（1）在期末而非期中实施更多的审计程序。控制环境的缺陷通常会削弱期中获得的审计证据的可信赖程度。

（2）通过实施实质性程序获取更广泛的审计证据。良好的控制环境是其他控制要素发挥作用的基础。控制环境存在缺陷通常会削弱其他控制要素的作用，导致注册会计师可能无法信赖内部控制，而主要依赖实施实质性程序获取审计证据。

（3）增加拟纳入审计范围的经营地点的数量。例如，扩大样本规模，或采用更详细的数据实施分析程序等。

二、总体应对措施对拟实施进一步审计程序的总体审计方案的影响

财务报表层次重大错报风险难以限于某类交易、账户余额和披露的特点，意味着此类风险可能对财务报表的多项认定产生广泛影响，并相应地增加注册会计师对认定层次重大错报风险的评估难度。因此，注册会计师评估的财务报表层次重大错报风险以及采取的总体应对措施，对拟实施进一步审计程序的总体审计方案具有重大影响。

拟实施进一步审计程序的总体审计方案包括实质性方案和综合性方案。其中，实质性方案是指注册会计师实施的进一步审计程序以实质性程序为主；综合性方案是指注册会计师在实施进一步审计程序时，将控制测试与实质性程序结合使用。当评估的财务报表层次重大错报风险属于高风险水平（并相应地采取更强调审计程序不可预见性以及重视调整审计程序的性质、时间安排和范围等总体应对措施）时，拟实施进一步审计程序的总体方案往往更倾向于实质性方案。

三、针对认定层次重大错报风险的进一步审计程序

（一）进一步审计程序的含义

进一步审计程序是相对于风险评估程序而言的，是指注册会计师针对评估的各类交易、账户余额和披露认定层次重大错报风险实施的审计程序，包括控制测试和实质性程序。

注册会计师应当针对评估的认定层次重大错报风险设计和实施进一步审计程序，包括审计程序的性质、时间安排和范围。注册会计师设计和实施的进一步审计程序的性

质、时间安排和范围,应当与评估的认定层次重大错报风险具备明确的对应关系。注册会计师实施的审计程序应具有目的性和针对性,有的放矢地配置审计资源,有利于提高审计效率和审计效果。

需要说明的是,尽管在应对评估的认定层次重大错报风险时,拟实施的进一步审计程序的性质、时间安排和范围都应当确保其具有针对性,但其中进一步审计程序的性质是最重要的。例如,注册会计师评估的重大错报风险越高,实施进一步审计程序的范围通常越大;但是只有首先确保进一步审计程序的性质与特定风险相关时,扩大审计程序的范围才是有效的。

(二)进一步审计程序的性质

进一步审计程序的性质,是指进一步审计程序的目的和类型。其中,进一步审计程序的目的包括通过实施控制测试以确定内部控制运行的有效性,通过实施实质性程序以发现认定层次的重大错报。进一步审计程序的类型包括检查、观察、询问、函证、重新计算、重新执行和分析程序。

在应对评估的风险时,合理确定审计程序的性质是最重要的。这是因为不同的审计程序应对特定认定错报风险的效力不同。例如,对于与收入完整性认定相关的重大错报风险,控制测试通常更能有效应对;对于与收入发生认定相关的重大错报风险,实质性程序通常更能有效应对。又如,实施应收账款的函证程序可以为应收账款在某一时点存在的认定提供审计证据,但通常不能为应收账款的计价认定提供审计证据。对应收账款的计价认定,注册会计师通常需要实施其他更为有效的审计程序,例如审查应收账款账龄和期后收款情况,了解欠款客户的信用情况等。

(三)进一步审计程序的时间

进一步审计程序的时间,是指注册会计师何时实施进一步审计程序,或审计证据适用的期间或时点。因此,当提及进一步审计程序的时间时,在某些情况下指的是审计程序的实施时间,在另一些情况下是指需要获取的审计证据适用的期间或时点。

注册会计师可以在期中或期末实施控制测试或实质性程序。当重大错报风险较高时,注册会计师应当考虑在期末或接近期末实施实质性程序,或采用不通知的方式,或在管理层不能预见的时间实施审计程序。在期中实施进一步审计程序,可能有助于注册会计师在审计工作初期识别重大事项,并在管理层的协助下及时解决这些事项;或针对这些事项制订有效的实质性方案或综合性方案。如果在期中实施了进一步审计程序,注册会计师还应当针对剩余期间获取审计证据。如果被审计单位在期末或接近期末发生了重大交易,或重大交易在期末尚未完成,注册会计师应当考虑交易的发生或截止等认定可能存在的重大错报风险,并在期末或期末以后检查此类交易。

(四)进一步审计程序的范围

进一步审计程序的范围,是指实施进一步审计程序的数量,包括抽取的样本量、对某项控制活动的观察次数等。在确定其范围时,注册会计师应当考虑确定的重要性水平、评估的重大错报风险以及计划获取的保证程度。随着重大错报风险的增加,注册会计师应考虑扩大程序的范围。但是,只有当审计程序本身与特定风险相关时,扩大审计程序的范围才是有效的。

四、控制测试

(一) 控制测试的含义和要求

1. 控制测试的含义

控制测试,是指用于评价内部控制在防止或发现并纠正认定层次重大错报方面的运行有效性的审计程序。在测试控制运行的有效性时,注册会计师应当从下列方面获取关于控制是否有效运行的审计证据:

(1) 控制在所审计期间的相关时点是如何运行的;
(2) 控制是否得到一贯执行;
(3) 控制由谁或以何种方式执行。

2. 控制测试的要求

作为进一步审计程序的类型之一,控制测试并非在任何情况下都需要实施。当存在下列情形之一时,注册会计师应当实施控制测试:

(1) 在评估认定层次重大错报风险时,预期控制的运行是有效的;
(2) 仅实施实质性程序并不能够提供认定层次充分、适当的审计证据。

注册会计师通过实施风险评估程序,可能发现某项控制的设计是存在的,也是合理的,同时得到了执行。在这种情况下,出于成本效益的考虑,注册会计师可能预期,如果相关控制在不同时点都得到了一贯执行,与该项控制有关的财务报表认定发生重大错报的可能性就不会很大,也就不需要实施很多的实质性程序。为此,注册会计师可能会认为值得对相关控制在不同时点是否得到了一贯执行进行测试,即实施控制测试。这种测试主要是出于成本效益的考虑,其前提是注册会计师通过了解内部控制以后认为某项控制存在被信赖和被利用的可能。因此,只有认为控制设计合理、能够防止或发现和纠正认定层次的重大错报,注册会计师才有必要对控制运行的有效性实施测试。

如果认为仅实施实质性程序获取的审计证据无法将认定层次重大错报风险降至可接受的低水平,注册会计师应当实施相关的控制测试,以获取控制运行有效性的审计证据。

(二) 控制测试的性质

控制测试的性质,是指控制测试所使用的审计程序的类型及其组合。控制测试采用的审计程序包括询问、观察、检查和重新执行。

1. 询问

注册会计师可以向被审计单位适当员工询问,获取与内部控制运行情况相关的信息。例如,询问信息系统管理人员有无未经授权接触计算机硬件和软件;向负责复核《银行存款余额调节表》的人员询问如何进行复核,包括复核的要点是什么、发现不符事项如何处理等。然而,仅仅通过询问不能为控制运行的有效性提供充分的证据,注册会计师通常需要印证被询问者的答复,例如向其他人员询问和检查执行控制时所使用的报告、手册或其他文件等。因此,虽然询问是一种有用的手段,但它必须和其他的测试手段结合使用才能发挥作用。在询问过程中,注册会计师应当保持职业怀疑。

2. 观察

观察是测试不留下书面记录的控制(例如职责分离)的运行情况的有效方法。例如,观察存货盘点控制的执行情况。观察也可以运用于实物控制,如查看仓库门是否锁好,或空白支票是否妥善保管。通常情况下,注册会计师通过观察直接获取的证据比间接获取的证据更可靠。但是,注册会计师还要考虑其所观察到的控制在自己不在场时可能未被执行的情况。

3. 检查

对运行情况留有书面证据的控制,检查非常适用。书面说明、复核时留下的记号,或其他记录在偏差报告中的标志,都可以被当作控制运行情况的证据。例如,检查销售发票是否有复核人员的签字,检查销售发票是否附有客户的订购单和出库单等。

4. 重新执行

通常只有当询问、观察和检查程序结合在一起仍无法获得充分的证据时,注册会计师才考虑通过重新执行来证实控制是否有效运行。例如,为了合理保证计价认定的准确性,被审计单位的一项控制是由复核人员核对销售发票上的价格与统一价格单上的价格是否一致。但是,要检查复核人员有没有认真执行核对,仅仅检查复核人员是否在相关文件上签字是不够的,注册会计师还需要自己选取一部分销售发票进行核对,这就是重新执行程序。如果需要进行大量的重新执行,注册会计师就要考虑通过实施控制测试以缩小实质性程序的范围是否有效率。

询问本身并不足以测试控制运行的有效性。因此,注册会计师需要将询问与其他审计程序结合使用。而观察提供的证据仅限于观察发生的时点,因此,将询问与检查或重新执行结合使用,可能比仅实施询问和观察获取更高水平的保证。

(三) 控制测试的时间

1. 控制测试的时间的含义

控制测试的时间包含两层含义:一是何时实施控制测试;二是测试所针对的控制适用的时点或期间。一个基本的原理是,如果测试特定时点的控制,注册会计师仅得到该时点控制运行有效性的审计证据;如果测试某一期间的控制,注册会计师可以获取控制在该期间有效运行的审计证据。因此,注册会计师应当根据控制测试的目的确定控制测试的时间,并确定拟信赖的相关控制的时点或期间。

如果仅需要测试控制在特定时点的运行有效性(例如对被审计单位期末存货盘点进行控制测试),注册会计师只需要获取该时点的审计证据。如果需要获取控制在某一期间有效运行的审计证据,仅获取与时点相关的审计证据是不充分的,注册会计师应当辅以其他的控制测试,包括测试被审计单位对控制的监督。

2. 对期中审计证据的考虑

注册会计师可能在期中实施进一步审计程序。对于控制测试,注册会计师在期中实施此类程序具有更积极的作用。但即使注册会计师已获取了有关控制在期中运行有效性的审计证据,仍然需要考虑如何能够将控制在期中运行有效性的审计证据合理延伸至期末。因此,如果已获取有关控制在期中运行有效性的审计证据,并拟利用该证据,注册会计师应当实施下列审计程序。

(1) 获取这些控制在剩余期间发生重大变化的审计证据。

针对期中已获取过审计证据的控制,考察这些控制在剩余期间的变化情况:如果这些控制在剩余期间没有发生重大变化,注册会计师可能决定信赖期中获取的审计证据;如果这些控制在剩余期间发生了重大变化,注册会计师需要了解并测试控制的变化对期中审计证据的影响。

(2) 确定针对剩余期间还需获取的补充审计证据。

针对期中证据以外的、剩余期间的补充证据,注册会计师应当考虑下列因素:

① 评估的认定层次重大错报风险的重要程度。评估的重大错报风险对财务报表的影响越大,注册会计师需要获取的剩余期间的补充证据越多。

② 在期中测试的特定控制,以及自期中测试后发生的重大变动。例如,对自动化运行的控制,注册会计师更可能测试信息系统一般控制的运行有效性,以获取控制在剩余期间运行有效性的审计证据。

③ 在期中对有关控制运行有效性获取的审计证据的程度。如果注册会计师在期中对有关控制运行有效性获取的审计证据比较充分,可以考虑适当减少需要获取的剩余期间的补充证据。

④ 剩余期间的长度。剩余期间越长,注册会计师需要获取的剩余期间的补充证据越多。

⑤ 在信赖控制的基础上拟缩小实质性程序的范围。注册会计师对相关控制的信赖程度越高,通常在信赖控制的基础上拟减少进一步实质性程序的范围就越大。在这种情况下,注册会计师需要获取的剩余期间的补充证据越多。

⑥ 控制环境。在注册会计师总体上拟信赖控制环境的前提下,控制环境越薄弱(或把握程度越低),注册会计师需要获取的剩余期间的补充证据越多。

被审计单位对控制的监督起到的是一种检验相关控制在所有相关时点是否都有效运行的作用,因此,通过测试剩余期间控制的运行有效性或测试被审计单位对控制的监督,注册会计师可以获取补充审计证据。

3. 如何考虑以前审计获取的审计证据

内部控制中的诸多要素对于被审计单位往往是相对稳定的(相对于具体的交易、账户余额和披露),注册会计师在本期审计时可以适当考虑利用以前审计获取的有关控制运行有效性的审计证据。但是,如果拟利用以前审计获取的有关控制运行有效性的审计证据,注册会计师应当通过获取这些控制在以前审计后是否发生重大变化的审计证据,确定以前审计获取的审计证据是否与本期审计持续相关。

注册会计师应当通过实施询问并结合观察或检查程序,获取这些控制是否发生重大变化的审计证据,以确认对这些控制的了解,并根据下列情况做出不同的处理:

① 如果已经发生变化,且这些变化对以前审计获取的审计证据的持续相关性产生影响,注册会计师应当在本期审计中测试这些控制运行的有效性;

② 如果未发生这些变化,注册会计师应当每3年至少对内部控制测试一次,并且在每年审计中测试部分控制,以免将所有拟信赖控制的测试集中于某一年,而在之后的两年中不进行任何测试。

如果确定评估的认定层次重大错报风险是特别风险,并拟信赖针对该风险实施的控制,注册会计师不应依赖以前审计获取的审计证据,而应在本期审计中测试这些控制的运行有效性。也就是说,如果注册会计师拟信赖针对特别风险的控制,那么,所有关于该控制运行有效性的审计证据必须来自当年的控制测试。相应的,注册会计师应当在每次审计中都测试这类控制。

注册会计师是否需要在本期测试某项控制的决策过程如图7-1所示。

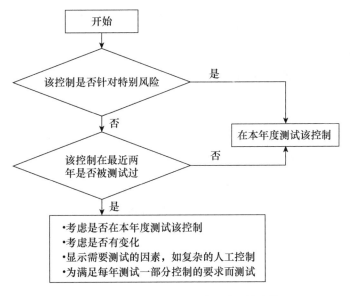

图 7-1 本审计期间测试某项控制的决策

(四) 控制测试的范围

控制测试的范围主要是指某项控制活动的测试次数。注册会计师应当设计控制测试,以获取控制在整个拟信赖的期间有效运行的充分、适当的审计证据。

在确定某项控制的测试范围时,注册会计师通常考虑下列因素:

(1) 在拟信赖期间,被审计单位执行控制的频率。控制执行的频率越高,控制测试的范围越大。

(2) 在所审计期间,注册会计师拟信赖控制运行有效性的时间长度。拟信赖控制运行有效性的时间长度不同,在该时间长度内发生的控制活动次数也不同。注册会计师需要根据拟信赖控制的时间长度确定控制测试的范围。拟信赖期间越长,控制测试的范围越大。

(3) 控制的预期偏差。预期偏差可以用控制未得到执行的预期次数占控制应当得到执行次数的比率加以衡量(也可以称为预期偏差率)。考虑该因素,是因为在考虑测试结果是否可以得出控制运行有效性的结论时,不可能只要出现任何控制执行偏差就认定控制运行无效,所以需要确定一个合理水平的预期偏差率。控制的预期偏差率越高,需要实施控制测试的范围越大。如果控制的预期偏差率过高,注册会计师应当考虑控制可能不足以将认定层次的重大错报风险降至可接受的低水平,从而针对某一认定实施的控制测试可能是无效的。此外,对于自动化控制来说,信息技术处理具有内在一贯性,除非系统发生变动,注册会计师通常不需要增加自动化控制的测试范围。

(4) 通过测试与认定相关的其他控制获取的审计证据的范围。针对同一认定,可能存在不同的控制。当针对其他控制获取审计证据的充分性和适当性较高时,测试该控制的范围可以适当缩小。

(5) 拟获取的有关认定层次控制运行有效性的审计证据的相关性和可靠性。为了证实控制能够防止或发现并纠正认定层次重大错报,对所需获取审计证据的相关性和可靠性要求越高,控制测试的范围越大。

(6) 注册会计师在风险评估时对控制运行有效性的拟信赖程度越高,需要实施控制测试的范围就越大。

五、实质性程序

(一) 实质性程序的含义和总体要求

1. 实质性程序的含义

实质性程序,是指用于发现认定层次重大错报的审计程序,包括对各类交易、账户余额和披露的细节测试以及实质性程序。由于注册会计师对重大错报风险的评估是一种判断,可能无法充分识别所有的重大错报风险,并且由于内部控制存在固有局限性,无论评估的重大错报风险结果如何,注册会计师都应当针对所有重大的各类交易、账户余额和披露实施实质性程序。

2. 实施实质性程序的总体要求

注册会计师实施的实质性程序应当包括下列与财务报表编制完成阶段相关的审计程序:

(1) 将财务报表与其所依据的会计记录进行核对或调节。

(2) 检查财务报表编制过程中做出的重大会计分录和其他调整。注册会计师对会计分录和其他会计调整检查的性质和范围,取决于被审计单位财务报告过程的性质和复杂程度以及由此产生的重大错报风险。

如果认为评估的认定层次重大错报风险是特别风险,注册会计师应当专门针对该风险实施实质性程序。例如,如果认为管理层面临实现盈利指标的压力而可能提前确认收入,注册会计师在设计询证函时不仅应当考虑函证应收账款的账户余额,而且还应当考虑询证销售协议的细节条款(如交货、结算及退货条款);注册会计师还可以考虑在实施函证的基础上针对销售协议及其变动情况询问被审计单位的非财务人员。如果针对特别风险实施的程序仅为实质性程序,这些程序应当包括细节测试,或将细节测试和实质性程序结合使用,以获取充分、适当的审计证据。为了应对特别风险需要获取具有高度相关性和可靠性的审计证据,仅实施实质性程序不足以获取有关特别风险的充分、适当的审计证据。

(二)实质性程序的性质

1. 实质性程序的性质的含义

实质性程序的性质,是指实质性程序的类型及其组合。实质性程序的两种基本类型包括细节测试和实质性程序。细节测试,是指对各类交易、账户余额和披露的具体细节进行测试,目的在于直接识别财务报表认定是否存在错报。细节测试被用于获取与某些认定相关的审计证据,例如存在、准确性、计价等。

实质性程序从技术特征上来讲仍然是分析程序,主要是通过研究数据间关系评价信息,只是将该技术方法用作实质性程序,即用以识别各类交易、账户余额和披露及相关认定是否存在错报。实质性程序通常更适用于在一段时间内存在可预期关系的大量交易。

2. 细节测试和实质性程序的适用性

注册会计师应当根据各类交易、账户余额和披露的性质选择实质性程序的类型。细节测试适用于对各类交易、账户余额和披露认定的测试,尤其是对存在或发生、计价认定的测试;对在一段时期内存在可预期关系的大量交易,注册会计师可以考虑实施实质性程序。

3. 设计实质性程序时应当考虑的因素

注册会计师在设计实质性程序时应当考虑的因素包括:

(1)对特定认定使用实质性程序的适当性;

(2)对已记录的金额或比率做出预期时,所依据的内部数据或外部数据的可靠性;

(3)做出预期的准确程度是否足以在计划的保证水平上识别重大错报;

(4)已记录金额与预期值之间可接受的差异额。

考虑到数据及分析的可靠性,当实施实质性程序时,如果使用被审计单位编制的信息,注册会计师应当考虑测试与信息编制相关的控制,以及这些信息是否在本期或前期经过审计。

(三)实质性程序的时间

1. 对期中实施实质性程序的考虑

在期中实施实质性程序,一方面消耗了审计资源,另一方面期中实施实质性程序获取的审计证据又不能直接作为期末财务报表认定的审计证据,注册会计师仍然需要消耗进一步的审计资源,使期中审计证据能够合理延伸至期末。于是,这两部分审计资源的总和是否能够显著小于完全在期末实施实质性程序所需消耗的审计资源,是注册会计师需要权衡的。注册会计师在考虑是否在期中实施实质性程序时应当考虑以下因素:

(1) 控制环境和其他相关的控制。控制环境和其他相关的控制越薄弱,注册会计师越不宜在期中实施实质性程序。

(2) 实施审计程序所需信息在期中之后的可获得性。如果实施实质性程序所需信息在期中之后可能难以获取(例如系统变动导致某类交易记录难以获取),注册会计师应考虑在期中实施实质性程序;但如果实施实质性程序所需信息在期中之后的获取并不存在明显困难,该因素不应成为注册会计师在期中实施实质性程序的重要影响因素。

(3) 实质性程序的目的。如果针对某项认定实施实质性程序的目的就包括获取该认定的期中审计证据(从而与期末比较),注册会计师应在期中实施实质性程序。

(4) 评估的重大错报风险。注册会计师评估的某项认定的重大错报风险越高,针对该认定所需获取的审计证据的相关性和可靠性要求也就越高,注册会计师越应当考虑将实质性程序集中于期末(或接近期末)实施。

(5) 特定类别交易或账户余额以及相关认定的性质。例如,某些交易或账户余额以及相关认定的特殊性质(例如收入截止认定、未决诉讼)决定了注册会计师必须在期末(或接近期末)实施实质性程序。

(6) 针对剩余期间,能否通过实施实质性程序或将实质性程序与控制测试相结合,降低期末存在错报而未被发现的风险。

如果针对剩余期间注册会计师可以通过实施实质性程序或将实质性程序与控制测试相结合,较有把握地降低期末存在错报而未被发现的风险(例如,注册会计师在 10 月份实施预审时考虑是否使用一定的审计资源实施实质性程序,从而形成的剩余期间不是很长),注册会计师可以考虑在期中实施实质性程序。

但是,如果针对剩余期间注册会计师认为还需要消耗大量的审计资源才有可能降低期末存在错报而未被发现的风险,甚至没有把握通过适当的进一步审计程序降低期末存在错报而未被发现的风险(例如,被审计单位于 8 月份发生管理层变更,注册会计师接受后任管理层邀请实施预审时,考虑是否使用一定的审计资源实施实质性程序),注册会计师就不宜在期中实施实质性程序。

2. 如何考虑期中审计证据

如果在期中实施了实质性程序,注册会计师应当针对剩余期间实施进一步的实质性程序,或将实质性程序和控制测试结合使用,以将期中测试得出的结论合理延伸至期末。在将期中实施的实质性程序得出的结论合理延伸至期末时,注册会计师有两种选择:其一是针对剩余期间实施进一步的实质性程序;其二是将实质性程序和控制测试结合使用。

如果拟将期中测试得出的结论延伸至期末,注册会计师应当考虑针对剩余期间仅实施实质性程序是否足够。如果认为实施实质性程序本身不充分,注册会计师还应测试剩余期间相关控制运行的有效性或针对期末实施实质性程序。

对于舞弊导致的重大错报风险(作为一类重要的特别风险),被审计单位存在故意错报或操纵的可能性,那么注册会计师更应慎重考虑能否将期中测试得出的结论延伸至期末。因此,如果已识别出由于舞弊导致的重大错报风险,为将期中得出的结论延伸至期末而实施的审计程序通常是无效的,注册会计师应当考虑在期末或者接近期末实施实质性程序。

3. 如何考虑以前审计获取的审计证据

在以前审计中实施实质性程序获取的审计证据,通常对本期只有很弱的证据效力或没有证据效力,不足以应对本期的重大错报风险。只有当以前获取的审计证据及其相关事项未发生重大变动时(例如,以前审计通过实质性程序测试过的某项诉讼在本期没有任何实质性进展),以前获取的审计证据才可能用作本期的有效审计证据。但即便如此,如果拟利用以前审计中实施实质性程序获取的审计证据,注册会计师应当在本期实施审计程序,以确定这些审计证据是否具有持续相关性。

(四)实质性程序的范围

在确定实质性程序的范围时,注册会计师应当考虑评估的认定层次重大错报风险和实施控制测试的结果。注册会计师评估的认定层次的重大错报风险越高,需要实施实质性程序的范围越广。如果对控制测试结果不满意,注册会计师应当考虑扩大实质性程序的范围。

在设计细节测试时,注册会计师除了从样本量的角度考虑测试范围以外,还要考虑其他选择样本的方法是否更为有效。

在设计实质性分析程序时,注册会计师应当确定已记录金额与预期值之间可接受的差异额。在确定该差异额时,注册会计师应当主要考虑各类交易、账户余额和披露及相关认定的重要性和计划的保证水平。实施分析程序可能发现偏差,但并非所有的偏差都值得展开进一步调查。可容忍或可接受的偏差(即预期偏差)越大,作为实质性程序一部分的进一步调查的范围就越小。

审计法规链接

1. 中国注册会计师审计准则第 1151 号——与治理层的沟通
2. 中国注册会计师审计准则第 1152 号——向治理层和管理层通报内部控制缺陷
3. 中国注册会计师审计准则第 1211 号——通过了解被审计单位及其环境识别和评估重大错报风险
4. 中国注册会计师审计准则第 1231 号——针对评估的重大错报风险采取的应对措施

复习思考题

一、重要概念

1. 风险评估
2. 内部控制
3. 控制测试
4. 实质性程序

二、思考分析

1. 什么是内部控制？内部控制应该包括哪些要素？
2. 内部控制存在哪些方面的局限性？
3. 注册会计师应当针对评估的财务报表层次重大错报风险采取哪些总体应对措施？
4. 如何理解进一步审计程序？

第八章 销售与收款循环的审计

> 【本章学习目标】
> 1. 了解销售与收款循环的主要业务活动及其主要凭证与会计记录。
> 2. 理解销售与收款循环的内部控制及其控制测试的程序。
> 3. 掌握主营业务收入、主营业务成本、应收账款等重要账户的实质性程序。

第一节 销售与收款循环的特点

销售与收款循环是由商品或劳务所有权转让过程中的各项业务活动所组成。它始于客户提出订货要求,而后将商品或劳务转化为应收账款,并以收回现金结束。销售与收款循环的审计,通常可以相对独立于其他业务循环而单独进行,但这并不意味着销售与收款循环是孤立的。因此,即使单独执行销售与收款循环审计时,审计人员仍应综合考虑本循环与其他业务循环之间的关联情况。

根据财务报表项目与业务循环的相关程度,销售与收款循环中涉及财务报表项目主要包括应收账款、应收票据、预收账款、坏账准备、营业收入等。

一、销售与收款循环的主要业务活动

企业的每一项销售业务均需经过若干个步骤才能完成。因此,了解销售与收款循环的主要业务活动,对销售与收款循环的审计十分必要。下面以赊销为例,说明销售与收款循环的主要业务活动。

(一)接受客户订单

客户提出订货要求是整个销售与收款循环的起点。接受订单后,销售部门应区分现购和赊购,赊购订单只有在符合企业管理层的授权批准的情况下才能接受。管理层一般已列出了准予赊销的客户名单,因此,订单管理部门的员工在处理赊购订单时,应追查该客户是否已被列入该名单中。企业批准订单后,通常应编制一式多联的销售单,作为信用审批、仓库、运输、财务等部门履行职责的依据。

销售单是证明销售交易"发生"认定的有效凭据之一，也是销售交易轨迹的起点。

（二）批准赊销

对于赊销业务，在发出商品之前，必须经过信用管理部门的批准，即赊销批准。赊销批准是由信用管理部门根据管理层的赊销政策和每个客户已授权信用额度进行审查的。信用管理部门在接到销售单后应区别对待，对于老客户，应将销售单与该客户已被授权批注的赊销信用额度以及至今尚欠的账款余额加以比较，从而确定是否继续赊销；对于新客户，要对其信用进行充分的调查，确立一个信用额度，并报主管人员核批。无论最终是否决定赊销，信用管理部门都应在销售单上签署意见，然后将签署意见的销售单返回销售部门。

设置信用批准控制的目的在于降低坏账风险，确保应收账款余额准确性，这与应收账款净额的"计价和分摊"认定有关。

（三）按销售单发货

通常情况下，仓管部门只有收到经过批准的销售单时才能发货。对于大多数企业来说，在销售单上签署意见，也就批准了发货。之所以设计这项控制，目的在于防止仓管部门未经授权擅自发货。因此，仓管部门收到一联经批准销售单是准予发货的授权依据。

（四）按销售单发运

企业一般会将"按销售单发货"和"按销售单装货"两项职责分离，防止装运部门的员工在未经授权的情况下装运产品。装运之前，装运部门的员工必须独立验证，确保从仓库提取的商品均附有已批准的销售单，且商品的内容与销售单一致。若内容一致，装运部门应编制一式多联的发运凭证。

发运凭证是一种连续编号的出货单，通常由装运部门保管。它是证明销售交易是否"发生"的另一个有效凭据。

（五）向客户开具账单

开具账单包括编制和向客户寄送事先连续编号的销售发票。为了防止出现遗漏、重复、错误计价或其他差错，开具账单时应注意：

（1）在编制每张销售发票之前，应独立检查是否存在装运凭证和相应的经批准的销售单；

（2）依据已授权的商品价目表开具销售发票；

（3）独立检查销售发票计价和计算的正确性；

（4）核对装运凭证和应销售发票的商品总数。

这项控制程序所针对的问题是：

（1）是否将所有装运的货物都开具了账单（即"完整性"认定问题）；

（2）是否只对实际装运的货物才开具账单，有无重复开具账单或虚构交易（即"发生"认定问题）；

(3) 是否按已授权批准的商品价目表所列价格开具账单（即"准确性"认定问题）。

（六）记录销售

记账人员根据开具的销售发票编制记账凭证，登记销售明细账、应收账款明细账或库存现金、银行存款日记账及相关总账。记账人员记录销售环节应重点关注：

(1) 只依据附有有效装运凭证和销售单的销售发票记录；
(2) 控制所有事先已连续编号的销售发票；
(3) 独立检查已处理销售发票上的销售金额与会计记录的一致性；
(4) 记录销售的职责与处理销货交易的其他职责相分离；
(5) 对记录过程中所涉及的有关记录的接触加以限制，防止未经授权批准的记录；
(6) 定期独立检查应收账款的明细账和总账的一致性；
(7) 定期向客户寄送对账单。

记录销售的控制与"发生""完整性""准确性"以及"计价和分摊"认定有关。对于这项职责，审计人员主要关心的是销售发票是否记录正确，且归于恰当的会计期间。

（七）办理和记录收款

这项流程涉及有关货款收回，现金、银行存款的增加以及应收账款减少等活动。在收到货款时，最重要的是保障全部资金如数、及时存入银行，并记录现金、银行存款日记账和应收账款明细账等账户。在这方面，汇款通知单起着很重要的作用。

（八）办理和记录销售退回、折扣与折让

客户如果对商品不满意，销售企业一般都会同意退货或给予一定的销售折让；客户如果提前付款，销售企业有可能给予一定的销售折扣。发生此类事项，经授权批准后，有关部门应各司其职，分别控制实物流和会计记录。在此环节，关键是严格使用贷项通知单。

（九）注销坏账

只要存在赊销情况，不管企业如何控制风险，客户因宣告破产、死亡等原因导致货款收不回来的事情时有发生。对确实无法收回的应收账款，企业应获取确凿证据，获批后及时进行会计调整。

（十）提取坏账准备

坏账准备的提取数必须能抵补企业以后期间无法收回的销货款。年末，企业应根据应收账款的余额、账龄、本期销售收入来分析和确定本期应计提坏账准备的数额，且各会计期间的计提方法与比例应保持一致。

二、销售与收款循环的主要凭证与会计记录

从审计的范围来看，销售与收款循环的审计包括两部分的内容：一是审查销售与收款循环业务活动本身的合理性、合法性；二是审查本循环所涉及的主要凭证和会计记

录。一个内部控制比较健全的企业,销售与收款业务通常会涉及很多的凭证和会计记录,其典型的主要凭证与会计记录有以下十四种。

（一）客户订单

客户订单,是指客户提出的书面购货要求。企业可以通过销售人员或其他的途径,例如采用电话、信函、传真、网络和派发订单等方式接受订货,取得订单。

（二）销售单

销售单,是指列示客户所订商品的名称、规格、数量以及其他与客户订单有关信息的凭证,作为销售方内部处理订单的依据。

（三）发运凭证

发运凭证,是指在发运货物时编制的,用以反映发出商品的规格、数量和其他有关内容的凭据。其中,发运凭证的一联寄送给客户,其余联由企业保管。该凭证可以作为向客户开具账单的依据。

（四）销售发票

销售发票,是指一种用来表明已销售商品的规格、数量、价格、销售金额、运费和保险费、开票日期、付款条件等内容的原始凭证。销售发票的一联寄送给客户,其余联由企业保管。销售发票也是登记销售交易的基本凭证。

（五）商品价目表

商品价目表,是指列示已经授权批准的、各种可供销售的商品价格清单。

（六）贷项通知单

贷项通知单,是指用来表示由于销售退回或经批准的销售折让而引起的应收销货款减少的一种凭证。虽然这种凭证的格式通常与销售发票的格式相同,但它不是用来增加应收账款,而是减少应收账款。

（七）应收账款明细账

应收账款明细账,是指用来记录每个客户各项赊销、还款、销售退回及折让的明细账。各应收账款明细账的余额合计数应与应收账款总账的余额相等。

（八）主营业务收入明细账

主营业务收入明细账,是指一种用来记录销售交易的明细账。它通常用来记载和反映不同类别产品或劳务的销售总额。

（九）折扣与折让明细账

折扣与折让明细账,是指一种用来核算企业销售商品时,为了按销售合同规定及早收回货款而给予客户的销售折扣和因商品品种、质量等原因而给予客户的销售折让情况的明细账。当然,企业也可以不设置折扣与折让明细账,而将该类业务记录于主营业务收入明细账。

(十) 汇款通知书

汇款通知书,是指一种与销售发票一起寄给客户,由客户在付款时再寄回销售单位的凭证。这种凭证注明客户的姓名、销售发票号码、销售单位开户银行账号以及金额等内容。如果客户没有将汇款通知书随同货款一并寄回,一般应由收受邮件的人员在开拆邮件时再代编一份汇款通知书。采用汇款通知书能使现金立即存入银行,可以改善资产保管的控制。

(十一) 库存现金日记账和银行存款日记账

库存现金日记账和银行存款日记账,是指用来记录应收账款的收回或现销收入以及其他各种现金、银行存款收入和支出的日记账。

(十二) 坏账审批表

坏账审批表,是指一种仅在企业内部使用的,用于批准将某些应收款项注销为坏账的凭证。

(十三) 客户对账单

客户对账单,是指一种按月寄送给客户的,用于购销双方核对账目的凭证。月末,客户对账单上应注明应收账款的月初余额、本月各项销售交易的金额、本月已收到的货款、各贷项通知单的数额以及月末余额等内容。

(十四) 记账凭证

转账凭证,是指根据有关业务的原始凭证编制的载明业务内容和会计分录的凭据。记账凭证包括收款凭证、付款凭证和转账凭证。

三、销售与收款循环的业务活动和凭证与记录

结合销售与收款循环的各种交易、涉及账户、主要业务活动和凭证与会计记录进行汇总,形成对照表,便于学习理解与使用(参见表 8-1)。

表 8-1　销售与收款循环的综合对照表

交易类型	业务活动	主要凭证	主要账簿记录
销售	1. 接受客户订单 2. 批准赊销 3. 按销售单发货 4. 按销售单装货 5. 向客户开具账单 6. 记录销售	客户订单、销售、发运凭证、销售发票、商品价目表、收款凭证、转账凭证、客户对账单	1. 应收账款总账和明细账 2. 主营业务收入总账和明细账 3. 主营业务成本总账和明细账
收款	办理和记录收款	汇款通知单、收款凭证	1. 银行存款日记账和总账 2. 库存现金日记账和总账 3. 应收账款总账和明细账

续表

交易类型	业务活动	主要凭证	主要账簿记录
销售退回、销售折让	办理和记录销售退回、折扣与折让	销售发票、入库凭证	1. 应收账款总账和明细账 2. 主营业务收入总账和明细账 3. 主营业务成本总账和明细账
坏账冲销	注销坏账	坏账审批表	1. 应收账款总账和明细账 2. 坏账准备总账和明细账
计提坏账	提取坏账准备	转账凭证	1. 资产减值损失总账和明细账 2. 坏账准备总账和明细账

第二节 销售与收款循环的内部控制测试

一、销售与收款循环的内部控制活动

为了使销售与收款循环中各个环节的工作能够有序进行,防止和发现错误与舞弊,保证有关记录的真实可靠,减少坏账损失,大多数企业都建立了比较健全的销售与收款循环的内部控制,主要包括以下五个方面。

(一) 不相容职责相分离制度

适当的职责分离的目的在于防止各种有意或无意的错误,使销售与收款循环的各项业务之间既相互联系又相互牵制。常见的职责分离有:

(1) 分别设置销售、发货、收款三个业务部门。

(2) 订立销售合同前,指派专门人员就销售价格、信用政策、发货及收款方式等具体事项与客户进行谈判。谈判人员至少有两人以上,并与订立合同的人员相分离。

(3) 编制销售发票通知单的人员与开具销售发票的人员相分离。

(4) 销售人员应当避免接触销货现款。

(5) 票据的取得和贴现必须经由保管票据以外的主管人员的书面批准。

(二) 授权审批制度

关于授权审批,主要集中在以下五个关键点。

(1) 赊销信用审批。在销售发生之前,赊销已由信用部门审批。

(2) 发货审批。非经正当审批,仓管部门不得擅自发货。

(3) 销售政策审批。销售价格、销售条件、运费、折扣等必须经过审批。

(4) 坏账审批。发生坏账,必须经有关人员审批。

(5) 限定审批授权范围。审批人应当根据销售与收款授权批准制度的规定,在授权范围内进行审批,不得超越审批权限。对于超过企业既定销售政策和信用政策规定范围的特殊销售交易,企业应当进行集体决策。

第一项、第二项控制目的在于防止企业向虚构的或者无力支付货款能力的客户发货

而蒙受损失;第三项、第四项控制目的是保证企业销售交易按照预先规定价格政策开票,合理计提坏账,降低发生坏账损失的可能性;第五项控制目的是限定授权审批范围,防止因审批人决策失误而造成严重损失。

(三) 凭证管理制度

建立健全凭证管理制度,可以严格记录发生的销售业务和缩短凭证的传递时间。充分的凭证和记录将整个业务循环紧密联系且相互制约,从而达到控制的目的。

1. 凭证的预先编号

对凭证预先进行编号,旨在防止销售以后遗漏向客户开具账单或登记入账,也可以防止重复开具账单或重复记账。由收款员对每笔销售开具账单后,将发运凭证按顺序归档,而由另一位员工定期检查全部凭证的编号,并调查凭证缺号的原因。

2. 凭证传递制度

销售与收款循环的各环节,应该严格监控凭证传递过程。企业在收到客户订购单后,就立即编制一份预先编号的一式多联的销售单,分别用于批准赊销、审批发货、记录发货数量以及向客户开具账单和销售发票等。企业必须严格按照规定的程序及时传递凭证,使各环节相互牵制,以达到控制的目的。例如,通过定期清点销售单和销售发票,基本可以减少漏开账单的情形。相反,有的企业只在发货以后才开具账单,如果没有其他的控制措施,这种制度下漏开账单的情况就很可能会发生。

(四) 监督检查制度

应收账款要有核对催收制度,需定期寄发对账单。财务部门应与销售部门、信管部门配合,定期向应收账款明细账中涉及的客户派发对账单,核对双方的账面记录,及时调整和分析差异。对账可以每月进行一次,由不负责现金和销售及应收账款记账的人员向客户寄发对账单,要求客户在发现应付账款余额不正确后及时反馈有关信息。此外,企业需指定一位不负责货币资金和主营业务收入及应收账款账目的主管人员负责核对对账单账户余额,及时递交对账情况汇总报告,报管理层审阅。

(五) 内部核查制度

由内部审计人员或其他独立人员核查销售交易的处理和记录,是实现内部控制目标不可缺少的一项控制措施。表 8-2 列示了典型的针对相应控制目标的内部核查程序。此外,内部核查内容主要包括:

(1) 销售与收款业务相关岗位及人员的设置情况;
(2) 销售与收款业务授权批准制度的执行情况;
(3) 销售的管理情况;
(4) 收款的管理情况;
(5) 销售退回的管理情况。

表 8-2　内部核查程序

内部控制目标	内部核查程序举例
1. 登记入账的销售交易是真实的	检查销售交易是否附有佐证凭证,例如发运凭证
2. 销售交易均已恰当审批	了解客户的信用状况,确定是否符合赊销政策
3. 所有的销售交易均已登记入账	检查发运凭证的连续性,并将其与主营业务收入明细账核对
4. 登记入账的销售交易均经正确估价	将销售发票的数量与发运凭证上的记录核对
5. 登记入账的销售交易分类恰当	将登记入账的销售交易的原始凭证与会计科目表核对
6. 销售交易的记录及时	检查开票员所保管的未开票发运凭证,确定是否包括所有应开票的发运凭证在内
7. 销售交易均已正确地记入明细账,并经正确汇总	从发运凭证追查至主营业务收入明细账和总账

二、销售与收款循环控制测试

控制测试,是指用来判定企业内部控制的设计和执行是否有效而实施的一种审计程序。因为销售与收款循环具有业务量大、交易频繁等特点,仅凭一些抽样、发函等实质性程序,不足以发现可能的错误,所以控制测试在此循环中尤为重要。

在实务中,审计人员通过了解企业的内部控制,仅选取那些准备信赖的内部控制执行控制测试,并且只有当信赖内部控制而减少的实质性程序的工作量大于控制测试的工作量时,控制测试才是必要和经济的。销售与收款循环的控制测试主要包括以下六个部分。

（一）抽取一定数量的销售发票进行检查

抽取一定数量的销售发票进行检查,主要检查内容有：

（1）检查销售发票存根联编号是否连续,作废的发票是否加盖"作废"戳记并与存根联一并保存；

（2）检查销售发票上的单价是否按商品价目表执行,核对销售发票与相关的销售通知单、销售订单和出库单所载明的品名、规格、数量、价格是否一致,检查销售通知单上是否有信用部门相关人员的签字；

（3）检查销售发票中所列的数量、单价和金额是否正确,包括核对销售发票中所列商品单价与商品价目表的价格,并验算发票金额的正确性；

（4）检查被审计单位是否及时、正确地登记有关凭证、账簿,例如从销售发票追查至有关的记账凭证、应收账款明细账及主营业务收入明细账。

（二）抽取一定数量的出库单或提货单进行检查

与相关的发票核对,检查已发出的商品是否均已向客户开出发票。

（三）抽取一定数量的销售调整业务的会计凭证进行检查

销售调整业务的会计凭证的检查针对的是：

(1) 确定销售退回、折扣与折让的批准与贷项通知单的签发职责是否分离；

(2) 确定现金折扣是否经过恰当授权，授权人与收款人的职责是否分离；

(3) 检查销售退回、折扣与折让是否附有按顺序编号并经主管人员核准的贷项通知单；

(4) 检查退回的商品是否具有仓库签发的退货验收报告或入库单，并将验收报告的数量、金额与贷项通知单核对；

(5) 确定销售退回、折扣与折让的会计记录是否正确。

(四) 抽取一定数量的记账凭证、应收账款明细账进行检查

应收账款明细账主要检查的是：

(1) 从应收账款明细账中抽取一定的记录并与相应的记账凭证进行核对，比较两者的入账时间、金额是否一致；

(2) 从应收账款明细账中抽取一定数量的坏账注销业务，并与相应的记账凭证、原始凭证进行核对，确定注销的坏账是否合乎相关法规的规定，企业主管人员是否核准等；

(3) 确定被审计单位是否定期与客户对账，在可能的情况下，将被审计单位一定期间的对账单与相应的应收账款的余额进行核对，如有差异，则应进一步追查。

(五) 检查主营业务收入明细账

审计人员从主营业务收入明细账中抽取一定数量的会计记录，并与有关的记账凭证、销售发票相核对，以确定是否存在高估或低估收入的情况。

(六) 实地观察

审计人员实地观察侧重于：

(1) 观察被审计单位是否按月寄发对账单，检查客户回函档案；

(2) 观察员工获得或接触资产、凭证和记录（包括存货、销售单、出库单、销售发票、账簿等）的途径。

在对销售与收款循环内部控制进行测试的基础上，审计人员应当评价该循环内部控制的健全情况、执行情况和控制风险，以确定其可信赖程度及存在的薄弱环节，并确定实质性程序的性质、时间和范围。针对内控的薄弱环节，应作为审计人员下一步实质性程序的重点，以降低检查风险，从而将审计风险控制在可接受的水平。

第三节 销售与收款循环的实质性程序

一、营业收入的审计

在销售与收款循环中，营业收入是企业在销售商品、提供劳务等日常经济活动中所产生的收入，主要包括主营业务收入和其他业务收入。其中，主营业务收入是企业营业

收入的主要来源,是反映企业经营成果的主要项目,也是财务报表审计中十分重要的内容。因此,下面主要阐述主营业务收入的审计。

（一）主营业务收入的审计目标

（1）确定记录的主营业务收入是否真实。

（2）确定记录的主营业务收入是否完整。

（3）确定与主营业务收入有关的金额及其他数据、会计处理是否正确。

（4）确定主营业务收入是否记录于正确的会计期间。

（5）确定主营业务收入的内容是否正确。

（6）确定主营业务收入的披露是否恰当。

（二）主营业务收入的实质性程序

1. 取得或编制主营业务收入明细表

取得或编制主营业务收入明细表,复核加计是否正确,并与总账数和明细账的合计数核对是否相符,结合其他业务收入账户与报表数核对是否相符。其参考格式参见表 8-3。

表 8-3　主营业务收入明细表

被审单位：××××　　　　编制人：×××　　　　编制日期：2017-2-11

所属期间：2016 年度　　　复核人：×××　　　　复核日期：2017-2-13　　单位：万元

月份	合计	产品 1	产品 2	产品 3	产品 4	产品 5	……
1	1 100	120	90	80	……	……	……
2	1 100	200	110	90	……	……	……
3	800	100	120	100	……	……	……
……	……	……	……	……	……	……	……
11	1 300	200	100	130	……	……	……
12	1 000	100	150	110	……	……	……
合计	12 750	1 680	1 370	1 290	……	……	……

2. 审查主营业务收入的确认与计量

按照企业会计准则的要求,企业主营业务收入的确认时间,亦即商品销售的实现时间,取决于商品销售方式和货款结算方式。因此,对主营业务收入确认时间的审计应该结合不同的销售方式和货款结算方式。

（1）采用交款提货方式,其收入确认时点是货款已收到或取得收款权利,同时已将发票账单和提货单交给购货方。审计人员应着重检查被审计单位是否收到货款或取得收款权利,发票账单和提货单是否已交给购货方。特别注意有无扣押结算凭证,防止开假发票或将本期收入转入下期入账,或者虚记收入等现象。

（2）采用预收款项方式销售,其收入确认时点是商品已经发出。审查的重点是有无已收款不入账而转为下年收入,或开具假出库凭证,虚增本年收入的现象。

(3) 采用托收承付结算方式的,其收入确认时点是商品已经发出,并办妥托收手续。审计人员应检查被审计单位是否发货,托收手续是否办妥,发运凭证是否真实,托收承付结算回单是否正确,防止漏列、虚列收入。

(4) 采用委托代销方式销售商品,如果代销单位采用视同买断方式,应于代销商品已经售出并取得代销清单时,按双方协议价确认收入;如果代销单位采用代收手续费方式,应在商品售出,且收到代销清单时确认收入。对此,审计人员应注意查明有无商品未售出,编制虚假代销清单、虚增本期收入的现象。

(5) 采用分期收款方式销售商品,实质上具有融资性质的,应当按照应收合同或协议价款的公允价值确定销售商品收入金额。应收的合同或协议价与实际收入有差额的,应当在合同或协议期间内按照实际利率法进行摊销,计入当期损益。

(6) 长期工程合同收入,如果合同的交易结果能够可靠估计,应当按照完工百分比法确认合同收入。审计人员应重点检查收入的计算,确认方法是否合乎规定,并核对应计收入与实际收入是否一致,注意查明有无随意确认收入、虚增或虚减本期收入的情况。

(7) 对外转让土地使用权和销售商品房的,其收入确认时点是土地使用权和商品房已经移交,并将发票结算账单提交对方。审计人员应检查已办理的移交手续是否合乎规定,发票账单是否交予对方,查明被审计单位有无编造虚假移交手续、开具虚假发票的行为,防止高价出售、低价入账,从中贪污货款。

3. 选择运用实质性分析程序

审计人员应实施实质性分析程序,检查主营业务收入是否有异常变动和重大波动,从而在总体上对主营业务收入的真实性做出初步判断。审计人员通常比较分析的重点在以下五个方面:

(1) 比较本期与上期的主营业务收入,分析商品销售的结构和价格变动是否正常,并分析异常变动的原因;

(2) 比较本期各月各种主营业务收入的波动情况,分析其变动趋势是否正常,并查明异常现象和重大波动的原因;

(3) 计算本期重要产品的毛利率,分析比较本期与上期同类产品毛利率的变化情况,注意收入与成本是否配比,并查清重大波动和异常情况的原因;

(4) 将本期重要产品的毛利率与同行业企业进行对比分析,检查是否存在异常;

(5) 根据增值税发票或普通发票申报表估算全年收入,与实际收入金额核对,检查是否存在虚开发票或已销售但未开发票的情况。

4. 审查相关凭证记录

审计人员审查凭证记录的重点在于:

(1) 审计人员应当获取商品价目表,抽查售价是否符合价格政策,特别是销售给关联方或关系密切的重要客户,有无转移收入的现象;

(2) 抽取一定数量的销售发票,检查开票、记账、发货日期是否相符,品名、数量、单价、金额是否与发运凭证、销售合同或协议、记账凭证等一致;

(3) 抽取一定数量的记账凭证,检查入账日期、品名、数量、单价、金额是否与销售发票、发运凭证、销售合同或协议相一致。

5. 实施销售的截止测试

主营业务收入的截止测试,旨在确定被审计单位主营业务收入的会计记录归属期是否正确,应计入本期或下期的主营业务收入有无拖延至下期或提前至本期的现象。

根据收入确认的基本原则,审计人员在审计中应该注意把握与主营业务收入密切相关的三个日期:一是发票开票日期,即开具增值税专用发票或普通发票的日期;二是记账日期,即被审计单位确认主营业务实现并将该笔经济业务计入主营业务收入账户的日期;三是发货日期,即仓库开具出库单并发出库存商品的日期。因此,主营业务收入截止测试的关键所在就是检查三者是否归属于同一恰当会计期间。围绕上述三个重要日期,在审计实务中,审计人员可以考虑选择三条审计路线实施截止测试,具体内容参见表 8-4。

表 8-4　收入截止测试的三条审计路线

起点	路线	目的	优点	缺点
账簿记录	从报表日前后若干天的账簿记录查至记账凭证,检查发票存根与发货凭证	证实已入账收入是否在同一期间;已开具发票并发货,有无多计收入,防止高估收入	比较直观,易追查至相关凭证记录	缺乏全面性和连贯性,只能检查多记,不能检查漏记
销售发票	从报表日前后若干天的发票存根查至发货凭证与账簿记录	确认已开具发票的货物是否已发货并于同一会计期间确认收入,防止低估收入	较全面、连贯,易发现漏记收入	较费时、费力,尤其难以查找相应的发货记账簿记录,不易发现多记收入
发运凭证	从报表日前后若干天的发货凭证查至发票存根与账簿记录	确认收入是否已计入适当的会计期间,防止低估收入	较全面、连贯,易发现漏记收入	较费时、费力,尤其难以查找相应的发货记账簿记录,不易发现多记收入

在实务中,上述三条审计路线均被广泛应用,它们并不是孤立的,审计人员可以考虑在同一被审计单位财务报表审计中并用三条路线,甚至可以在同一主营业务收入账户审计中并用。实际上,由于被审计单位的具体情况各异,管理层的意图各不相同,多记收入或少记收入的现象均有可能发生。因此,为了提高审计效率,审计人员应当凭借专业经验和所掌握的信息、资料做出正确判断,选择其中一条或两条审计路线实施更有效的收入截止测试。

6. 检查销售退回、折扣与折让

企业在销售交易中,往往会因商品品种、质量不符以及结算方面的原因发生销售退回、折扣与折让。尽管原因与表现形式不同,但其本质上都会抵减收入,直接影响收入的确认与计量。因此,审计人员应该予以重视,具体表现在以下四个方面:

(1)审查销售退回、折扣与折让业务是否真实、合规,将销售退回、折扣与折让的账面金额与贷项通知单的记录进行核对;

(2)检查销售退回、折扣与折让的审批手续是否完备和规范;

(3)检查销售退回、折扣与折让的数额计算是否正确,会计处理是否恰当;

(4)检查销售退回的商品是否已验收入库,并登记入账。

7. 检查特殊的销售行为

审计人员应检查有无特殊的销售行为,例如附有销售退回条件的商品销售、售后回购、以旧换新、商品需要安装和检验的销售和售后回租等,确定恰当的审计程序进行审核。

8. 检查主营业务收入的披露情况

审计人员应审查利润表上的主营业务收入项目,数字是否与审定数字相符,主营业务收入确认所采用的会计政策是否已在财务报表附注中披露。

【例 8-1】 香山公司销售给友谊公司计算机设备一台,增值税发票价款为 3 000 000 元,增值税为 510 000 元。销售合同规定,签订时友谊公司向香山公司支付货款 100 000 元,设备运行一个月后支付余款,交货时间是 2016 年 11 月 5 日。实际执行情况为:香山公司于 2016 年 11 月 5 日发货,设备运行一个月后,没有质量问题。截至 2016 年 12 月 5 日,香山公司共收到货款 2 510 000 元,确认收入 2 510 000 元。

[要求]

请你指出香山公司在销售业务处理中存在的问题,并提出处理意见。

[解析]

根据销售合同的内容和主营业务收入确认的原则,香山公司应于 2016 年 12 月 5 日后确认全部收入,而不应按实收货款确认收入数。审计调整分录为:

借:应收账款	1 000 000
银行存款	2 510 000
贷:主营业务收入	3 000 000
应交税费——应交增值税(销项税额)	510 000

同时结转成本,假定成本为 900 000 元,会计分录为:

借:主营业务成本	900 000
贷:库存商品	900 000

【例 8-2】 光华会计师事务所在对 A 公司的年度财务报表进行审计时发现,A 公司甲类商品的标价为 1 000 元/件。为了扩大本企业商品的市场占有率,A 公司规

定,若顾客购买该类商品100件以上,即可在原价格的基础上享受10%的优惠,B客户购买了1 000件该类商品。后来,由于A公司本期发货规定有误,不得不将发出标价为100 000元的货物按8%的折价返回给B客户,并开具红字增值税专用发票。

A公司以上两项业务的会计处理为:

借:银行存款　　　　　　　　　　　　　　　　107 000
　　财务费用　　　　　　　　　　　　　　　　 10 000
　　贷:主营业务收入　　　　　　　　　　　　100 000
　　　　应交税费——应交增值税(销项税额)　 17 000
借:销售费用　　　　　　　　　　　　　　　　 8 000
　　贷:银行存款　　　　　　　　　　　　　　 8 000

[要求]

(1) 指出A公司财务处理的不当之处,分析其对企业损益的影响;

(2) 提出调账建议。

[解析]

(1) A公司的促销业务属于商业折扣,在提供商业折扣的情况下,A公司应按扣除商业折扣后的金额入账,对折扣额不单独反映。A公司将商业折扣计入财务费用,导致当期"财务费用"增加和"主营业务收入"虚增;对客户的让价应属于销售折让,应在销售当期冲减收入,将其记入"销售费用"账户是错误的。

(2) 针对上述情况,审计人员应建议作如下调整:

借:主营业务收入　　　　　　　　　　　　　　 10 000
　　应交税费——应交增值税(销项税)　　　　 1 700
　　贷:财务费用　　　　　　　　　　　　　　 10 000
　　　　银行存款　　　　　　　　　　　　　　 1 700
借:主营业务收入　　　　　　　　　　　　　　 8 000
　　应交税费——应交增值税(销项税)　　　　 1 360
　　贷:销售费用　　　　　　　　　　　　　　 8 000
　　　　银行存款　　　　　　　　　　　　　　 1 360

二、营业成本的审计

营业成本,是指企业所销售商品或者提供劳务的成本。营业成本分为主营业务成本和其他业务成本,它们是与主营业务收入和其他业务收入相对应的一组概念。营业成本应当与所销售商品或者所提供劳务而取得的收入进行配比。主营业务成本和其他业务成本的审计方法基本相同,因此本章主要阐述主营业务成本的审计。

(一)主营业务成本的审计目标

(1)确定利润表中记录的主营业务成本是否已发生,且与被审计单位有关。

(2)确定所有应当记录的主营业务成本是否均已记录。

(3)确定与主营业务成本有关的金额及其他数据是否已恰当记录。

(4)确定主营业务成本是否已记录于正确的会计期间。

(5)确定主营业务成本是否已记录于恰当的账户。

(6)确定主营业务成本是否已按照企业会计准则的规定在财务报表中做出恰当的列报。

(二)主营业务成本的实质性审计程序

(1)获取或编制主营业务成本汇总明细表,复核加计是否正确,并与报表数、总账数和明细账合计数核对相符。

(2)复核主营业务成本汇总明细表的正确性,与库存商品等科目勾稽,并编制生产成本与主营业务成本倒轧表。

(3)检查主营业务成本的内容和计算方法是否符合有关规定,前后期是否一致。

(4)对主营业务成本执行实质性分析程序,检查本期内各月间和前期同一产品的单位成本是否存在异常波动,是否存在调节成本的现象。

(5)抽取若干月份的主营业务成本结转明细清单,结合生产成本的审计,检查销售成本结转数额的正确性,比较计入主营业务成本的商品品种、规格、数量与计入主营业务收入的口径是否一致,是否符合配比原则。

(6)检查主营业务成本中重大调整事项的会计处理是否正确。

(7)在采用计划成本、定额成本、标准成本或售价核算存货的情况下,检查产品成本差异、产品成本差异或商品进销差价的计算、分配和会计处理是否正确。

(8)检查主营业务成本是否已按照企业会计准则的规定在财务报表中做出恰当的列报。

三、应收账款的审计

应收账款是企业在销售业务中产生的债权,即企业因销售商品、产品或者提供劳务等原因,应向购货方或接受劳务单位收取的款项或代垫的运杂费等。应收账款的实质性程序是销售与收款循环审计中的重点内容,一般应结合销货业务来进行。

(一)应收账款的审计目标

(1)确定应收账款是否发生。

(2)确定应收账款是否归被审计单位所有。

(3)确定应收账款增减变动的记录是否完整。

(4)确定应收账款是否可收回,坏账准备的计提是否恰当。

(5)确定应收账款期末余额是否正确。

(6)确定应收账款在会计报表上的披露是否恰当。

(二)应收账款的实质性程序

1. 取得或编制应收账款明细表

审计人员取得或编制应收账款明细表,复核加计是否正确,并与总账数和明细账合计数核对是否相符,结合坏账准备科目与报表数核对是否相符。

2. 实施应收账款的分析程序

审计人员对于应收账款的分析程序主要的侧重点在于:

(1)将本期应收账款余额与本企业前期历史数据及同行业同期的平均水平进行比较;

(2)计算本期应收账款周转率、应收账款与流动资产总额比率、坏账损失与赊销净额比率等,应与同行业的平均水平进行比较,检查是否存在重大异常。

3. 应收账款的账龄分析

应收账款的账龄,是指资产负债表中应收账款从销售实现,产生应收账款之日起,至资产负债表日止所经历的时间。审计人员可以通过获取或者编制应收账款账龄分析表来分析应收账款的账龄,以便了解应收账款收回的可能性。审计人员在编制应收账款账龄分析表时,应体现重要性原则,应选择重要的客户及其余额单独列示,而不重要的余额或余额较小的客户可以汇总列示。但值得注意的是,账龄分析表中应收账款的金额是应收账款的账面余额。账龄分析表的一般格式参见表8-5。

表8-5 应收账款账龄分析表

年 月 日　　　　　　　　　　　　　　　　　　单位:元

客户名称	期末余额	账龄			
		1年以内	1—2年	2—3年	3年以上
合计					

4. 向债务人函证应收账款

函证,是指审计人员为了获取影响财务报表或相关披露认定项目的信息,通过直接来自第三方对有关信息和现存状况的声明,获取和评价审计证据的过程,例如对应收账款余额或银行存款的函证。应收账款函证就是审计人员直接发函给被审计单位的债务人,要求核实被审计单位应收账款的记录是否正确的一种审计方法。函证的目的在于证实应收账款账户余额的真实性、正确性,防止或发现被审计单位及相关人员在销售业务中发生的错误或舞弊行为。因此,审计人员应根据被审计单位的经营环境、内部控制的有效性、应收账款余额的性质以及以往回函情况等因素,以确定应收账款函证的范围和对象、时间和方式。

(1) 函证的范围和对象。

审计人员应当对应收账款进行函证,除非有充分证据表明应收账款对财务报表不重要或函证很可能无效,否则都应函证。具体来说,应收账款函证数量的大小、范围是由诸多因素所决定的,在确定函证规模时通常需要考虑以下因素：

① 应收账款在全部资产中的重要性。如果应收账款所占比重较大,则函证的范围应该相应扩大一些。

② 被审计单位内部控制的强弱。如果内部控制系统健全,则可以相应地减少函证量,反之则应扩大函证的范围。

③ 以前期间的函证结果。若以前期间函证中发现重大差异或欠款纠纷较多,则函证的范围应相应地扩大。

④ 函证方式的选择。若采用积极式函证,则可以相应地减少函证量;若采用消极式函证,则要相应地增加函证量。

但是,审计人员不可能对所有的应收账款均进行函证,一般选择以下项目作为函证对象：

① 大额或账龄较长的项目；

② 与债务人发生纠纷或可能存在争议的项目；

③ 关联方项目；

④ 主要客户项目；

⑤ 交易频繁但期末余额较小甚至余额为零的项目；

⑥ 可能产生重大错报或舞弊的非正常交易的项目。

(2) 函证的时间。

为了充分发挥函证的作用,应恰当选择函证的实施时间。审计人员通常以资产负债表日为截止日,在资产负债表后适当时间内实施函证;如果重大错报风险评估为低水平,审计人员可以选择资产负债表日前适当日期为截止日实施函证,并对所函证项目自该截止日起至资产负债表日止发生的变动实施实质性程序。

(3) 函证的方式。

函证的方式分为积极式函证和消极式函证。审计人员可以采用积极式函证或消极式函证,也可以将两种方式结合使用。

① 积极式函证。

积极式函证,是指要求被询证者在所有的情况下必须直接向审计人员回函,表明是否同意询证函所列信息,或填列询证函要求的信息。积极式函证又分为两种：一种是在询证函中列明拟函证的账户余额或其他信息,要求被询证者确认所函证的款项是否正确(参见范 8-1)。通常认为,对这种询证函的回复能够提供可靠的审计证据。但是,其缺点是被询证者可能对所列示信息根本不加以验证就予以回函确认。

范 8-1　积极式函证（格式一）

企业询证函

编号：

××公司：

本公司聘请的××会计师事务所正在对本公司××××年度财务报表进行审计，按照《中国注册会计师审计准则》的要求，应当询证本公司与贵公司的往来账项等事项。下列信息出自本公司账簿记录，如与贵公司记录相符，请在本函下端"信息证明无误"处签章证明；如有不符，请在"信息不符"处列明不符金额。回函请直接寄至××会计师事务所。

回函地址：
邮编：　　　　电话：　　　　传真：　　　　联系人：

1. 本公司与贵公司的往来账项列示如下：

截止日期	贵公司欠	欠贵公司	备注

2. 其他事项。

本函仅为复核账目之用，并非催款结算。若款项在上述日期之后已经付清，仍请及时函复为盼。

（公司盖章）
年　月　日

结论：
1. 信息证明无误。

（公司盖章）
年　月　日
经办人：

2. 信息不符，请列明不符的详细情况。

（公司盖章）
年　月　日
经办人：

为了避免这种风险，审计人员可以采用另外一种询证函，即在询证函中不列明账户余额或其他的信息。而要求被询证者填写有关信息或提供进一步信息（参见范 8-2）。由于这种询证函要求被询证者做出更多的努力，可能会导致回函率降低，而导致审计人员执行更多的替代程序。

范 8-2　积极式函证（格式二）

```
                    企业询证函
                                          编号：

××公司：
    本公司聘请的××会计师事务所正在对本公司××××年度财务报表进行审计，按照《中
国注册会计师审计准则》的要求，应当询证本公司与贵公司的往来账项等事项。请列示截至
××××年××月××日贵公司与本公司往来款项余额。回函请直接寄至××会计师事务所。
    回函地址：
    邮编：        电话：        传真：        联系人：
    1. 本公司与贵公司的往来账项列示如下：
```

截止日期	贵公司欠	欠贵公司	备注

2. 其他事项。
    本函仅为复核账目之用，并非催款结算。若款项在上述日期之后已经付清，仍请及时
函复为盼。

（公司盖章）
年　　月　　日

积极式函证适用于：
a. 相关内部控制是无效的；
b. 预计差错率较高；
c. 个别账户欠款金额较大；
d. 有理由相信欠款有可能会存在争议、差错等问题。

值得注意的是，在采用积极式函证时，只有审计人员收到回函，才能为财务报表认定提供审计证据。审计人员没有收到回函，可能是由于被询证者根本不存在，或是由于被询证者没有收到询证函，也可能是由于询证者没有理会询证函，因此，无法证明所函证信息是否正确。

② 消极式函证。

消极式函证，是指要求被询证者仅在不同意询证函列示信息的情况下才予以回函。在采用消极式函证时，如果收到回函，能够为财务报表认定提供说服力强的审计证据。未收到回函可能是因为被询证者已收到询证函且核对无误，也可能是因为被询证者根本就没有收到询证函。因此，积极式函证通常比消极式函证提供的审计证据更可靠。因而在采用消极式函证时，审计人员通常还需辅之以其他的审计程序。消极式询证函的参考

格式参见范 8-3。

> **范 8-3　消极式函证**
>
> 企业询证函
>
> 编号：
>
> ××公司：
>
> 本公司聘请的××会计师事务所正在对本公司××××年度财务报表进行审计，按照《中国注册会计师审计准则》的要求，应当询证本公司与贵公司的往来账项等事项。下列信息出自本公司账簿记录，如与贵公司记录相符，无须回函；如有不符，请直接通知会计师事务所，并请在空白处列明贵公司认为正确的信息。回函请直接寄至××会计师事务所。
>
> 回函地址：
>
> 邮编：　　　　电话：　　　　传真：　　　　联系人：
>
> 1. 本公司与贵公司的往来账项列示如下：
>
> | 截止日期 | 贵公司欠 | 欠贵公司 | 备注 |
> | --- | --- | --- | --- |
> | | | | |
> | | | | |
>
> 2. 其他事项。
>
> 本函仅为复核账目之用，并非催款结算。若款项在上述日期之后已经付清，仍请及时函复为盼。
>
> （公司盖章）
>
> 年　月　日
>
> 上面信息不正确，差异如下：
>
> （公司盖章）
>
> 年　月　日
>
> 经办人：

当同时存在下列情况时，审计人员可以考虑采用消极式函证：

a. 重大错报风险评估为低水平；
b. 涉及大量余额较小的账户；
c. 预期不存在大量的错误；
d. 没有理由相信被询证者不认真对待函证。

在审计实务中，审计人员也可以将积极式函证和消极式函证两种方式结合使用。当应收账款的余额是由少量的大额应收账款和大量的小额应收账款构成时，审计人员可以对所有的或抽取的大额应收账款样本采用积极式函证，而对抽取的小额应收账款样本采用消极式函证。

(4) 函证控制。

审计人员通常利用被审计单位提供的应收账款明细账户名称及客户地址等资料据以编制询证函,但审计人员应当对确定需要确认或填列的信息、选择适当的被询证者、设计询证函以及发出和跟进(收回)询证函保持控制。审计人员可以通过函证结果汇总表的方式对询证函的收回情况加以控制。函证结果汇总表参见表8-6。

表8-6　应收账款函证结果汇总表

被审计单位名称：　　　　　　　　　　制表：　　　　　　　　日期：
结账日：　年　月　日　　　　　　　　复核：　　　　　　　　日期：

询证函编号	债务人名称	债务人地址及联系方式	账面金额	函证方式	函证日期		回函日期	替代程序	确认余额	差异金额及说明	备注
					第一次	第二次					

(5) 对函证结果的总结和评价。

关于函证结果,审计人员应主要关注:

① 审计人员应重新考虑,例如,过去对内部控制的评价是否适当,控制测试的结果是否适当,分析性复核的结果是否适当,相关的风险评价是否适当等。

② 如果函证结果表明没有审计差异,且函证样本的设计和对样本的审计是适当的,则审计人员可以合理地推论,全部应收账款总体是正确的。

③ 如果函证结果表明存在审计差异,则审计人员应当估算应收账款总额中可能出现的累计差错是多少,估算未被选中进行函证的应收账款的累计差错是多少。为了取得对应收账款累计差错更加准确的估计,审计人员也可以进一步扩大函证的范围。

5. 审查已收回的应收账款金额

审计人员可以请被审计单位协助,在应收账款明细表上标出至审计时已收回的应收账款金额,并对已收回金额较大的进行常规检查,例如核对收款凭证、银行对账单、销售发票等,注意凭证发生日期的合理性。

6. 审查未函证应收账款

对于未函证的应收账款,审计人员应抽查有关原始凭证,例如销售合同、销售订单、销售发票及发运凭证等,以验证这些应收账款的真实性。

7. 审查坏账的确认与处理

审计人员对被审计单位在被审计期间内已作为坏账转销的应收账款,尤其是金额比较大的,应予以审查。按照我国的有关规定,确认坏账损失应符合的条件是:因债务人死亡或破产,以其遗产或破产财产清偿后,仍不能收回的;因债务人逾期未履行偿债义务超过3年,仍不能收回的应收账款。因此,审计人员首先确认有无符合上述条件的应收账款。其次,审计人员应检查被审计单位所作的坏账处理有无授权审批,会计处理是否正确。

8. 抽查有无不属于结算业务的债权

不属于结算业务的债权,不应在应收账款中进行核算。因此,审计人员应抽查应收账款明细账,并追查有关原始凭证,查证被审计单位有无不属于结算业务的债权。如有,审计人员应作记录或建议被审计单位作适当调整。

9. 检查应收账款在资产负债表上是否已恰当披露

应收账款明细账的余额一般在借方。在分析应收账款明细账余额时,如若审计人员发现应收账款存在贷方明细余额的情形,应查明原因,必要时建议被审计单位作重分类调整。审计人员应注意"应收账款"项目是否按照"应收账款"和"预收账款"账户所属明细账户的期末借方余额合计数,减去"坏账准备"账户中有关应收账款计提的坏账准备期末余额后的金额填列。

【例8-3】 审计人员2016年2月14日对某股份有限公司2015年度财务报表进行审计时,取得应收账款的资料参见表8-7:

表8-7 应收账款明细表

年 月 日　　　　　　　　　　　　　　　　　　　　　　　　　单位:元

债务单位	账面余额	
	年初数	年末数
A公司	65 000	32 000
B公司	35 000	20 000
C公司	27 400	18 000
D公司	90 900	35 000
E公司	21 000	45 000
合计	239 300	150 000

审计人员于2016年2月对该公司应收账款全部进行了函证,截至2月25日,除了C公司以外,审计人员收到了全部回函,除了下列存在异议以外,其他均与应收账款明细账相符。

(1) A公司回函,表示仅欠12 000元,其余已于2015年12月31日支付,经审计人员追查,该笔款项确实已于当天收到。

(2) E公司回函,称2015年12月所欠18 000元货款,因商品质量问题只能支付80%,财务经理已批准。

[要求]

(1) 做出审计调整分录;

(2) 做出建议被审计单位的会计调整分录;

(3) 分析C公司欠款可能存在的问题,提出处理意见。

[解析]

(1) 注册会计师做出的审计调整分录为:

借:银行存款	20 000	
贷:应收账款—A公司		20 000
借:主营业务收入	3 076.92	
应交税费—应交增值税(销项税额)	523.08	
贷:应收账款		3600
借:应交税费—应交所得税	769.23	
贷:所得税费用		769.23

(报表项目也应当随之调整)

(2) 建议被审计单位做出的会计调整分录为:

借:银行存款	20 000	
贷:应收账款—A公司		20 000
借:以前年度损益调整	3 076.92	
应交税费—应交增值税(销项税额)	523.08	
贷:应收账款		3600
借:应交税费—应交所得税	769.23	
贷:以前年度损益调整		769.23
借:利润分配—未分配利润	2 307.69	
贷:以前年度损益调整		2 307.69

(登记账簿,报表项目亦随之调整)

(3) C公司可能存在的问题有:此项货款可能是该公司为虚增业务收入而虚构的;也可能是记账错误;或者该款项已收到但未销账。针对上述情况,审计人员应先抽查有关的原始凭证,例如销售合同、销售订单、销售发票及发运凭证等,以验证该笔应收账款的真实性。如果记账错误,应及时更正;如果虚构了货款,要严肃处理,并及时调整有关账目。

四、其他相关账户的实质性程序

在销售与收款循环中,除了上面重点讲述的营业收入和应收账款的实质性程序以外,还可能涉及的财务报表项目有坏账准备、应收票据和预收账款等。

(一)坏账准备的实质性程序

坏账,是指企业无法收回或收回可能性极小的应收账款,包括应收账款、应收票据、预付款项、其他应收款和长期应收款等。由于发生坏账而导致的损失称为坏账损失。企业通常采用备抵法按期估计坏账损失,形成坏账准备。由于坏账准备与应收账款联系密切,我们对坏账准备的审计安排在应收账款审计之后进行阐述。

1. 坏账准备的审计目标

坏账准备的审计目标一般包括:
(1)确定计提坏账准备的方法和比例是否恰当,坏账准备的计提是否充分;
(2)确定坏账准备增减变动的记录是否完整;
(3)确定坏账准备期末余额是否正确;
(4)确定坏账准备的披露是否恰当。

2. 坏账准备的实质性程序

根据企业会计准则的规定,企业应当在期末对应收款项进行检查,并合理预计可能产生的坏账损失。应收款项包括应收票据、应收账款、预付款项、其他应收款和长期应收款等,下面以应收账款相关的坏账准备为例,阐述常用的坏账准备审计实质性程序。

(1)核对坏账准备报表数与总账、明细账余额是否相符。审计人员应首先核对财务报表上坏账准备项目数与明细账、总账的余额是否相符;如果不符,应追查原因,并做好审计记录并提出必要的审计调整建议。

(2)审查已计提坏账准备金额。据我国企业会计准则的规定,计提坏账准备的方法主要有余额百分比法、账龄分析法等。审计人员应该审查被审计单位计提的比例与方法是否符合企业会计准则的规定、金额是否恰当、会计处理是否正确、前后期处理是否一致。

(3)审查坏账损失。对被审计期间内发生的坏账损失,审计人员应检查其原因是否清楚,是否符合相关规定,有无授权审批,有无已作坏账处理后又重新收回的应收款项,相应的会计处理是否正确。

(4)审查长期挂账应收款项。审计人员应审查应收账款明细账及相关原始凭证,查找有无报表日后仍未收回的长期挂账应收账款,如有,应提请被审计单位做适当处理。

(5)检查函证结果。审计人员发现的债务人回函中存在例外事项及存在争议的余额,应查明原因并做好相应的记录,必要时,应建议被审计单位做相关调整。

(6)执行分析性程序。通过比较前期坏账准备的计提数和实际发生数,以及计提坏账准备余额占应收账款余额的比例,并和以前期间的相关比例核对,检查分析其有无重大差异,以评价应收账款计提坏账准备的合理性。

(7) 确定坏账准备是否已在资产负债表上恰当披露。其主要包括：

① 本期全额计提坏账准备或计提坏账准备比例较大的(一般指计提比例超过40%及以上的)，应说明计提的比例以及理由；

② 以前期间已全额计提坏账准备，或计提坏账准备的比例较大的，但在本期又全额或部分收回的，或通过重组等其他方式收回的，应说明其原因，原估计计提比例的理由与合理性；

③ 对某些金额较大的应收账款若不计提或计提比例较低(一般为5%或低于5%)的理由；

④ 本期实际冲销的应收款项及其理由，其中，实际冲销的关联交易产生的应收款项应单独披露。

【例8-4】 A股份有限公司2016年12月31日应收账款总账余额为20 000万元，其所属明细账中借方余额的合计数为21 000万元，贷方余额的合计数为1 000万元；其他应收款总账余额为3 000万元，该公司采用余额百分比法计提坏账准备，计提比例为1%，计提金额为230万元。坏账准备的账户记录详见表8-8。

表8-8 坏账准备明细表

年　月　日　　　　　　　　　　　　　　　　　　单位：万元

日期	凭证字号	摘要	借方	贷方	余额
1/1		结转上年			100
7/31	转字38号	核销坏账	50		50
10/31	转字88号	核销坏账	60		-10
12/31	转字99号	计提本年坏账准备		230	220

[要求]

(1) 指出上述会计记录存在的问题；

(2) 做出审计调整分录；

(3) 做出建议被审计单位的会计调整分录。

[解析]

(1) A股份有限公司坏账准备的计提金额有误。首先，对于应收账款明细账中有贷方余额的不应计提坏账准备，因其相当于预收账款，应该对其重分类。

年末应计提坏账准备的基数=21 000+3 000=24 000(万元)

当年应计提坏账准备=24 000×1%-(-10)=250(万元)

该公司少提坏账准备=250-230=20(万元)

(2) 审计调整分录为：

借：资产减值损失　　　　　　　　　　　　　　　　　　　　　　200 000

　　贷：坏账准备　　　　　　　　　　　　　　　　　　　　　　　　　　200 000

借：应交税费——应交所得税　　　　　　　　　50 000
　　　　贷：所得税费用　　　　　　　　　　　　　　　　50 000
（报表项目也应当随之调整）

（3）会计调整分录为：
　　借：以前年度损益调整　　　　　　　　　　　200 000
　　　　贷：坏账准备　　　　　　　　　　　　　　　　200 000
　　借：应交税费——应交所得税　　　　　　　　　50 000
　　　　贷：以前年度损益调整　　　　　　　　　　　　50 000
　　借：利润分配——未分配利润　　　　　　　　150 000
　　　　贷：以前年度损益调整　　　　　　　　　　　　150 000
（登记账簿，报表项目亦随之调整）

（二）应收票据的实质性程序

应收票据，是指企业在经营活动中因销售商品、提供劳务等收到的商业汇票。由于应收票据是在赊销过程中形成的，因此，对应收票据的审计应结合赊销业务一起进行。

1. 应收票据的审计目标

应收票据的审计目标一般包括：
（1）确定应收票据是否存在；
（2）确定应收票据是否归被审计单位所有；
（3）确定应收票据及其坏账准备增减变动记录及会计处理是否正确；
（4）确定应收票据是否可收回；
（5）确定应收票据的坏账准备计提方法和比例是否恰当、计提是否充分；
（6）确定应收票据及其坏账准备增期末余额是否正确；
（7）确定应收票据的披露是否恰当。

2. 应收票据的实质性程序

应收票据的实质性程序主要包括：
（1）获取或编制应收票据明细表，复合加计是否正确，并核对其期末余额合计数与报表数、总账数和明细账合计数是否相符。
（2）监盘库存票据。监盘库存票据，并与"应收票据备查簿"的有关内容核对；检查库存票据，注意票据的种类、号数、签收的日期、到期日、票面金额、合同交易号、付款人、承兑人和背书人姓名或单位名称，以及利率、贴现率、收款日期和收回金额等是否与"应收票据备查簿"的记录相符；是否存在已作质押的票据和银行退回的票据。
（3）函证应收票据。必要时，抽取部分票据向出票人函证，证实其存在性和可收回性,编制函证结果汇总表。

(4) 审查应收票据的利息收入。验明应收票据的利息收入是否均已正确入账。

(5) 审查已贴现的应收票据。对于已贴现的应收票据,审计人员应审查其贴现额与利息额的计算是否正确,会计处理方法是否适当。复核、统计已贴现以及已转让但未到期的应收票据的金额。

(6) 确定应收票据在会计报表上的披露是否恰当。审计人员应检查被审计单位资产负债表中"应收票据"项目的数额是否与审定数相符,是否剔除了已贴现票据,是否将贴现的商业承兑汇票在报表下端补充资料内的"已贴现的商业承兑汇票"项目中加以反映。

(三) 预收款项的实质性程序

预收款项,是指销货企业在销售货物或提供劳务之前,按照合同规定向购货单位预先收取的部分货款。

1. 预收款项的审计目标

预收款项的审计目标一般包括:

(1) 确定预收款项是否存在;

(2) 确定预收款项是否为被审计单位应履行的偿还义务;

(3) 确定预收款项的发生及偿还记录是否完整;

(4) 确定预收款项期末余额是否正确;

(5) 检查预收款项否存在借方余额,必要时建议做重分类调整;

(6) 确定预收款项的披露是否恰当。

2. 预收款项的实质性程序

关于预收款项的实质性程序,一般主要涵盖:

(1) 获取或编制预收账款明细表。复核加计是否正确,并与报表数、总账数和明细账合计数核对是否相符。

(2) 审查已转销的预收账款。请被审计单位协助,在预收账款明细账上标出至审计日止已转销的预收账款。审计人员应检查转销金额比较大的预收账款,核对记账凭证、发运凭证和销售发票等,并注意这些凭证发生日期的合理性。

(3) 检查预收账款长期挂账的原因,必要时提请被审计单位予以调整。

(4) 检查相关原始凭证。抽查与预收账款有关的销货合同、仓库发货记录、货运单据和收款凭证,检查已实现销售的商品是否及时转销预收账款,确定预收账款期末余额是否正确。

(5) 函证预收账款。选择预收账款的重要项目(包括零账户)函证其余额和交易条款,对未回函的再次发函或实施替代检查程序(检查原始凭证,例如合同、发票、验收单等)。

(6) 检查预收账款是否按照企业会计准则的规定恰当列报。

【例8-5】 A注册会计师和B注册会计师在对甲股份有限公司2016年度财务报表进行审计时注意到以下事项：按照该公司的会计政策规定，对预收账款采用账龄分析法计提坏账准备，确定计提坏账准备的比例分别是：账龄1年以内（含1年，以下类推），按其余额的15%计提；账龄1—2年的，按其余额的40%计提；账龄2—3年，按其余额的60%计提；账龄3年以上，按其余额的80%计提。甲股份有限公司2016年12月31日未经审计的预收账款账面余额为23 445 000元，预收账款明细情况参见表8-9。

表8-9 预收账款明细表

单位：元

账龄 客户名称	1年以内	1—2年	2—3年	3年以上
A公司	30 150 000			
B公司		2 100 000		
C公司	600 000		25 000	
D公司	−9 500 000			
E公司				70 000
合计	21 250 000	2 100 000	25 000	70 000

[要求]

根据资料，请回答A注册会计师和B注册会计师是否需要提出审计处理建议？若需要，请直接列示审计调整分录。

[解析]

D公司的预收账款出现借方余额，应重分类到应收账款账目中。

重分类调整分录为：

借：应收账款　　　　　　　　　　　　　　　　9 500 000

　　贷：预收账款　　　　　　　　　　　　　　　　　9 500 000

补提坏账准备金额＝9 500 000×15%＝1 425 000（元）

借：资产减值损失　　　　　　　　　　　　　　1 425 000

　　贷：坏账准备　　　　　　　　　　　　　　　　　1 425 000

■ 审计法规链接

1. 中国注册会计师审计准则第1301号——审计证据
2. 中国注册会计师审计准则第1312号——函证

3. 中国注册会计师审计准则第 1313 号——分析程序
4. 中国注册会计师审计准则第 1314 号——审计抽样

■ 复习思考题

一、重要概念

1. 积极式函证
2. 消极式函证

二、思考分析

1. 为什么要对销售收入进行截止测试？审计人员如何进行操作？
2. 对应收账款进行函证时是否需要对所有的债务人进行函证？在确定函证规模时应考虑哪些因素？

第九章 采购与付款循环的审计

【本章学习目标】
1. 了解采购与付款循环的主要业务活动、主要凭证与会计记录。
2. 了解与采购与循环付款有关的内部控制和控制测试。
3. 掌握应付账款的审计目标和实质性程序。
4. 熟悉固定资产的内部控制和控制测试。
5. 掌握固定资产的审计目标和实质性程序。

第一节 采购与付款循环的特点

采购与付款循环包括购买商品、劳务和固定资产等,以及支付相应的款项,通常需要经过"请购—核准—订购—验收—付款"这样的程序。该业务循环的特点表现在其业务活动和主要凭证与会计记录等方面。

一、采购与付款循环的主要业务活动

(一)请购商品或劳务

企业的商品物资一般在仓库存放,仓库对库存物资的收、发、存有详细的账务记录。因此,仓库管理人员能够及时发现存货的短缺,并根据授权填写请购单及时发出请购要求,其他的部门也可以对所需要购买的未列入存货清单的项目编制请购单。请购单可以由手工或计算机编制。由于企业内若干部门都可以填列请购单,不便事先编号,为了加强控制,每张请购单必须经过对这类支出预算负责的主管人员签字批准。请购单是证明有关采购交易的"发生"认定的凭据之一,也是采购交易轨迹的起点。

(二)编制订购单对外订购

采购部门在收到请购单后,只能对经过批准的请购单发出订购单。对于每张订购单,采购部门应及时确定最佳的供货单位,向对方订购商品物资或劳务。订购单应正确填写所需要的商品品名、数量、价格、厂商名称和地址等,预先予以顺序编号并经过被授

权的采购人员签名。随后,专门人员应独立检查订购单的处理,以确定是否确实收到商品并正确入账。这些控制与采购交易的"完整性"认定有关。

（三）验收商品

验收部门首先应比较所收商品与订购单上的要求是否相符,然后再盘点商品并检查商品有无损坏。验收后,验收部门应对已收货的每张订购单编制一式多联、预先按顺序编号的验收单,作为验收和检验商品的依据。

验收单是支持资产或费用以及与采购有关的负债的"存在或发生"认定的重要凭证。验收部门定期独立检查验收单的顺序以确定每笔采购交易都已编制凭单,这些控制与采购交易的"完整性"认定有关。

（四）储存货物

商品入库必须由储存部门先行点验和检查,然后在验收单的副联上签收。将已验收商品的保管与采购的其他职责相分离,可以减少未经授权的采购和盗用商品的风险。存放商品的仓储区应相对独立,限制无关人员接近。这些控制与商品的"存在"认定有关。

（五）编制付款凭单

货物验收后,应付凭单部门应核对订购单、验收单和购货发票的一致性,确认负债,编制付款凭单并登记未付凭单登记册,以待日后付款。付款凭单是采购方企业内部记录和支付负债的授权证明文件。这些控制与"存在""发生""完整性""权利和义务"和"计价和分摊"等认定有关。

（六）确认与记录负债

企业应正确确认已验收货物和已接受劳务的债务,并要求会计部门准确、及时地记录负债。在手工系统下,应付凭单部门应将已批准的未付款凭单送达会计部门,会计部门应当将付款凭单、验收单、订货单与供应商发票相核对,确认后据以编制有关记账凭证和登记有关账簿。

（七）付款

企业在付款前应当核对付款条件,并检查资金是否充足。在签发支票的同时登记支票登记簿和日记账,以便及时登记每一笔付款。已签发的支票连同有关发票、合同凭证应送交有关负责人审核签字,并将支票送交供应商。企业应确保只有被授权的人员才能接触未经使用的空白支票。这一环节是付款环节的关键所在。

（八）记录现金、银行存款支出

在手工系统下,会计部门应根据已签发的支票编制付款记账凭证,并据以登记银行存款日记账及其他相关账簿。

二、采购与付款循环的主要凭证与会计记录

采购与付款交易通常要经过"请购—核准—订货—验收—付款"这样的程序,同销货与收款业务一样,在内部控制比较健全的企业,处理采购与付款交易通常需要使用许多的凭证与会计记录,主要凭证有以下十种。

(一)请购单

请购单,是指由请购人员填写并送交采购部门,申请购买商品、劳务或其他资产的书面凭证。经批准的请购单应有审批人员的授权签章。

(二)订购单

订购单,是指由采购部门填写,向另一个企业购买订购单上所指定的商品、劳务或其他资产的书面凭证。

(三)验收单

验收单,是指收到商品、资产时所编制的书面凭证,列示从供应商处收到的商品、资产的种类和数量等内容。

(四)供应商发票

供应商发票,是指供应商开具的,交给买方以载明发运的货物或提供的劳务、应付款金额和付款条件等事项的书面凭证。

(五)付款凭单

付款凭单,是指采购方企业的应付凭单部门编制的,载明已收到的商品、资产或接受的劳务、应付款金额和付款日期的书面凭证。付款凭单是采购方企业内部记录和支付负债的授权证明文件。

(六)转账凭证

转账凭证,是指记录转账交易的记账凭证,它是根据有关转账交易(即不涉及库存现金、银行存款收付的各项交易)的原始凭证编制的。

(七)付款凭证

付款凭证包括现金付款凭证和银行存款付款凭证,是指用来记录库存现金和银行存款支出交易的记账凭证。

(八)应付账款明细账

应付账款明细账通常按供应商设置,记录对每一位供应商的各项赊购额、账款支付、应付账款余额等内容。

(九)库存现金日记账和银行存款日记账

在采购与付款循环中,应付账款的支付和现购的支出都应当及时计入库存现金日记账和银行存款日记账。

(十)供应商对账单

供应商对账单,是指由供应商按月编制的,标明期初余额、本期购买、本期支付给供应商的款项和期末余额的凭证。供应商对账单是供应商对有关交易的陈述,如果不考虑买卖双方在收发货物上可能存在的时间差等因素,其期末余额通常应与采购方相应的应付账款期末余额一致。

第二节 采购与付款循环的内部控制测试

一、采购与付款循环的内部控制

采购与付款循环关键的内部控制主要包括以下九个方面的内容。

(一) 适当的职责分离控制

采购与付款循环主要涉及采购、验收、保管、付款、记录等多个业务活动,这些业务活动中不相容的职务应当分离,适当的职责分离有助于防止各种有意或无意的错误。

采购与付款交易不相容岗位主要包括:

(1) 请购与审批;

(2) 询价与确定供应商;

(3) 采购合同的订立与审批;

(4) 采购与验收;

(5) 采购、验收与相关会计记录;

(6) 付款审批与付款执行;

(7) 付款记录与出纳等。

(二) 授权审批控制

企业应对采购与付款循环建立严格的授权审批制度,明确审批人对采购与付款业务的授权批准方式、权限、程序、责任和相关控制措施,规定经办人办理采购与付款业务的职责范围和工作要求。审批人应当根据采购与付款业务授权批准制度的规定,在授权范围内进行审批,不得超越审批权限。经办人应当在职责范围内,按照审批人的批准意见办理采购与付款业务。

(三) 请购控制

企业应当建立采购申请制度,依据购置物品或劳务等类型,确定归口管理部门,授予相应的请购权,并确定相关部门或人员的职责权限及相应的请购程序。

一般来说,企业正常生产经营所需的物资经一般授权的人员提出请购,并填写请购单;固定资产、无形资产等资本性支出由经特殊授权的特定人员提出请购,并填写请购单。请购单必须经有关主管人员审批,审批后的请购单送交采购部门。

(四) 订货控制

采购部门收到请购单后,在最终发出订购前,应当明确订购多少、向谁订购、何时订购等问题。对于订购多少的控制方面,采购部门首先审查每一份请购单的请购数量是否在控制限额的范围内,其次是检查使用物品和获得劳务的部门主管是否在请购单上签字同意。对向谁订购的控制方面,采购部门应充分了解和掌握供应商的信誉、供货能力等有关情况,选择和确定性价比最高的供应商,并与供应商签订合同。在何时订货的方面,存货管理部门可以运用经济批量法和分析最低存货点来确定订货时间。

在以上三个方面的决定做出后,采购部门应当及时编制一式多联连续编号的订购单;在向供应商发出订购单以前,必须由专人检查该订购单是否已由授权人签字批准。订购单一式多联,正联送交供应商,副联分被送交请购、验收保管、会计部门及采购部门自身留存。

（五）验收控制

货物验收的职务必须由独立于请购、采购和会计部门的人员来担任,其控制责任是检验收到的货物的数量和质量。独立的验收部门或指定的专人应根据规定的验收制度和经批准的订购单、合同等采购文件,对所购物品或劳务的品种、规格、数量、质量和其他相关内容进行验收,并出具验收证明。对验收过程中发现的异常情况,负责验收的部门或人员应当立即向有关部门报告;有关部门应查明原因,及时处理。

（六）实物控制

采购与付款循环中的实物控制包括两个方面：一方面加强对已验收入库的商品的实物控制,限制非经授权的人员接近存货。实物保管应当由独立于验收、采购和会计部门的人员来担任,同时要加强对退货的实物控制,货物的退回要有经审批的合法手续。另一方面限制非授权人员接近各种记录和文件,防止伪造篡改资料。

（七）记录应付账款的控制

对应付账款的控制主要包括：

（1）应付账款的记录必须由独立于请购、采购、验收、付款部门的人员来进行；

（2）应付账款的入账必须在取得和审核供应商发票等各种必要的凭证以后才能进行；

（3）必须分别设置应付账款的总账和明细账来记录应付账款,并在月末进行总账和明细账余额的核对,每月应将应付账款明细账定期与客户的对账单进行核对,以防止记账过程中的差错。

（八）支付货款的内部控制

（1）企业应当按照《现金管理暂行条例》《支付结算办法》等有关货币资金内部会计控制的规定办理采购付款交易。

（2）企业财会部门在办理付款交易时,应当对采购发票、结算凭证、验收证明等相关凭证的真实性、完整性、合法性及合规性进行严格审核。

（3）企业应当建立预付账款和定金的授权批准制度,加强预付账款和定金的管理。

（4）企业应当加强应付账款和应付票据的管理,由专人按照约定的付款日期、折扣条件等管理应付款项。已到期的应付款项需经有关授权人员审批后方可办理结算与支付。

(5) 企业应当建立退货管理制度,对退货条件、退货手续、货物出库、退货货款回收等做出明确规定,及时收回退货款。

(6) 企业应当定期与供应商核对应付账款、应付票据、预付款项等往来款项。如有不符,应查明原因,及时处理。

(九) 内部监督检查

企业应当建立对采购与付款交易内部控制的监督检查制度。采购与付款交易内部控制监督检查的主要内容通常包括以下四个方面。

(1) 采购与付款交易相关岗位及人员的设置情况。重点检查是否存在采购与付款交易不相容职务混岗的现象。

(2) 采购与付款交易授权批准制度的执行情况。重点检查大宗采购与付款交易的授权批准手续是否健全,是否存在越权审批的行为。

(3) 应付账款和预付账款的管理。重点审查应付账款和预付账款支付的正确性、时效性和合法性。

(4) 有关单据、凭证和文件的使用和保管情况。重点检查凭证的登记、领用、传递、保管、注销手续是否健全,使用和保管制度是否存在漏洞。

二、评估重大错报风险和控制测试

(一) 了解和描述采购与付款循环的内部控制,评估重大错报风险

在实施控制测试和实质性程序之前,注册会计师需要了解被审计单位采购与付款循环内部控制的设计、执行情况,根据了解的结果初步评估认定层次的财务报表重大错报风险。

为了评估重大错报风险,注册会计师应详细了解有关交易或付款的内部控制,这些控制主要是为预防、检查和纠正前面所认定的重大错报的固有风险而设置的。注册会计师可以凭借以往与客户交往的经验,通过审阅以前年度审计工作底稿、观察内部控制执行情况、询问管理层和员工、检查相关的文件和资料等方法加以了解,并采用编制流程图、撰写内部控制说明书、设计问答式调查表等方法进行记录。注册会计师必须对被审计单位的重大错报风险有一定的认识,在此基础上设计并实施进一步审计程序,才能有效应对重大错报风险。

(二) 采购与付款循环的控制测试

针对采购与付款循环的内部控制,注册会计师通常实施以下控制测试程序。

1. 对请购商品或劳务内部控制测试

注册会计师应选择若干张请购单,检查其摘要、数量及日期等项目是否齐全,同相应的订购单、合同等文件是否一致,有无授权批准等。

2. 对订货的内部控制测试

注册会计师应抽取若干张订购单,检查其摘要、数量、价格、规格及日期等项目是否

齐全,是否经过授权批准,审查订购单是否附有请购单、合同等支持性凭证。

3. 对验收内部控制测试

注册会计师应实地观察验收人员的验收工作,以确定其验收工作的合规性;抽取若干张验收单,检查验收单的内容是否完整,是否预先连续编号并经验收人员签字;确定验收单与购货发票是否一致等。

4. 对储存内部控制的测试

注册会计师应通过观察、询问,查看仓库管理人员执行职责情况,实地观察存货的保管情况,以确定存货是否存放在安全的地点并由专门人员保管,且限制未经过批准的人员接触。

5. 对会计记录内部控制的测试

注册会计师应抽取一定数量的购货业务记录,检查其记账凭证是否附有订购单、验收单和供货方发票等,核对这些原始凭证的数量、单价、金额是否一致,各种手续是否齐全;对选取记录购货业务的记账凭证,应根据记录的内容分别追查应付账款明细账和总账、存货明细账和总账、库存现金日记账、银行存款日记账等,并核对各账户记录的金额是否一致。

6. 对付款内部控制的测试

注册会计师应通过查询、观察和检查以及重新执行内部控制等程序对付款业务进行控制测试;审查支票本,审核付款是否经过审批,支票是否和应付凭单一致,付款后是否注销凭单,支票是否经过授权批准的人员签发;审查登记簿的编号次序,并与相应的应付账款明细账和银行存款日记账核对,审核其金额是否一致;观察签发支票和保管支票的职责是否分开,是否符合内部牵制原则。

三、固定资产的内部控制和控制测试

固定资产与一般的商品在内部控制和控制测试问题上有许多有共性的地方,但固定资产具有一些特殊性,有必要对其内部控制单独加以说明。

(一) 固定资产的内部控制

从事制造业的被审计单位,固定资产在其资产总额中占有很大的比重,为了确保固定资产的真实、完整、安全和有效利用,被审计单位应当建立和健全固定资产的内部控制。

1. 固定资产的预算制度

预算制度是固定资产内部控制中最重要的部分。通常,大中型企业应编制年度预算以预测与控制固定资产增减和合理运用资金情况;小规模企业即使没有正规的预算,对固定资产的购建也应事先编制计划。

2. 授权批准制度

完善的授权批准制度包括:(1)企业的资本性预算只有经过董事会等高层管理机构批准方可生效;(2)所有固定资产的取得和处置均需经企业管理层书面认可。

3. 完善的账簿记录制度

除了固定资产总账以外,被审计单位还需设置固定资产明细分类账和固定资产登记卡,按固定资产类别、使用部门和每项固定资产进行明细分类核算。固定资产的增减变化均应有充分的原始凭证。

4. 职责分工制度

对固定资产的取得、记录、保管、使用、维修、处置等,企业均应明确划分责任,由专门部门和专人负责。

5. **资本性支出和收益性支出的区分制度**

企业应制定区分资本性支出和收益性支出的书面标准。通常,企业需明确资本性支出的范围和最低金额,凡不属于资本性支出的范围、金额低于下限的任何支出,均应列作费用并抵减当期收益。

6. 固定资产的处置制度

固定资产的处置包括投资转出、报废、出售等,均要有一定的申请报批程序。

7. 固定资产的定期盘点制度

对固定资产的定期盘点,是验证账面各项固定资产是否真实存在,了解固定资产放置地点和使用状况以及发现是否存在未入账固定资产的必要手段。

8. 固定资产的维护保养制度

固定资产应有严密的维护保养制度,以防止其因各种自然和人为的因素而遭受损失,并应建立日常维护和定期检修制度,以延长其使用寿命。

(二) 固定资产的内部控制测试

(1) 对于固定资产的预算制度,注册会计师应选取固定资产投资预算和投资可行性项目论证报告,检查是否编制预算并进行论证,以及是否经适当层次审批;对实际支出与预算之间的差异以及未列入预算的特殊事项,应检查其是否履行了特别的审批手续。如果固定资产增减均能处于良好的经批准的预算控制之内,注册会计师即可适当减少针对固定资产增加、减少实施的实质性程序的样本量。

(2) 对于固定资产的授权批准制度,注册会计师不仅应检查被审计单位固定资产授权批准制度本身是否完善,而且还应选取固定资产请购单及相关采购合同,检查是否得到适当审批和签署,关注授权批准制度是否得到切实执行。

(3) 对于固定资产的账簿记录制度,注册会计师应当认识到,一套设置完善的固定资产明细分类账和登记卡,将为分析固定资产的取得和处置、复核折旧费用和修理支出的列支带来帮助。

(4) 对于固定资产的职责分工制度,注册会计师应当认识到,明确的职责分工制度,有利于防止舞弊,降低注册会计师的审计风险。

(5) 对于资本性支出和收益性支出的区分制度,注册会计师应当检查该制度是否遵循企业会计准则的要求,是否适应被审计单位的行业特点和经营规模,并抽查实际发生与固定资产相关的支出时是否按照该制度进行恰当的会计处理。

（6）对于固定资产的处置制度，注册会计师应当关注被审计单位是否建立了有关固定资产处置的分级申请报批程序；抽取固定资产盘点明细表，检查账实之间的差异是否经审批后及时处理；抽取固定资产报废单，检查报废是否经适当批准和处理；抽取固定资产内部调拨单，检查调入、调出是否已进行适当处理；抽取固定资产增减变动情况分析报告，检查是否经复核。

（7）对于固定资产的定期盘点制度，注册会计师应了解和评价企业固定资产盘点制度，并应注意查询盘盈、盘亏固定资产的处理情况。

（8）对于固定资产的保险情况，注册会计师应抽取固定资产保险单盘点表，检查是否已办理商业保险。

第三节　采购与付款循环的实质性程序

一、应付账款的实质性程序

应付账款是企业在正常经营过程中，因购买材料、商品和接受劳务供应等经营活动而应付给供应商的款项。注册会计师应结合赊购交易进行应付账款的审计。

（一）应付账款的审计目标

应付账款的审计目标一般包括：

（1）确定资产负债表中记录的应付账款是否存在；

（2）确定所有应当记录的应付账款是否均已记录；

（3）确定资产负债表中记录的应付账款是否为被审计单位应当履行的现时义务；

（4）确定应付账款是否以恰当的金额包括在财务报表中，与之相关的计价调整是否已恰当记录；

（5）确定应付账款是否已按照企业会计准则的规定在财务报表中做出恰当的列报。

（二）应付账款的实质性程序

（1）获取或编制应付账款明细表。复核加计是否正确，并与报表数、总账数和明细账合计数核对是否相符。

（2）实施实质性分析程序。

① 比较期末应付账款余额与期初余额，分析其波动原因。

② 分析长期挂账的应付账款，要求被审计单位做出解释，判断被审计单位是否缺乏偿债能力或利用应付账款隐瞒利润，并关注其是否可能无须支付。对确实无须支付的应付账款的会计处理是否正确，相关依据及审批手续是否完备。

③ 计算应付账款与存货的比率，应付账款与流动负债的比率，并与以前年度相关比率对比分析，评价应付账款整体的合理性。

④ 根据存货和营业成本等项目的增减变动，分析判断应付账款增减变动的合理性。

（3）进行应付账款函证。

一般情况下,应付账款无须函证,因为函证不能保证查出未记录的应付账款,况且注册会计师可以通过检查采购发票等外部凭证来证实应付账款的余额。但如果控制风险较高,且应付账款明细账户金额较大或被审计单位财务困难,则应考虑进行应付账款的函证。

进行应付账款函证时,注册会计师应选择较大金额的债权人,以及那些在资产负债表日金额不大,甚至为零,但为被审计单位重要供应商的债权人作为函证对象。函证最好采用积极式函证,并具体说明应付金额。与应收账款的函证一样,注册会计师必须对函证的过程进行控制,要求债权人直接回函,并根据回函情况编制与分析函证结果汇总表,对未回函的应考虑是否再次函证。

如果存在未回函的重大项目,注册会计师应采用替代审计程序。比如,可以检查决算日后应付账款明细账、库存现金日记账和银行存款日记账,核实其是否已支付,同时检查该笔债务的相关凭证资料,例如合同、发票、验收单,核实交易事项的真实性。

(4) 查找未入账的应付账款。

① 检查债务形成的相关原始凭证,例如供应商发票、验收报告或入库单等,查找有无未及时入账的应付账款,确认应付账款期末余额的完整性。

② 检查资产负债表日后应付账款明细账贷方发生额的相应凭证,关注其购货发票的日期,确认其入账时间是否合理。

③ 获取被审计单位与其供应商之间的对账单,并将对账单和被审计单位财务记录之间的差异进行调节(例如在途款项、在途商品、付款折扣、未记录的负债等),查找有无未入账的应付账款,确定应付账款金额的准确性。

④ 针对资产负债表日后付款项目,检查银行对账单及有关付款凭证(例如银行汇款通知、供应商收据等),询问被审计单位内部或外部的知情人员,查找有无未及时入账的应付账款。

⑤ 结合存货监盘程序,检查被审计单位在资产负债日前后的存货入库资料(验收报告或入库单),检查是否有大额货到单未到的情况,确认相关负债是否计入了正确的会计期间。

如果注册会计师通过这些审计程序发现某些未入账的应付账款,应将有关情况详细记入审计工作底稿,并根据其重要性确定是否需建议被审计单位进行相应的调整。

(5) 针对已偿付的应付账款,追查至银行对账单、银行付款单据和其他原始凭证,检查其是否在资产负债表日前真实偿付。

(6) 针对异常或大额交易及重大调整事项,例如,大额的购货折扣或退回,会计处理异常的交易,未经授权的交易,或缺乏支持性凭证的交易等,检查相关原始凭证和会计记录,以分析交易的真实性、合理性。

(7) 被审计单位与债权人进行债务重组的,检查不同债务重组方式下的会计处理是否正确。

(8) 标明应付关联方(包括持5%及以上表决权股份的股东)的款项,执行关联方及其交易审计程序,并注明合并报表时应予抵销的金额。

(9)检查应付账款是否已按照企业会计准则的规定在财务报表中做出恰当列报。一般来说,"应付账款"项目应根据"应付账款"和"预付账款"科目所属明细科目的期末贷方余额的合计数填列。

二、固定资产的实质性程序

(一)固定资产的审计目标

固定资产的审计目标一般包括:

(1)确定资产负债表中记录的固定资产是否存在;

(2)确定所有应记录的固定资产是否均已记录;

(3)确定记录的固定资产是否由被审计单位拥有或控制;

(4)确定固定资产以恰当的金额包括在财务报表中,与之相关的计价或分摊已恰当记录;

(5)确定固定资产原价、累计折旧和固定资产减值准备是否已按照企业会计准则的规定在财务报表中做出恰当列报。

(二)固定资产账面余额的实质性程序

(1)获取或编制固定资产和累计折旧分类汇总表,检查固定资产的分类是否正确并与总账数和明细账合计数核对是否相符,结合累计折旧、减值准备科目与报表数核对是否相符。

固定资产和累计折旧分类汇总表又称一览表或综合分析表,是审计固定资产和累计折旧的重要审计工作底稿,其格式参见表9-1。

表 9-1 固定资产和累计折旧分类汇总表

年　　月　　日

编制人:　　　　　　　编制日期:

被审计单位:　　　复核人:　　　　　　　复核日期:　　　　　　单位:元

固定资产类别	固定资产				累计折旧					
	期初余额	本期增加	本期减少	期末余额	折旧方法	折旧率	期初余额	本期增加	本期减少	期末余额
合计										

(2)对固定资产实施实质性分析的程序。

① 分类计算本期计提折旧额与固定资产原值的比率,并与上期进行比较。

② 计算固定资产修理及维护费用占固定资产原值的比例,并进行本期各月、本期与以前各期的比较。

(3) 实地检查重要固定资产。

实施实地检查审计程序时，注册会计师可以以固定资产明细分类账为起点，进行实地追查，以证明会计记录中所列固定资产确实存在，并了解其目前的使用状况；也应考虑以实地为起点，追查至固定资产明细分类账，以获取实际存在的固定资产均已入账的证据。

注册会计师实地检查的重点是本期新增加的重要固定资产，有时观察范围也会扩展到以前期间增加的重要固定资产。观察范围的确定需要依据被审计单位内部控制的强弱、固定资产的重要性和注册会计师的经验来判断。若为首次接受审计，则应适当扩大检查范围。

(4) 检查固定资产的所有权或控制权。

对各类固定资产，注册会计师应获取、收集不同的证据以确定其是否确归被审计单位所有；对于外购的机器设备等固定资产，通常经审核采购发票、采购合同等予以确定；对于房地产类固定资产，需查阅有关的合同、产权证明、财产税单、抵押借款的还款凭据、保险单等书面文件；对于融资租入的固定资产，应验证有关融资租赁合同，证实其并非经营租赁；对于汽车等运输设备，应验证有关运营证件等；对于受留置权限制的固定资产，通常还应通过审核被审计单位的有关负债项目等予以证实。

(5) 检查本期固定资产的增加。

审计固定资产的增加，是固定资产实质性程序中的重要内容。固定资产增加有购置、自制自建、投资者投入、更新改造增加、债务人抵债增加、融资租赁增加、非货币性资产交换增加等多种途径，在审计时注册会计师应注意检查原始凭证及固定资产的所有权凭证，确认固定资产增加的真实性，检查不同取得方式下增加的固定资产的计价是否正确，手续是否齐备，会计处理是否正确。

(6) 检查本期固定资产的减少。

固定资产的减少主要包括出售、向其他单位投资转出、向债权人抵债转出、报废、毁损、盘亏等。审计固定资产减少的主要目的就在于查明业已减少的固定资产是否已做适当的会计处理。其审计要点如下：

① 检查减少固定资产的授权批准文件。

② 检查出售、盘亏、转让、报废或毁损等不同原因减少的固定资产会计处理是否正确。

③ 结合"固定资产清理"和"待处理财产损溢—待处理固定资产损溢"科目，抽查固定资产的账面转销数是否正确。

④ 检查是否存在未做会计处理的固定资产减少业务。复核本期是否有新增加的固定资产替换了原有的固定资产；分析营业外收支等账户，查明有无处置固定资产所带来的收支；若某种产品因故停产，追查其专用生产设备等的处理情况；向被审计单位的固定资产管理部门查询本期有无未做会计处理的固定资产减少业务。

(7) 检查固定资产的后续支出，确定固定资产有关的后续支出是否满足资产确认条件;若不满足,该支出是否在该后续支出发生时计入当期损益。

(8) 检查固定资产的租赁。

租赁一般分为经营租赁和融资租赁两种。

在经营租赁中,租入固定资产的所有权仍属于出租单位,企业对以经营性租赁方式租入的固定资产,不在"固定资产"账户内核算,而是另设备查簿进行登记。而租出固定资产的所有权仍归出租企业,对于尚未提足折旧的固定资产,出租企业仍继续提取折旧,同时取得租金收入。在检查经营租赁时,注册会计师应查明:

① 固定资产的租赁是否签订了合同、租约,手续是否完备,合同内容是否符合国家规定,是否经相关管理部门审批;

② 租入的固定资产是否确属企业必需,或出租的固定资产是否确属企业多余、闲置不用的,双方是否认真履行合同,是否存在不正当交易;

③ 租金收取是否签有合同,有无多收、少收现象;

④ 租入固定资产有无久占不用、浪费损坏的现象;

⑤ 租出的固定资产有无长期不收租金、无人过问,是否有变相馈送、转让等情况;

⑥ 租入固定资产是否已登入备查簿;

⑦ 必要时,向出租人函证租赁合同及执行情况;

⑧ 租入固定资产改良支出的核算是否符合规定。

在融资租赁中,租入企业在租赁期间,对融资租入的固定资产应按企业自有固定资产一样管理,并计提折旧、进行维修。如果被审计单位的固定资产中融资租赁占有相当大的比例,注册会计师应当复核租赁协议,确定租赁是否符合融资租赁的条件,结合长期应付款、未确认融资费用等科目检查相关的会计处理是否正确。在审计融资租赁固定资产时,除了可以参照经营租赁固定资产检查要点以外,注册会计师还应补充实施以下审计程序:

① 复核租赁的折现率是否合理;

② 检查租赁相关税费、保险费、维修费等费用的会计处理是否符合企业会计准则的规定;

③ 检查融资租入固定资产的折旧方法是否合理;

④ 检查租赁付款情况;

⑤ 检查租入固定资产的成新度;

⑥ 检查融资租入固定资产发生的固定资产后续支出,其会计处理是否遵循自有固定资产发生的后续支出的处理原则。

(9) 获取暂时闲置固定资产的相关证明文件,并观察其实际状况,检查是否已按规定计提折旧,相关的会计处理是否正确。

(10) 获取已提足折旧仍继续使用固定资产的相关证明文件,并做相应的记录。

(11) 检查有无与关联方的固定资产购销活动,是否经适当授权,交易价格是否公允。对于合并范围内的购售活动,记录应予合并抵销的金额。

(12) 检查固定资产的抵押、担保情况。结合对银行借款等的检查,了解固定资产是否存在重大的抵押、担保情况。若存在,应取证,并做相应的记录,同时提请被审计单位作恰当披露。

(13) 确定固定资产是否已按照企业会计准则的规定在财务报表中做出恰当列报。
财务报表附注通常应说明:
① 固定资产的标准、分类、计价方法和折旧方法;
② 融资租入固定资产的计价方法;
③ 固定资产的预计使用寿命和预计净残值;
④ 对固定资产所有权的限制及其金额;
⑤ 已提足折旧仍继续使用的固定资产账面价值;
⑥ 已报废和准备处置的固定资产账面价值。

固定资产因使用磨损或其他原因而需报废时,企业应及时对其处置,如果其已处于处置状态而尚未转销时,企业应披露这些固定资产的账面价值。

如果被审计单位是上市公司,则通常应在其财务报表附注中按类别分项列示:
① 固定资产期初余额、本期增加额、本期减少额及期末余额;
② 说明固定资产中存在的在建工程转入、出售、置换、抵押或担保等情况;
③ 披露通过融资租赁租入的固定资产每类租入资产的账面原值、累计折旧、账面净值;
④ 披露通过经营租赁租出的固定资产每类租出资产的账面价值。

(三) 累计折旧的实质性程序

固定资产折旧主要取决于企业制定的折旧政策,在一定程度上具有主观性。累计折旧的实质性程序通常包括以下六个方面。

(1) 获取或编制累计折旧分类汇总表,复核加计是否正确,并与总账数和明细账合计数核对是否相符。

(2) 检查被审计单位制定的折旧政策和折旧方法是否符合相关会计准则的规定,确定其所采用的折旧方法能否在固定资产预计使用寿命内合理分摊其成本,前后期是否一致,预计使用寿命和预计净残值是否合理。

(3) 复核本期折旧费用的计提和分配。
① 了解被审计单位的折旧政策是否符合规定,计提折旧的范围是否正确,确定的使用寿命、预计净残值和折旧方法是否合理;若采用加速折旧法,是否取得批准文件。
② 检查被审计单位的折旧政策前后期是否一致。
如果折旧政策或者相关会计估计(例如,使用寿命、预计净残值)有变更,变更理由是否合理;如果没有变更,是否存在需要提请被审计单位关注的对折旧政策或者会计估计产生重大影响的事项(例如,重大技术更新或者设备使用环境的恶化等)。
③ 复核本期折旧费用的计提是否正确。

(4) 将"累计折旧"账户贷方的本期计提折旧额与相应的成本费用中的折旧费用明

细账户的借方相比较,以查明所计提折旧金额是否已全部摊入本期产品成本或费用。若存在差异,应追查原因,并考虑是否应建议作适当调整。

(5) 检查累计折旧的减少是否合理,会计处理是否正确。

(6) 确定累计折旧的披露是否恰当。

如果被审计单位是上市公司,通常应在其财务报表附注中按固定资产类别分项列示累计折旧期初余额、本期计提额、本期减少额及期末余额。

三、在建工程的实质性程序

(一) 在建工程的审计目标

在建工程的审计目标一般包括:

(1) 确定资产负债表中记录的在建工程是否存在;

(2) 确定在建工程增减变动记录是否完整;

(3) 确定记录的在建工程是否由被审计单位拥有或控制;

(4) 确定在建工程的期末余额是否正确;

(5) 确定在建工程是否已按照企业会计准则的规定在财务报表中做出恰当列报。

(二) 在建工程的实质性程序

(1) 获取或编制在建工程明细表,复核加计是否正确,并与报表数、总账和明细账的余额核对相符。

(2) 检查本期在建工程的增加。

其审查内容包括:

① 对于重大建设项目,应取得有关工程项目的立项批文、预算总额和建设批准文件,以及施工承包合同、现场监理施工进度报告等业务资料;

② 对于支付的工程款,应抽查是否按照合同、协议、工程进度或监理进度报告分期支付,付款授权批准手续是否齐备,会计处理是否正确。

(3) 审查在建工程的费用支出是否真实,会计处理是否正确。

(4) 审查本期在建工程的减少。

其审查内容包括:

① 了解在建工程结转固定资产的政策,并结合固定资产的审计,检查在建工程的转销额是否正确,是否存在将已交付使用的固定资产挂列在在建工程而少计折旧的情况;

② 检查已完工程项目的竣工决算报告、验收交接单等凭证以及其他转出数的原始凭证,检查其会计处理是否正确。

(5) 检查在建工程项目期末余额的构成内容,并到工程现场实地检查,确定在建工程项目是否存在,了解工程项目的实际完工程度,查看未安装设备是否实际存在,检查是否存在实际已交付使用,但尚未办理竣工结算手续、未及时进行会计处理的项目。

(6) 检查是否有长期挂账的在建工程;如有,应了解原因,并关注是否会发生损失。

(7) 确定在建工程在资产负债表上的披露是否恰当。

审计法规链接

1. 中国注册会计师审计准则第 1301 号——审计证据
2. 中国注册会计师审计准则第 1312 号——函证
3. 中国注册会计师审计准则第 1313 号——分析程序
4. 中国注册会计师审计准则第 1314 号——审计抽样

复习思考题

一、重要概念

1. 付款凭单
2. 供应商对账单
3. 应付账款函证

二、思考分析

1. 采购与付款循环的主要业务活动有哪些？
2. 固定资产的内部控制要点有哪些？
3. 应付账款的实质性程序有哪些？
4. 如何查找未入账的应付账款？
5. 应收账款函证与应付账款函证相比有何异同？
6. 固定资产的实质性程序有哪些？

第十章 生产与存货循环的审计

【本章学习目标】
1. 了解生产与存货循环的主要凭证、账户及主要业务活动。
2. 了解和生产与存货循环有关的内部控制和控制测试。
3. 掌握存货的审计目标和实质性程序。
4. 掌握存货监盘的含义和目的。
5. 熟悉存货计价测试和存货截止测试的程序。

第一节 生产与存货循环的特点

生产与存货循环是由将原材料转化成产成品的有关生产活动所组成的,该循环涉及的内容主要包括存货的管理及生产成本的计算等。该业务循环的特点表现在其主要业务活动和主要凭证与会计记录等方面。

一、生产与存货循环的主要业务活动

以制造业为例,生产与存货循环所涉及的主要业务活动包括:计划和安排生产;发出原材料;生产产品;核算产品成本;储存产成品;发出产成品等。上述业务活动通常涉及生产计划部门、仓库部门、生产部门、人事部门、销售部门、会计部门等。

(一) 计划和安排生产

生产计划部门的职责是根据客户的订购单或者对销售预测和产品需求的分析来决定生产授权。若决定授权生产,即签发预先顺序编号的生产通知单。生产计划部门通常应将发出的所有生产通知单顺序编号并加以记录控制。此外,通常生产计划部门还需要编制一份材料需求报告,列示所需要的材料和零件及其库存。

(二) 发出原材料

仓库部门的责任是根据从生产部门收到的领料单发出原材料。领料单上必须列示所需的材料的数量和种类,以及领料部门的名称。领料单可以一料一单,也可以多料一

单,通常需一式三联。仓库发料后,将其中一联连同材料交给领料部门,一联留在仓库登记材料明细账,一联交会计部门进行材料收发核算和成本核算。

（三）生产产品

生产部门在收到生产通知单及领取原材料后,便将生产任务分解到每一个生产工人,并将所领取的原材料交给生产工人,据以执行生产任务。生产工人在完成生产任务后,将完成的产品交生产部门查点,然后转交检验员验收并办理入库手续;或是将所完成的产品移交下一个部门,作进一步加工。

（四）核算产品成本

为了正确核算并有效控制产品成本,企业必须建立健全成本会计制度,将生产控制和成本核算有机结合在一起。一方面,生产过程中的各种记录、生产通知单、领料单、计工单、入库单等文件资料都要汇集到会计部门,由会计部门对其进行检查和核对,了解和控制生产过程中存货的实物流转。另一方面,会计部门要设置相应的会计账户,会同有关部门对生产过程中的成本进行核算和控制。成本会计制度可以非常简单,只是在期末记录存货余额;也可以是完善的标准成本制度,持续地记录所有的材料处理、在产品和产成品,并形成对成本差异的分析报告。完善的成本会计制度应该提供原材料转为在产品,在产品转为产成品,以及按成本中心、分批次生产通知单或生产周期所消耗的材料、人工和间接费用的分配与归集的详细资料。

（五）储存产成品

产成品入库必须由仓库部门先行点验和检查,然后签收。签收后,仓库部门将实际入库数量通知会计部门。据此,仓库部门确立了本身应承担的责任,并对验收部门的工作进行验证。除此之外,仓库部门还应根据产成品的品质特征分类存放,并填制标签。

（六）发出产成品

产成品的发出必须由独立的发运部门进行。在装运产成品时发运部门必须持有经有关部门核准的发运通知单,并据此编制出库单。出库单一般为一式四联:一联交仓库部门;一联由发运部门留存;一联送交顾客;一联作为给顾客开发票的依据。

二、生产与存货循环的主要凭证与会计记录

生产与存货循环由将原材料转化为产成品的有关活动组成。该循环涉及领料、生产加工、销售产成品等主要环节。生产与存货循环所涉及的主要凭证与会计记录主要包括以下八个方面。

（一）生产指令

生产指令又称生产任务通知单或生产通知单,是指企业下达制造产品等生产任务的书面文件,用以通知供应部门组织材料发放,生产车间组织产品制造,会计部门组织成本计算。

（二）领发料凭证

领发料凭证，是指企业为控制材料发出所采用的各种凭证，例如材料发出汇总表、领料单、限额领料单、领料登记簿、退料单等。

（三）产量和工时记录

产量和工时记录，是指登记工人或生产班组在出勤时间内完成产品数量、质量和生产这些产品所耗费工时数量的原始记录。产量和工时记录的内容与格式是多种多样的，在不同的生产企业中，甚至在同一个企业的不同生产车间中，由于生产类型不同而采用不同格式的产量和工时记录。常见的产量和工时记录主要有工作通知单、工序进程单、工作班产量报告、产量通知单、产量明细表、废品通知单等。

（四）工薪汇总表及工薪费用分配表

工薪汇总表，是指为了反映企业全部工薪的结算情况，并据以进行工薪总分类核算和汇总整个企业工薪费用而编制的，它是企业进行工薪费用分配的依据。工薪费用分配表反映了各生产车间及其他部门应负担的工资及福利费的金额情况。

（五）材料费用分配表

材料费用分配表，是指用来汇总反映各生产车间各产品所耗费的材料费用的原始记录。

（六）制造费用分配汇总表

制造费用分配汇总表，是指用来汇总反映各生产车间各产品所应负担的制造费用的原始记录。

（七）成本计算单

成本计算单，是指用来归集某一成本计算对象所应承担的生产费用，计算该成本计算对象的总成本和单位成本的记录。

（八）存货明细账

存货明细账，是指用来反映各种存货增减变动情况和期末库存数量及相关成本信息的会计记录。

第二节　生产与存货循环的内部控制测试

一、生产与存货循环的内部控制

生产与存货循环的内部控制主要包括存货的内部控制、成本会计制度的内部控制和人工与薪酬循环的控制三个方面的内容。对于人工与薪酬循环的控制将在第十一章中进行阐述。

（一）存货的内部控制

存货的内部控制主要控制点包括以下两个方面。

1. 职责分离

生产与存货循环所涉及的主要业务主要有生产计划的编制、原材料的采购和验收及保管、产品的生产、产成品的验收和保管、各项存货的盘点、成本费用的归集和分配、会计记录等业务。这些业务的处理应当进行明确的职责分工，便于控制和管理，并相互牵制。

2. 实物管理控制

（1）保管部门对存货的入库、出库应及时登记，记入存货收发存登记簿，库存的存货应标明具体的存放位置，例如存放地点、仓号和仓位；收入的存货应分类编目，同类存货应集中存放和保管。

（2）存货应由专职人员负责，应单独设置封闭的仓库区域，只有经授权批准的人员才能进入，严格限制未经授权人员对存货实物的接触。

（3）保管部门应定期或不定期地对存货进行盘点，将实盘数与账面数相核对，保证账实相符。对于账实差异，应由相关部门进行调查，针对原因采取控制措施。

（二）成本会计制度的内部控制

1. 成本管理控制

成本管理控制是对成本费用支出业务进行计划、控制和考核的内部控制，主要内容如下：

（1）确定成本控制目标和成本计划；

（2）编制成本费用预算；

（3）根据成本费用预算的内容，制定各项消耗定额和指标；

（4）对料工费的控制；

（5）监督生产费用的实际开支，建立严格的审核制度，其中包括限额领料、费用开支的审批等；

（6）定期进行成本费用的考核和评价，分析成本超支的原因，并采取措施降低成本。

2. 成本会计控制

成本会计控制从成本项目的构成上具体包括直接材料成本控制、直接人工成本控制、制造费用成本控制等。

企业通常从以下六个方面进行成本会计控制。

（1）明确成本开支范围、开支标准，规定报销手续；

（2）建立各种支出的审批制度；

（3）设置相应的账户，选择适当的成本计算方法，核算产品成本并对其结果进行复核；

（4）选择适当的方法对各项费用进行归集和分配，并对其结果进行复核；

（5）成本核算应以经过审核的生产通知单、领料单、人工费用分配表、制造费用分配表等原始凭证为依据；

（6）定期进行成本分析，查找成本变动的趋势和原因，及时采取有针对性的措施，有效地控制成本。

二、评估生产与存货循环的重大错报风险

在实施控制测试和实质性程序之前，注册会计师应了解被审计单位生产与存货循环内部控制的设计和执行情况，评估生产与存货循环的重大错报风险，在此基础上设计并实施进一步审计程序，以应对生产与存货循环中的重大错报风险。影响生产与存货循环的重大错报风险主要包括以下七个方面。

（一）交易的数量和复杂性

制造类企业交易的数量庞大，业务复杂，这就增加了错误和舞弊的风险。

（二）成本基础的复杂性

制造类企业的成本基础是复杂的。虽然原材料和直接人工等直接费用的分配比较简单，但间接费用的分配就可能较为复杂，并且，同一行业中的不同企业也可能采用不同的认定和计量基础。

（三）产品的多元化

有的情况下，制造类企业可能要求聘请专家来验证产品的质量、状况或价值。另外，计算库存存货数量的方法也可能是不同的。

（四）某些存货项目的可变现净值难以确定

例如，价格受全球经济供求关系影响的存货，由于其可变现净值难以确定，会影响存货采购价格和销售价格的确定，并将影响注册会计师对与存货计价认定有关的风险进行的评估。

（五）将存货存放在很多地点

大型企业可能将存货存放在很多地点，并且可以在不同的地点之间配送存货，这将增加商品途中毁损或遗失的风险，或者导致存货在两个地点被重复列示，也可能产生转移定价的错误或舞弊。

（六）寄存的存货

有时候存货虽然还存放在企业，但可能已经不归企业所有。反之，企业的存货也可能被寄存在其他的企业。

（七）管理层错报生产成本的偏好

被审计单位为了完成生产经营目标，满足业绩考核要求等目的，可能会在财务报表中错报生产成本，以达到调节当期利润的目的。例如，混淆生产成本与资本化的支出，混淆不同产品之间的生产成本，混淆不同会计期间的生产成本等。

三、生产与存货循环的控制测试

注册会计师应当通过控制测试获取支持将被审计单位的控制风险评价为中或低的证据。如果能够获取这些证据,注册会计师就可以接受较高的检查风险,并在很大程度上可以通过实施实质性分析程序获取进一步的审计证据,减少对生产与存货交易和营业成本、存货等相关项目的细节测试的依赖。

(一)存货的内部控制测试

(1)对于计划和安排生产这项主要业务活动,有些被审计单位的内部控制要求,根据经审批的月度生产计划书,由生产计划经理签发预先按顺序编号的生产通知单。

相应的,注册会计师在实施控制测试时,应抽取生产通知单检查是否与月度生产计划书中的内容一致。

(2)对于发出原材料这项主要业务活动,有些被审计单位的内部控制要求:

① 仓库管理员应把领料单编号、领用数量、规格等信息输入计算机系统,经仓储经理复核并以电子签名方式确认后,系统自动更新材料明细台账。

② 原材料仓库分别于每月、每季和年度终了,对原材料存货进行盘点,会计部门对盘点结果进行检查。由仓库管理员编写原材料盘点明细表,发现差异及时处理,经批准后调整入账。

相应的,注册会计师在实施控制测试时应当:

① 抽取出库单及相关的领料单,检查是否正确输入并经适当层次复核;

② 抽取原材料盘点明细表并检查是否经适当层次复核,有关差异是否得到处理。

(3)对于生产产品和核算产品成本这两项主要业务活动,有些被审计单位的内部控制要求:

① 生产成本记账员应根据原材料出库单,编制原材料领用凭证,与计算机系统自动生成的生产记录日报表核对材料耗用和流转信息;由会计主管审核无误后,生成记账凭证并过账至生产成本及原材料明细账和总分类账。

② 每月末,由生产车间与仓库核对原材料、半成品、产成品的转出和转入记录,如有差异,仓库管理员应编制差异分析报告,经仓储经理和生产经理签字确认后交会计部门进行调整。

③ 每月末,由计算机系统对生产成本中各项组成部分进行归集,按照预设的分摊公式和方法,自动将当月发生的生产成本在完工产品和在产品中按比例分配;同时,将完工产品成本在各不同产品类别中分配,由此生成产品成本计算表和生产成本分配表;由生产成本记账员编制成生产成本结转凭证,经会计主管审核批准后进行账务处理。

相应的,注册会计师在实施控制测试时通常应当:

① 抽取原材料领用凭证,检查是否与生产记录日报表一致,是否经适当审核,如有差异是否及时处理。

② 抽取核对记录,检查差异是否已得到处理。

③ 抽取生产成本结转凭证检查与支持性文件是否一致并经适当复核。

④ 预设的分摊公式和方法是否存在变更，变更是否经适当审批。当然，必要时应当考虑利用计算机专家的工作。

（4）对于储存产成品和发出产成品这两项主要业务，被审计单位的内部控制通常要求：

① 产成品入库时，质量检验员应检查并签发预先按顺序编号的产成品验收单，由生产小组将产成品送交仓库。仓库管理员应检查产成品验收单，并清点产成品数量，填写预先按顺序编号的产成品入库单经质检经理、生产经理和仓储经理签字确认后，由仓库管理员将产成品入库单的信息输入计算机系统，计算机系统自动更新产成品明细台账并与采购订购单编号核对。

② 产成品出库时，由仓库管理员填写预先按顺序编号的出库单，并将产成品出库单信息输入计算机系统，经仓储经理复核并以电子签名方式确认后，计算机系统自动更新产成品明细台账并与发运通知单编号核对。

③ 产成品装运发出前，由运输经理独立检查出库单、销售订购单和发运通知单，确定从仓库提取的商品附有经批准的销售订购单，并且所提取商品的内容与销售订购单一致。

④ 每月末，生产成本记账员根据计算机系统内状态为"已处理"的订购单数量，编制销售成本结转凭证，结转相应的销售成本，经会计主管审核批准后进行账务处理。

⑤ 产成品仓库分别于每月、每季和年度终了，对产成品存货进行盘点，由会计部门对盘点结果进行复盘，仓库管理员应编写产成品存货盘点明细表，发现差异及时处理，经仓储经理、财务经理和生产经理复核后调整入账。

相应的，注册会计师在实施控制测试时应当：

① 抽取产成品验收单、产成品入库单并检查输入信息是否准确；

② 抽取发运通知单、出库单并检查是否一致；

③ 抽取发运单和相关销售订购单，检查内容是否一致；

④ 抽取销售成本结转凭证检查与支持性文件是否一致并适当复核；

⑤ 抽取产成品存货盘点报告并检查是否经适当层次复核，有关差异是否得到处理。

（二）成本会计制度的控制测试

成本会计制度的控制测试包括直接材料成本控制测试、直接人工成本控制测试、制造费用控制测试和生产成本在当期完工产品与在产品之间分配的控制测试四项内容。

1. 直接材料成本控制测试

对采用定额单耗的企业，可以选择某一成本报告期若干种具有代表性的产品成本计算单，获取样本的生产指令或产量统计记录及其直接材料单位消耗定额，根据材料明细账或采购业务测试工作底稿中各该直接材料的单位实际成本，计算直接材料的总消耗量和总成本，与该样本成本计算单中的直接材料成本核对，并注意下列事项：

（1）生产指令是否经过授权批准；

（2）单位消耗定额和材料成本计价方法是否适当，在当年度有无重大变更。

对未采用定额单耗的企业，可以获取材料费用分配汇总表、材料发出汇总表（或领料单）、材料明细账（或采购业务测试工作底稿）中各该直接材料的单位成本，作以下检查：

（1）成本计算单中直接材料成本与材料费用分配汇总表中该产品负担的直接材料费用是否相符，分配标准是否合理；

（2）将抽取的材料发出汇总表或领料单中若干种直接材料的发出总量和各该种材料的实际单位成本之积，与材料费用分配汇总表中各该种材料费用进行比较，并注意领料单的签发是否经过授权批准，材料发出汇总表是否经过适当的人员复核，材料单位成本计价方法是否适当，在当年有无重大变更。

对采用标准成本法的企业，获取样本的生产指令或产量统计记录、直接材料单位标准用量、直接材料标准单价及发出材料汇总表或领料单，检查下列事项：

（1）根据生产量、直接材料单位标准用量和标准单价计算的标准成本与成本计算单中的直接材料成本核对是否相符；

（2）直接材料成本差异的计算与账务处理是否正确，并注意直接材料的标准成本在当年度内有无重大变更。

2．直接人工成本控制测试

对采用计时工资制的企业，获取样本的实际工时统计记录、职员分类表和职员工薪手册（工资率）及人工费用分配汇总表，作以下检查：

（1）成本计算单中直接人工成本与人工费用分配汇总表中该样本的直接人工费用核对是否相符；

（2）样本的实际工时统计记录与人工费用分配汇总表中该样本的实际工时核对是否相符；

（3）抽取生产部门若干天的工时台账与实际工时统计记录核对是否相符；

（4）当没有实际工时统计记录时，则可以根据职员分类表及职员工薪手册中的工资率，计算复核人工费用分配汇总表中该样本的直接人工费用是否合理。

对采用计件工资制的企业，获取样本的产量统计报告、个人（小组）产量记录和经批准的单位工薪标准或计件工资制度，检查下列事项：

（1）根据样本的统计产量和单位工薪标准计算的人工费用与成本计算单中直接人工成本核对是否相符；

（2）抽取若干个直接人工（小组）的产量记录，检查是否被汇总记入产量统计报告。

对采用标准成本法的企业，获取样本的生产指令或产量统计报告、工时统计报告和经批准的单位标准工时、标准工时工资率、直接人工的工薪汇总表等资料，检查下列事项：

（1）根据产量和单位标准工时计算的标准工时总量与标准工时工资率之积同成本计算单中直接人工成本核对是否相符；

（2）直接人工成本差异的计算与账务处理是否正确，并注意直接人工的标准成本在当年内有无重大变更。

3. 制造费用控制测试

获取样本的制造费用分配汇总表、按项目分列的制造费用明细账、与制造费用分配标准有关的统计报告及其相关原始记录,作以下检查:

(1) 制造费用分配汇总表中,样本分担的制造费用与成本计算单中的制造费用核对是否相符;

(2) 制造费用分配汇总表中的合计数与样本所属成本报告期的制造费用明细账总计数核对是否相符;

(3) 制造费用分配汇总表选择的分配标准与相关的统计报告或原始记录核对是否相符,并对费用分配标准的合理性做出评估;

(4) 如果企业采用预计费用分配率分配制造费用,则应针对制造费用分配过多或过少的差额,检查其是否作了适当的账务处理;

(5) 如果企业采用标准成本法,则应检查样本中标准制造费用的确定是否合理,计入成本计算单的数额是否正确,制造费用差异的计算与账务处理是否正确,并注意标准制造费用在当年度内有无重大变更。

4. 生产成本在当期完工产品与在产品之间分配的控制测试

检查成本计算单中在产品数量与生产统计报告或在产品盘存表中的数量是否一致;检查在产品约当产量计算或其他分配标准是否合理;计算复核样本的总成本和单位成本,最终对当年采用的成本会制度做出评价。

第三节 生产与存货循环的实质性程序

存货,是指企业在日常活动中持有以备出售的产成品或商品、处在生产过程中的在产品、在生产过程或提供劳务过程中耗用的材料和物料等。多数企业的存货资产不仅占用的资金大,而且品种繁多,与其他的资产相比,存货具有流动性强、周转快、变化频繁等特点,而且涉及企业生产经营的各个环节。因此,存货项目的审计是现代企业审计的一个重点和难点。

一、存货的审计目标

存货的审计目标一般包括:

(1) 确定资产负债表中记录的存货是否存在;

(2) 确定所有应记录的固定资产是否均已记录;

(3) 确定记录的存货是否由被审计单位拥有或控制;

(4) 确定存货以恰当的金额包括在财务报表中,与之相关的计价或分摊已恰当记录;

(5) 确定存货是否已按照企业会计准则的规定在财务报表中做出恰当列报。

二、存货的实质性程序

(一) 获取或编制存货明细表

注册会计师首先应当获取或编制存货及存货跌价准备明细表,复核加计是否正确,并与总账数和明细账合计数核对是否相符,结合存货减值准备账户与报表数核对是否相符。

(二) 实施分析性程序

在存货审计中,注册会计师常用的分析性程序主要是比较法或比率分析法,主要包括以下内容:

(1) 根据对被审计单位的经营活动、供应商的发展历程、贸易条件、行业惯例和行业现状的了解,确定营业收入、营业成本、毛利以及存货周转和费用支出项目的期望值;

(2) 根据本期存货余额组成、存货采购、生产水平与以前期间和预算的比较,定义营业收入、营业成本和存货可接受的重大差异额;

(3) 比较前后各期及本年度各个月份存货余额及其构成,以评价存货余额及其构成的总体合理性;

(4) 比较前后各期及本年度各个月份生产成本总额以及直接材料成本、直接人工和制造费用,以评价生产成本总额、直接材料成本、直接人工和制造费用的总体合理性;

(5) 比较前后各期及本年度各个月份主营业务成本总额以及单位销售成本,以评价主营业务成本的总体合理性;

(6) 将与关联企业发生的存货交易的频率、规模、价格和货款结算条件,与非关联企业对比,判断是否利用与关联企业的存货交易虚构业务交易、调节利润;

(7) 进行比率分析,并与本企业的历史数据及行业平均水平进行比较,常用的比率指标有毛利率、存货周转次数、存货周转天数、存货与流动资产总额的比率等;

(8) 通过询问管理层和员工,调查实质性分析程序得出的重大差异额是否表明存在重大错报风险,是否需要设计恰当的细节测试程序以识别和应对重大错报风险。

(三) 存货监盘

期末存货的结存数量直接影响资产负债表上的金额,同时也影响利润表中的销售成本的数额,因此对期末存货数量的确定是存货审计的重要内容。

存货监盘,是指注册会计师现场监督被审计单位存货的盘点,并进行适当的抽查。被审计单位管理层定期盘点存货、合理确定存货的数量和状况是被审计单位管理层的责任;实施存货监盘,获取有关期末存货数量和状况的充分、适当的审计证据是注册会计师的责任,也是存货监盘的目标,两种责任不得相互减轻、替代和免除。

存货监盘针对的主要是存货的存在认定、完整性认定以及权利义务认定,注册会计师监盘存货的目的在于获取有关存货数量和状况的审计证据,以确证被审计单位记录的所有存货确实存在,并属于被审计单位的合法财产。存货监盘作为存货审计的一项核心审计程序，通常可以同时实现上述多项审计目标。需要指出的是，注册会计师在测试存货的权利和义务认定和完整性认定时，可能还需要实施其他的审计程序。

存货监盘的具体程序如下：

1. 制订存货监盘计划

有效的存货监盘需要制订周密、细致的计划。为了避免误解并有助于有效地实施存货监盘，注册会计师通常需要与被审计单位就存货监盘等问题达成一致意见。因此，注册会计师首先应当充分了解被审计单位存货的特点、盘存制度和存货内部控制的有效性等情况，在评价被审计单位管理层制定的存货盘点程序的基础上，编制存货监盘计划，对存货监盘做出合理安排。

存货监盘计划应当包括以下四个方面的主要内容。

（1）存货监盘的目标、范围及时间安排。

存货监盘的主要目标包括获取被审计单位资产负债表日有关存货数量和状况的审计证据，以及有关管理层存货盘点程序可靠性的审计证据，检查存货的数量是否真实完整、是否归属于被审计单位，检查存货有无毁损、陈旧、过时、残次和短缺等状况。

存货监盘范围的大小取决于存货的内容、性质以及与存货相关的内部控制的完善程度和重大错报风险的评估结果。存货监盘的时间，应当与被审计单位实施存货盘点的时间相协调。

（2）存货监盘的要点及关注事项。

存货监盘的要点主要包括注册会计师实施存货监盘程序的方法、步骤，各个环节应注意的问题以及所要解决的问题。注册会计师需要重点关注盘点期间的存货的移动、存货的状况、存货的截止确认、存货的各个存放地点及金额等。

（3）参加存货监盘人员的分工。

注册会计师应当根据被审计单位参加存货监盘人员的分工、分组情况，存货监盘工作量的大小和人员素质情况，确定参加存货监盘的人员组成以及各组成人员的职责和具体的分工情况，并加强督导。

（4）检查存货的范围。

注册会计师应当根据对被审计单位存货盘点和对被审计单位内部控制的评价结果确定检查存货的范围。在实施观察程序后，如果认为被审计单位内部控制设计良好且得到有效实施，存货盘点组织良好，可以相应地缩小实施检查程序的范围。

2. 存货监盘之前的问卷调查

在盘点开始前，注册会计师应对被审计单位盘点的组织与准备工作进行调查，以确定其按盘点计划的要求将各项准备工作已做好。注册会计师的调查工作采用调查问卷的形式，主要对象是应当参与盘点的人员及存货的存放、保管部门。根据调查了解到的情况，如果认为被审计单位的盘点准备工作达不到存货监盘计划的要求，注册会计师可以拒绝实施监盘，并要求被审计单位按照要求重新准备、另定盘点时间。

3. 实地观察存货盘点和复盘抽点

（1）实地观察存货盘点。

注册会计师要实地观察被审计单位盘点现场以及监督盘点人员的操作程序和盘点过程。注册会计师观察和监督的内容包括：

① 盘点现场的存货是否有序摆放并停止流动；

② 盘点人员的盘点程序是否符合盘点计划和指令的基本要求；

③ 计量器具是否准确；

④ 盘点标签和盘点记录是否按要求填写；

⑤ 所有应纳入盘点范围的存货是否均已盘点。在监盘过程中如果发现问题，注册会计师应当及时指出，并要求被审计单位纠正。如果认为盘点程序不当或记录有错误，导致盘点结果严重失实，注册会计师应当要求盘点人员重新进行盘点，以保证登记汇总存货数量的正确性。

（2）复盘抽点。

在被审计单位盘点人员盘点过后，注册会计师应根据观察的情况，在盘点标签尚未摘下之前，选择部分存货项目进行复盘抽点，并将抽点结果与盘点表上的记录进行核对。在对存货盘点结果进行测试时，注册会计师可以从存货盘点记录中选取项目追查至存货实物，以及从存货实物中选取项目追查至盘点记录，以获取有关盘点记录准确性和完整性的审计证据。需要说明的是，注册会计师应尽可能避免让被审计单位事先了解将抽盘的存货项目。

注册会计师在实施抽盘程序时发现差异，很可能表明被审计单位的存货盘点在准确性或完整性方面存在错误。一方面，注册会计师应当查明原因，并及时提请被审计单位更正；另一方面，注册会计师应当考虑错误的潜在范围和重大程度，在可能的情况下，扩大检查范围以减少错误的发生。注册会计师还可以要求被审计单位重新盘点。重新盘点的范围可限于某一特殊领域的存货或特定盘点小组。抽点结果应记入存货抽查表。

4. 索取和编制存货盘点汇总表

在被审计单位存货盘点结束前，注册会计师应当：

（1）再次观察盘点现场，以确定所有应纳入盘点范围的存货是否均已盘点；

（2）注册会计师应会同盘点人员一起将全部盘点标签按顺序归总整理，据以编制盘点表。

所有的盘点标签、盘点汇总表均应由参与盘点人员和监盘注册会计师签名，并复制两份，被审计单位和会计师事务所各留一份。

注册会计师还应向被审计单位索取存货盘点前的最后一张验收凭证和发货凭证，以便做存货截止测试时用。

5. 编制审计工作底稿

盘点工作结束后，注册会计师应根据被审计单位的实际盘点情况，将实际盘点程序、盘点中的重大问题及处理情况、抽点情况、盘点结果等予以记录，并与盘点计划、盘点问卷调查表、盘点表等资料一起整理形成审计工作底稿。

6. 特殊情况的处理

（1）如果由于被审计单位存货性质和位置等原因导致无法实施存货的监盘,注册会计师应当考虑能否实施替代审计程序,获取有关期末存货数量的充分、适当的审计证据。注册会计师实施替代审计程序主要包括:① 检查进货交易凭证或生产记录及其相关资料;② 检查资产负债表日后发生的销货凭证;③ 向顾客或供应商函证。

（2）如果由于不可预见的情况无法在预定日期实施存货监盘,注册会计师应当另择日期实施监盘,并对间隔期内发生的交易实施审计程序。

（3）如果被审计单位的存货由第三方保管或控制,并且由第三方保管或控制的存货对财务报表是重要的,注册会计师应当实施下列一项或两项审计程序,以获取有关该存货存在和状况的充分、适当的审计证据:

① 向持有被审计单位存货的第三方函证存货的数量和状况。

② 实施其他适合具体情况的审计程序。例如:a.实施或安排其他的注册会计师实施对第三方的存货监盘;b.获取其他注册会计师或服务机构注册会计师针对用以保证存货得到恰当盘点和保管的内部控制的适当性而出具的报告;c.检查与第三方持有的存货相关的文件记录(如仓储单);d.当存货被作为抵押品时,要求其他的机构或人员进行确认等。

（四）存货计价测试

监盘程序主要是对存货的结存数量予以确认。为了验证财务报表上存货余额的真实性,注册会计师还必须对存货的计价进行审计,即确定存货实物数量和永续盘存记录中的数量是否经过正确地计价和汇总。存货计价测试主要是针对被审计单位所使用的存货单位成本是否正确以及存货单位成本计算方法是否保持前后一贯而进行测试。存货计价审计表的格式参见表10-1。

表10-1 存货计价审计表

日期	品名及规格	购入			发出			余额		
		数量	单价	金额	数量	单价	金额	数量	单价	金额

1. 计价方法说明:
2. 情况说明及审计结论:

1. 样本的选择

计价审计的样本,应从存货数量已经盘点、单价和总金额已经计入存货汇总表的结存存货中选择。注册会计师在选择样本时应着重选择结存余额较大且价格变化比较频繁的项目,同时考虑所选样本的代表性。抽样方法一般采用分层抽样法,抽样规模应足以推断总体的情况。

2. 计价方法的确认

存货的计价方法多种多样,被审计单位应结合企业会计准则的基本要求选择符合自身特点的方法。注册会计师除了应了解掌握被审计单位的存货计价方法以外,还应对这种计价方法的合理性与一贯性予以关注,没有足够理由,计价方法在同一会计年度内不得变动。

3. 计价测试

在进行计价测试时,注册会计师首先应对存货价格的组成内容予以审核,然后按照所了解的计价方法对所选择的存货样本进行计价测试。在测试时,注册会计师应尽量排除被审计单位已有计算程序和结果的影响,进行独立测试。测试结果出来后,注册会计师应与被审计单位账面记录进行对比,编制对比分析表,分析形成差异的原因。如果差异过大,注册会计师应扩大测试范围,并根据审计结果考虑是否应提出审计调整建议。

在存货计价审计中,由于被审计单位对期末存货采用成本与可变现净值孰低的方法计价,所以注册会计师应充分关注其对存货可变现净值的确定及存货跌价准备的计提。

可变现净值,是指企业在日常活动中,存货的估计售价减去至完工时估计将要发生的成本、估计的销售费用以及相关税费后的金额。企业确定存货的可变现净值,应当以取得的确凿证据为基础,并且考虑持有存货的目的以及资产负债表日后事项的影响等因素。

(五) 实施存货截止测试

1. 存货截止测试的含义

存货截止测试,是指检查截止到当年12月31日,所购入的存货或已销售的存货并是否与其对应的会计科目一并计入同一会计期间。存货正确截止的关键在于存货实物纳入盘点范围的时间与存货引起的借贷双方会计科目的入账时间都处于同一会计期间。正确确定存货购入与销售的截止日期是正确、完整地记录企业年末存货的前提。如果被审计单位于当年12月31日购入货物,并已包括在当年12月31日的盘点范围内,而当年12月份账上并无进货和对应的负债记录,这就少计了账面存货和应付账款。这时若将盘盈的存货冲减费用或增加收入,就虚增了本年利润;相反,如果在当年12月31日收到一张购货发票,并记入当年12月份账内,而这张发票所对应的货物实物却于次年1月3日收到,未包括在当年年度的盘点范围内,如果此时根据盘亏结果增加费用或损失,就会虚减本年的存货和利润。

2. 存货截止审计的主要方法

(1) 抽查存货盘点日期前后的购货发票与验收报告或入库单。

如果企业拥有对该存货的所有权,则档案中的每张发票均应附有验收报告与入库单。12月底入账的发票如果附有12月31日或之前的验收报告,则货物肯定已经入库,并包括在本年的实地盘点存货范围内;如果验收报告日期为1月份或之后的日期,则货物不会列入年底实地盘点存货范围内。反之,如果仅有验收报告而并无购货发票,则注册会计师应认真审核每一张验收报告单上面是否加盖暂估入库印章,并以暂估价记入当年存货账内,待次年年初以红字冲销。这种测试主要针对以下情况:有发票,但无验收报告(货未到),属于在途物资,看在途物资是否纳入盘点范围。如果没有纳入盘点范围,可能会导致本期发出存货成本虚增,利润虚减。

(2) 审阅验收部门的业务记录。

凡是接近年底(包括次年年初)购入的货物,注册会计师必须查明其对应的购货发票是否在同期入账,对于未收到购货发票的入库存货,是否将入库单分开存放并暂估入账。这种测试主要针对以下情况:年底有验收,但无发票(属于货到单未到),应暂估入账,在审计时注册会计师应看是否暂估入账,如果没有暂估入账,可能会导致本期发出存货成本会虚减,利润会虚增。

注册会计师对被审计单位资产负债表上的存货进行审计,应以12月31日为界,审计需要获取12月31日前后一段时间内存货收发的凭证,检查库存记录与会计记录截止是否正确,是否存在跨期事项,一般以12月31日为界限,分别向前倒推或向后顺推若干日,按顺序选取较大金额购货业务的发票或验收报告做审计样本。截止审计完成后,对于发现的错误应提请被审计单位做必要的账务调整。

(六) 检查存货是否已按照企业会计准则的规定,在财务报表中做出恰当列报

为了确定存货在资产负债表上的披露的恰当性,注册会计师在对各具体存货账户实施实质性程序后,应确定资产负债表上存货项目的数字是否依据上述各账户的审定后期末借贷方余额相抵后的差额正确填列。注册会计师应特别注意存货跌价准备的计提是否合理、合法。此外,在会计报表附注中,注册会计师还应披露以下具体内容:

(1) 存货的分类以及各类存货的期初和期末账面价值;

(2) 确定发出存货成本所采用的方法;

(3) 存货可变现净值的确定依据,存货跌价准备的计提方法;

(4) 用于担保的存货账面价值。

三、生产与存货循环主要账户的审计

(一) 原材料的审计

(1) 获取或编制原材料明细表,复核加计是否正确,并与总账数、明细账合计数核对是否相符。

(2) 在必要时,实施实质性分析程序:针对已识别需要运用分析程序的有关项目,并基于对被审计单位及其环境的了解,通过进行以下比较:

① 比较当年度及以前年度原材料成本占生产成本百分比的变动,并对异常情况做

出解释；

② 比较原材料的实际用量与预算用量的差异，并分析其合理性；

③ 核对仓库记录的原材料领用量与生产部门记录的原材料领用量是否相符，并对异常情况做出解释；

④ 确定可接受的差异额，并将实际的情况与期望值相比较，识别需要进一步调查的差异；

⑤ 如果其差额超过可接受的差异额，调查并获取充分的解释和恰当的佐证审计证据；

⑥ 评估分析程序的测试结果。

(3) 实施存货监盘程序。选取代表性样本，抽查原材料明细账的数量与盘点记录的原材料数量是否一致，以确定原材料明细账的数量的准确性和完整性：

① 从原材料明细账中选取具有代表性的样本，与盘点报告记录的数量核对；

② 从盘点报告记录中抽取有代表性的样本，与原材料明细账的数量核对。

(4) 原材料计价方法的测试。

① 检查原材料的计价方法前后期是否一致。

② 检查原材料的入账基础和计价方法是否正确，自原材料明细表中选取适量品种进行以下检查：

a. 以实际成本计价时，将其单位成本与购货发票核对；

b. 以计划成本计价时，将其单位成本与材料成本差异明细账及购货发票核对，同时关注被审计单位计划成本制定的合理性；

c. 检查进口原材料的外币折算是否正确，检查相关的关税、增值税及消费税的会计处理是否正确。

③ 检查原材料发出计价的方法是否正确。

a. 了解被审计单位原材料发出的计价方法，前后期是否一致，并抽取主要材料复核其计算是否正确。若原材料以计划成本计价，还应检查材料成本差异的发生和结转的金额是否正确。

b. 编制本期发出材料汇总表，与相关科目勾稽核对，并复核若干月发出材料汇总表的正确性。

④ 结合期末市场采购价，分析主要原材料期末结存单价是否合理。

⑤ 结合原材料的盘点检查，期末有无料到单未到情况，如有，应查明是否已暂估入账，其暂估价是否合理。

(5) 对于通过非货币性资产交换、债务重组、企业合并、投资者投入、接受捐赠等取得的原材料，检查其入账的有关依据是否真实、完备，入账价值和会计处理是否符合相关规定。

(6) 审核有无长期挂账的原材料，如有，应查明原因，必要时作调整。

(7) 原材料入库和出库的截止测试。

① 原材料入库的截止测试。

a. 在原材料明细账的借方发生额中选取资产负债表日前后若干天的凭证,并与入库记录核对,以确定原材料入库被记录在正确的会计期间。

b. 在入库记录(例如入库单、购货发票或运输单据)选取资产负债表日前后若干张一定金额以上的凭据,与原材料明细账的借方发生额进行核对,以确定原材料入库被记录在正确的会计期间。

② 原材料出库的截止测试。

a. 在原材料明细账的贷方发生额中选取资产负债表日前后若干天的凭证,并与出库记录核对,以确定原材料出库被记录在正确的会计期间。

b. 在出库记录中选取资产负债表日前后若干天的凭据,与原材料明细账的贷方发生额进行核对,以确定原材料出库被记录在正确的会计期间。

(8) 结合银行借款等科目,了解是否有用于债务担保的原材料,如有,则应取证并作相应的记录,同时提请被审计单位作恰当披露。

(9) 检查原材料是否已按照企业会计准则的规定在财务报表上做出恰当的列报。

(二) 库存商品的审计

(1) 获取或编制库存商品的明细表,复核加计是否正确,并与总账数、明细账合计数核对是否相符。

(2) 实质性分析程序。

① 针对已识别需要运用分析程序的有关项目,并基于对被审计单位及其环境的了解,通过进行以下比较,并考虑有关数据间关系的影响,以建立有关数据的期望值:

a. 按品种分析库存商品各月单位成本的变动趋势,以评价是否有调节生产成本或销售成本的因素;

b. 比较前后各期的主要库存商品的毛利率(按月、按生产线、按地区等)、库存商品周转率和库存商品账龄等,评价其合理性并对异常波动做出解释、查明异常情况的原因;

c. 比较库存商品库存量与生产量及库存能力的差异,并分析其合理性;

d. 核对仓库记录的库存商品入库量与生产部门记录的库存商品生产量是否一致,并对差异做出解释;

e. 核对发票记录的数量是否与发货量、订货量、主营业务成本记录的销售量是否一致,并对差异做出解释;

f. 比较库存商品销售量与生产量或采购量的差异,并分析其合理性;

g. 比较库存商品销售量和平均单位成本之积与账面库存商品销售成本的差异,并分析其合理性。

② 确定可接受的差异额。

③ 将实际的情况与期望值相比较,识别需要进一步调查的差异。

④ 如果其差额超过可接受的差异额,调查并获取充分的解释和恰当的佐证审计

证据。

⑤ 评估分析程序的测试结果。

(3) 选取代表性样本，抽查库存商品明细账的数量与盘点记录的库存商品数量是否一致，以确定库存商品明细账的数量的准确性和完整性：

① 从库存商品明细账中选取具有代表性的样本，与盘点报告（记录）的数量核对；

② 从盘点报告（记录）中抽取有代表性的样本，与库存商品明细账的数量核对。

(4) 进行截止测试。

① 库存商品入库的截止测试。

a. 在库存商品明细账的借方发生额中选取资产负债表日前后若干张、一定金额以上的凭证，并与入库记录核对，以确定库存商品入库被记录在正确的会计期间。

b. 在入库记录选取资产负债表日前后若干张、一定金额以上的凭证，与库存商品明细账的借方发生额进行核对，以确定库存商品入库被记录在正确的会计期间。

② 库存商品出库的截止测试。

a. 在库存商品明细账的贷方发生额中选取资产负债表日前后若干张、一定金额以上的凭证，并与出库记录（例如出库单、销货发票或运输单据）核对，以确定库存商品出库被记录在正确的会计期间；

b. 在出库记录（例如出库单、销货发票或运输单据）中选取资产负债表日前后若干张、一定金额以上的凭证，与库存商品明细账的贷方发生额进行核对，以确定库存商品出库被记录在正确的会计期间。

(5) 库存商品测试计价方法的测试。

① 检查库存商品的计价方法是否前后期一致。

② 自库存商品明细表中选取适量品种，检查其入账基础和计价方法是否正确。

③ 检查外购库存商品的发出计价是否正确：

a. 了解被审计单位对库存商品发出的计价方法，并抽取主要库存商品，检查其计算是否正确；若库存商品以计划成本计价，还应检查产品成本差异的发生和结转金额是否正确；

b. 编制本期库存商品发出汇总表，与相关科目勾稽核对，并复核各月库存商品发出汇总表的正确性。

④ 结合库存商品的盘点，检查期末有无库存商品已到而相关单据未到的情况，如有，应查明是否暂估入账，其暂估价是否合理。

(6) 对于通过非货币性资产交换、债务重组、企业合并以及接受捐赠取得的库存商品，检查其入账的有关依据是否真实、完备，入账价值和会计处理是否符合相关规定。

(7) 检查投资者投入的库存商品是否按照投资合同或协议约定的价值入账，并同时检查约定的价值是否公允，交接手续是否齐全。

(8) 检查与关联方的商品购销交易是否正常，关注交易价格、交易金额的真实性与合理性，对合并范围内购货记录应予合并抵销的数据是否抵销。

（9）审阅库存商品明细账，看有无长期挂账的库存商品，如有，应查明原因并作适当处理。

（10）结合银行借款等科目，了解是否有用于债务担保的库存商品，如有，则应取证并作相应的记录，同时提请被审计单位作恰当披露。

（11）检查库存商品是否已按照企业会计准则的规定在财务报表上做出恰当的列报。

（三）生产成本的审计

（1）获取或编制生产成本的明细表，复核加计是否正确，并与总账数、明细账合计数核对是否相符。

（2）实质性分析程序。

① 针对已识别需要运用分析程序的有关项目，注册会计师基于对被审计单位及其环境的了解，通过进行以下比较，并考虑有关数据间关系的影响，以建立有关数据的期望值：

a. 对生产成本进行分析性复核，检查各月及前后期同一产品的单位成本是否有异常波动，注意是否存在调节成本现象。

b. 分别比较前后各期及本年度各个月份的生产成本项目，以确定成本项目是否有异常变动以及是否存在调节成本的现象。

c. 比较当年度及以前年度直接材料、直接人工、制造费用占生产成本的比例，并查明异常情况的原因。

d. 核对下列数据，并查明有无异常情况：仓库记录的材料领用量与生产部门记录的材料领用量；工资部门记录的人工成本与生产部门记录的工时和工资标准之积。

② 确定可接受的差异额。

③ 将实际的情况与期望值相比较，识别需要进一步调查的差异。

④ 如果其差额超过可接受的差异额，调查并获取充分的解释和恰当的佐证审计证据。

⑤ 评估分析程序的测试结果。

（3）生产成本计价方法的测试。

① 了解被审计单位的生产工艺流程和成本核算方法，检查成本核算方法与生产工艺流程是否匹配，前后期是否一致并做出记录。

② 抽查成本计算单，检查直接材料、直接人工及制造费用的计算和分配是否正确，并与有关佐证文件（例如领料记录、生产工时记录、材料费用分配汇总表、人工费用分配汇总表等）相核对：

a. 获取并复核生产成本明细汇总表的正确性，将直接材料与材料耗用汇总表、直接人工与职工薪酬分配表、制造费用总额与制造费用明细表及相关账项的明细表核对，并作交叉索引。

b. 检查车间在产品盘存资料，与成本核算资料核对；检查车间月末余料是否办理假退料手续。

c. 获取直接材料、直接人工和制造费用的分配标准和计算方法,评价其是否合理和适当,以确认在产品中所含直接材料、直接人工和制造费用是合理的。

③ 获取完工产品与在产品的生产成本分配标准和计算方法,检查生产成本在完工产品与在产品之间,以及完工产品之间的分配是否正确,分配标准和方法是否适当,与前期比较是否存在重大变化,该变化是否合理。

④ 对采用标准成本或定额成本核算的,检查标准成本或定额成本在本期有无重大变动,分析其是否合理;检查本期材料成本差异的计算、分配和会计处理是否正确,库存商品期末余额是否已按实际成本进行调整。

（4）获取关于现有设备生产能力的资料,检查产量是否与现有生产能力相匹配;若产量超过设计生产能力,应提请被审计单位说明原因,并提供足够的依据及技术资料。

（5）检查废品损失和停工损失的核算是否符合有关规定。

（6）对应计入生产成本的借款费用,结合对长短期借款、应付债券或长期应付款的审计,检查借款费用资本化的计算方法和资本化金额以及会计处理是否正确。

（7）检查生产成本是否已按照企业会计准则的规定在财务报表上做出恰当的列报。

（四）制造费用的审计

（1）获取或编制制造费用的明细表,复核加计是否正确,并与总账数、明细账合计数核对是否相符。

（2）对制造费用进行分析比较。

① 比较当年度和以前年度,以及当年度各月制造费用的增减变动,询问并分析异常波动的原因。

② 分别比较前后各期及本年度各个月份的制造费用项目,以确定成本项目是否有异常变动,以及是否存在调节成本的现象。

（3）将制造费用明细表中的材料发生额与材料耗用汇总表、人工费用发生额与职工薪酬分配表、折旧发生额与折旧分配表、资产摊销发生额与各项资产摊销分配表及相关账项明细表核对一致,并作交叉索引。

（4）选择重要或异常的制造费用项目,检查其原始凭证是否齐全,会计处理是否正确。

（5）分析各项制造费用的性质,结合生产成本科目的审计,抽查成本计算单,检查制造费用的分配是否合理、正确,检查制造费用的分配方法前后期是否一致。

（6）对采用标准成本核算的,应抽查标准制造费用及分配率的确定是否合理,计入成本计算单的数额是否正确,制造费用差异的计算、分配和会计处理是否正确,并检查标准成本在本期有无重大变动,变动是否合理。

（7）检查计入生产成本的制造费用是否已扣除非正常消耗的制造费用（例如非正常的低生产量、闲置设备等产生的费用）。

（8）检查制造费用中有无资本性支出,必要时作调整。

(9) 必要时，对制造费用实施截止测试，检查资产负债表日前后若干张、一定金额以上的制造费用明细账和凭证，确定有无跨期现象。

(10) 检查季节性停工损失的核算是否符合有关规定。

（五）存货跌价准备的审计

(1) 获取或编制存货跌价准备的明细表，复核加计是否正确，并与总账数、明细账合计数核对是否相符。

(2) 检查计提存货跌价准备的依据、方法是否前后一致。

(3) 根据成本与可变现净值孰低的计价方法，评价存货跌价准备所依据的资料、假设及计提方法，考虑是否有确凿证据为基础计算确定存货的可变现净值，检查其合理性。

(4) 抽查计提存货跌价准备的项目，其期后售价是否低于原始成本。

(5) 检查存货跌价准备的计算和会计处理是否正确，本期计提或转销是否与有关损益科目金额核对一致。

(6) 对从合并范围内部购入存货计提的跌价准备，关注其在合并时是否已作抵销。

(7) 检查债务重组、非货币性资产交换和企业合并等涉及存货跌价准备的会计处理是否正确。

(8) 检查存货跌价准备是否已按企业会计准则的规定在财务报表上做出恰当的列报。

▌审计法规链接 ▏

1. 中国注册会计师审计准则第 1301 号——审计证据
2. 中国注册会计师审计准则第 1311 号——对存货等特定项目获取审计证据的具体考虑
3. 中国注册会计师审计准则第 1312 号——函证
4. 中国注册会计师审计准则第 1313 号——分析程序

▌复习思考题 ▏

一、重要概念

1. 存货监盘
2. 存货计价测试
3. 存货截止测试

二、思考分析

1. 存货与存货循环的内部控制测试包括哪些内容？
2. 简述存货的审计目标。
3. 简述存货监盘的含义和具体程序。

第十一章 人工与薪酬循环的审计

【本章学习目标】
1. 了解人工与薪酬循环的主要业务活动。
2. 了解人工与薪酬循环的内部控制。
3. 理解人工与薪酬循环的控制测试。
4. 掌握应付职工薪酬的实质性程序。

第一节 人工与薪酬循环的特点

人工与薪酬循环的特点主要表现在其主要业务活动和凭证记录两个方面。

一、职工薪酬的含义和内容

企业生产经营过程中的耗费,包括物化劳动耗费和活劳动耗费。在生产经营过程中,物化劳动耗费为企业的生产经营提供基本条件,并将其价值转移到生产对象中去。与物化劳动耗费不同,活劳动耗费具有创造价值的特殊意义,活劳动耗费是企业生产经营成本的重要组成部分。对于企业来说,活劳动耗费也就是职工薪酬。

职工薪酬,是指企业为获得职工提供的服务或解除劳动关系而给予的各种形式的报酬或补偿。职工薪酬包括短期薪酬、离职后福利、辞退福利和其他长期职工福利等。其中,短期薪酬具体包括职工工资、奖金、津贴和补贴,职工福利费,医疗保险费、工伤保险费和生育保险费等社会保险费,住房公积金,工会经费和职工教育经费,短期带薪缺勤,短期利润分享计划,非货币性福利以及其他短期薪酬。

人工与薪酬循环,是指企业雇佣职工、记录工时、分配薪酬费用和发放薪酬的过程。接受职工提供劳务与向职工支付报酬都是在短期内发生,所以,人工与薪酬循环涉及的资产负债表项目是应付职工薪酬。

二、人工与薪酬循环的主要业务活动

人工与薪酬循环是不同企业之间具有共同性的领域,涉及的主要业务活动通常包括

批准招聘、记录工作时间或产量、计算薪酬总额和扣除、薪酬支付等。

（一）批准招聘

劳动人事部门的人员根据授权按照正式的程序负责职工的招聘与解雇，编制批准雇佣或解聘的文件，确定支付率和薪酬扣除等政策及其变动，并经高级管理层复核。此项活动中涉及的相关单据记录包括人事记录、扣款核准表和薪酬率核准表。

（1）人事记录包括雇佣日期、薪酬率、业绩评价、雇佣关系终止等方面的记录。

（2）扣款核准表是核准薪酬预扣款的表格，包括预先扣除个人所得税。

（3）薪酬率核准表是根据薪酬合同、管理层的授权、董事会对管理层的授权来核准薪酬率的一种表格。

（二）记录工作时间或产品产量

对职工打卡（工时卡或考勤卡）上下班进行监督以确保职工仅为其本人打卡，由生产管理人员、领班人员复核并签署周度时间卡片，批准正常工作时间和加班工作时间。如果支付薪酬的依据是产量而不是时间，数量也同样应经过审核，并且与产量记录或销售数据相核对。此项活动中涉及的相关单据记录包括工时卡、工时单。

1. 工时卡

工时卡是记录职工每天上下班时间和工时数的书面凭证，是根据时钟或打卡机自动填列的。

2. 工时单

工时单是记录职工在既定时间内完成工作的书面凭证，通常在职工从事不同岗位的工作或没有固定部门时使用。

（三）计算薪酬总额和扣除

会计人员先将每名职工的工作时间或产量记录，与基准数据进行匹配检查，同时由一名适当人员审核薪酬总额和扣除的合理性、正确性，并批准该金额。此项活动中涉及的相关单据记录包括薪酬交易文件、应付职工薪酬明细账或清单、薪酬主文档等。

1. 薪酬交易文件

薪酬交易文件是通过会计系统处理的、一定时期（例如一个月）内所有薪酬交易而由计算机生成的文件。该文件含有输入系统的所有信息和每项交易的信息，例如职工的姓名、日期、支付总额和支付净额、各种预扣金额、账户类别。

2. 应付职工薪酬明细账或清单

应付职工薪酬明细账或清单是由薪酬交易文件生成的报告，主要包括每项交易的员工的姓名、日期、支付总额和支付净额、各种预扣金额、账户类别等信息。

3. 薪酬主文档

薪酬主文档是记录每名职工的每一笔薪酬交易和保留已付职工薪酬总额的一种计算机文件，记录包括在每个薪酬期间的薪酬总额、预扣金额、薪酬金额、支票号、日期等。

（四）薪酬支付

会计人员利用电子货币转账系统或使用现金支付方式、支票，将薪酬支付给职工，并经职工本人签字确认。此项活动中涉及的相关单据记录包括支票存根、个人所得税纳税申报表、现金或银行存款日记账等。

三、人工与薪酬循环的内部控制

（一）人工与薪酬循环主要业务活动、可能错报、关键控制点和相关认定

人工与薪酬循环主要业务活动、可能错报、关键控制点和相关认定参见表11-1。

表11-1 人工与薪酬循环主要业务活动、可能错报、关键控制点和相关认定一览表

主要业务活动	可能的错报	关键控制点	相关认定
批准招聘	职工名单中可能会有虚构的职工或薪酬单可能会有已解雇的职工	职工的招聘与解雇由人事部门负责，并经高级管理层批准	发生
记录工作时间或产量	记录工作时间或产量时出现错误或舞弊	工时卡或工时单经领班核准，加班需授权审批	准确性
计算薪酬总额和扣除	薪酬总额或扣款可能是错误的	1. 薪酬总额和扣款的计算结果经其他人员复核 2. 由职工本人检查薪酬单，并允许对发现的错误提出质疑	发生、完整性、准确性
支付薪酬净额	薪酬可能发给不正确的员工或支付给不正确的银行账号	1. 支付薪酬前，薪酬发放人员需核对职工的姓名或其银行账号 2. 人事、考勤、薪酬发放和记录等职责分离	发生、准确性

（二）人工与薪酬循环的主要控制措施

人工与薪酬循环的主要控制措施主要包括以下六个方面。

1. 职责分离控制

人事业务主要包括人事计划和决策、雇佣职工、编制考勤记录、编制薪酬单、记录和分配薪酬费用等工作，以上的工作应由不同的部门和不同的人员来完成，以实现相互牵制。

2. 人事管理制度控制

劳动人事部门应该建立健全各种人事管理制度，包括：与新进职工签订劳动合同；对薪酬定级及变动进行授权；保管人事记录，防止未经授权接近这些记录；对职工的能力和诚信进行考核等。

3. 考勤记录控制

考勤记录是计算应发薪酬的基础，如果在考勤记录（或产量工时记录）上弄虚作假，则会产生虚造薪酬等舞弊行为。为了对工时进行适当的控制，劳动人事部门应健全原始

记录，严格考勤措施。

4. 薪酬单审核控制

劳动人事部门应当对薪酬单的计算和汇总进行审核，并指定专人审核薪酬单的交叉合计数是否正确，核对每名职工的考勤记录和薪酬率是否正确。如果采用计算机编制薪酬表，则应当打印出薪酬表，将其同人事文件中授权中的薪酬率加以比较。

5. 薪酬发放控制

薪酬单和薪酬汇总表应当经审核签字后才能发放，并且支票必须经过被授权的人员签章批准。

6. 记录和分配薪酬费用控制

会计人员应按已审核无误的薪酬单、薪酬汇总表登记有关"应付职工薪酬"等账户，按照已审核无误的薪酬汇总分配表进行薪酬费用的分配。

四、评估重大错报风险

薪酬费用可能具有较高的舞弊固有风险，但由于企业常常广泛采取预防性的控制活动，因此，薪酬费用重大错报风险会降低。注册会计师在了解被审计单位人工与薪酬循环的基础上，对人工与薪酬循环的交易和余额的重大错报风险进行评估。该业务循环发生错报的主要情形有以下九种：

（1）在薪酬单上虚构职工；

（2）由一名可以更改职工数据主文档的职工在没有授权的情况下更改总薪酬的付费标准；

（3）为职工并未工作的工时支付薪酬；

（4）进行薪酬处理过程中出错；

（5）薪酬扣款可能是不正确的，或未经职工个人授权，导致应付薪酬扣款的返还和支付不正确；

（6）电子货币转账系统的银行账户不正确；

（7）将薪酬支付给错误的职工；

（8）由于薪酬长期未支付造成挪用现象；

（9）支付应付薪酬扣款的金额不正确。

第二节 人工与薪酬循环的内部控制测试

一、以内部控制目标为起点的控制测试

在了解了人工与薪酬循环内部控制设计的健全性和有效性的基础上，注册会计师应当对人工与薪酬循环内部控制制度进行测试，以判断其执行的有效性。

人工与薪酬循环内部控制目标、关键内部控制与常用控制测试参见表11-2。

表 11-2　人工与薪酬循环内部控制目标、关键内部控制与常用控制测试一览表

内部控制目标	关键内部控制	常用控制测试
薪酬账项均经恰当的批准(发生)	对以下五个关键点,应履行恰当的批准手续,经过特别审批或一般审批:批准上工;工作时间,特别是加班时间;薪酬或佣金;代扣款项;薪酬结算表和薪酬汇总表	检查人事档案;检查工时卡的有关核准;检查薪酬记录中有关内部检查标记;检查人事档案中的授权;检查薪酬记录中有关核准的标记
记录的薪酬均实际发生(发生)	工时卡经领班核准;用生产记录钟记录工时	检查工时卡的核准说明;检查工时卡;复核人事政策、组织结构图
所有已发生的薪酬支出已记录(完整性)	薪酬分配表、薪酬汇总表完整反映已发生的工薪支出	检查薪酬分配表、薪酬汇总表、薪酬结算表,并核对职工薪酬手册、职工手册等
薪酬以正确的金额,在恰当的会计期间及时记录于适当的账户(发生、完整性、准确性、计价和分摊)	采用适当的薪酬费用分配方法,并且前后各期一致;采用适当的账务处理流程	选取样本测试薪酬费用的归集和分配,测试是否按照规定的账务处理流程进行账务处理
人事、考勤、工薪发放、记录之间相互分离(准确性)	人事、考勤、薪酬发放、记录等职务相互分离	询问和观察各项职责执行情况

二、针对薪酬汇总表和薪酬单的控制测试

(一) 针对薪酬汇总表的控制测试

注册会计师针对被审计单位的薪酬汇总表,通常需要进行以下控制测试程序:

(1) 选择若干月份薪酬汇总表,计算复核每一份薪酬汇总表;
(2) 检查每一份薪酬汇总表是否已经授权批准;
(3) 检查应付职工薪酬总额与人工费用分配汇总表中的合计数是否相符;
(4) 检查其代扣款项的账务处理是否正确;
(5) 检查实发工薪总额与银行付款凭单及银行存款对账单是否相符,并正确记入相关账户。

(二) 针对薪酬单的控制测试

注册会计师针对被审计单位的薪酬单,通常需要进行以下控制测试程序:

(1) 从薪酬单中选取若干个样本(应包括各种不同类型人员),检查职工薪酬卡或人事档案,确保薪酬发放有依据;
(2) 检查职工薪酬率及实发薪酬额的计算;
(3) 检查实际工时统计记录(或产量统计报告)与职工工时卡(或产量记录)是否相符;
(4) 检查职工加班记录与主管人员签名的月度加班费汇总表是否相符;
(5) 检查职工扣款依据是否正确,检查职工的薪酬签收证明;
(6) 实地抽查部分职工,证明其确在本企业工作,如已离开本企业,需获得管理层的证实。

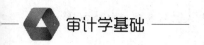

第三节　人工与薪酬循环的实质性程序

一、薪酬审计常用的实质性程序

注册会计师进行薪酬审计常用的实质性程序参见表 11-3。

表 11-3　薪酬审计常用的实质性程序

审计目标	薪酬审计常用的实质性程序
薪酬账项均经恰当的批准且为实际发生的	1. 将工时卡与工时记录等进行比较 2. 对本期薪酬费用实施分析程序 3. 将有关费用明细账与薪酬费用分配表、薪酬汇总表、薪酬结算表相核对
所有已发生的薪酬支出已记录	1. 对本期薪酬费用的发生情况实施分析程序 2. 将薪酬费用分配表、薪酬汇总表、薪酬结算表与有关费用明细账相核对
薪酬以正确的金额,在恰当的会计期间及时记录于适当的账户	1. 对本期薪酬费用实施分析程序 2. 检查薪酬的计提是否正确,分配方法是否与上期一致

二、应付职工薪酬的审计

在企业的中成本费用,职工薪酬费用所占比重较大。如果职工薪酬的计算错误,就会影响成本费用和利润的正确性。所以,注册会计师仍应重视对职工薪酬业务的审计。职工薪酬业务的审计主要涉及应付职工薪酬项目。

（一）应付职工薪酬的审计目标

应付职工薪酬的审计目标一般包括：

（1）确定资产负债表中记录的应付职工薪酬是否存在；

（2）所有应当记录的应付职工薪酬是否均已记录；

（3）确定记录的应付职工薪酬是否为被审计单位应当履行的现时义务；

（4）确定应付职工薪酬是否以恰当的金额包括在财务报表中,与之相关的计价调整是否已恰当记录；

（5）确定应付职工薪酬是否已按照企业会计准则的规定在财务报表中做出恰当列报。

（二）应付职工薪酬的实质性程序

（1）获取或编制应付职工薪酬明细表,复核加计是否正确,并与报表数、总账数和明细账合计数核对是否相符。

（2）实施实质性分析程序。

① 针对已识别需要运用分析程序的有关项目,并基于对被审计单位及其环境的了解,通过进行比较,同时考虑有关数据间关系的影响,以建立有关数据的期望值。

② 确定可接受的差异额,并将实际的情况与期望值相比较,识别需要进一步调查的差异。

③ 如果其差额超过可接受的差异额,通过检查相关的凭证等,调查并获取充分的解释和恰当的佐证审计证据。

④ 评估分析程序的测试结果。

注册会计师实施实质性分析程序,通常进行以下比较:

① 比较被审计单位职工人数的变动情况,检查被审计单位各部门各月工资费用的发生额是否有异常波动,如有,则查明波动原因是否合理。

② 比较本期与上期工资费用总额,要求被审计单位解释其增减变动原因,或取得企业管理当局关于职工工资标准的决议。

③ 结合职工社保缴纳情况,明确被审计单位职工范围,检查是否与关联公司职工工资混淆列支。

④ 核对下列相关数据:工资部门记录的工资支出与出纳记录的工资支付数;工资部门记录的工时与生产部门记录的工时。

⑤ 比较本期应付职工薪酬余额与上期应付职工薪酬余额是否有异常变动。

(3) 检查工资、奖金、津贴和补贴。

① 计提是否正确,依据是否充分,将执行的工资标准与有关规定相核对,并对工资总额进行测试,检查其计提额是否正确,是否应作纳税调整。

② 检查分配方法与上年是否一致,被审计单位是否根据职工提供服务的受益对象,进行正确的分配处理。

③ 检查发放金额是否正确,代扣的款项及其金额是否正确。

④ 检查是否存在属于拖欠性质的职工薪酬,并了解拖欠的原因。

(4) 检查社会保险费(包括医疗、养老、失业、工伤、生育保险费)、住房公积金、工会经费和职工教育经费等计提(分配)和支付(或使用)的会计处理是否正确,依据是否充分。

(5) 检查非货币性福利。

① 检查以自产产品发放给职工的非货币性福利,检查是否根据受益对象,按照该产品的公允价值,计入相关资产成本或当期损益,同时确认应付职工薪酬。对于难以认定受益对象的非货币性福利,是否直接计入当期损益和应付职工薪酬。

② 检查无偿向职工提供住房的非货币性福利,是否根据受益对象,将该住房每期应计提的折旧计入相关资产成本或当期损益,同时确认应付职工薪酬。对于难以认定受益对象的非货币性福利,是否直接计入当期损益和应付职工薪酬。

③ 检查租赁住房等资产供职工无偿使用的非货币性福利,是否根据受益对象,将每期应付的租金计入相关资产成本或当期损益,并确认应付职工薪酬。对于难以认定受益对象的非货币性福利,是否直接计入当期损益和应付职工薪酬。

(6) 检查以现金与职工结算的股份支付。

① 检查授予后立即可行权的以现金结算的股份支付，是否在授予日以承担负债的公允价值计入相关成本或费用。

② 检查完成等待期内的服务或达到规定业绩条件以后才可行权的以现金结算的股份支付，在等待期内的每个资产负债表日，是否以可行权情况的最佳估计为基础，按照承担负债的公允价值金额，将当期取得的服务计入成本或费用。在资产负债表日，后续信息表明当期承担债务的公允价值与以前估计不同的，是否进行调整，并在可行权日调整至实际可行权水平。

③ 检查可行权日之后，以现金结算的股份支付当期公允价值的变动金额，是否借记或贷记"公允价值变动损益"。

④ 检查在可行权日，实际以现金结算的股份支付金额是否正确，会计处理是否恰当。

(7) 检查应付职工薪酬的期后付款情况，并关注在资产负债表日至财务报表批准报出日之间，是否有确凿证据表明需要调整资产负债表日原确认的应付职工薪酬事项。

(8) 检查应付职工薪酬是否已按照企业会计准则的规定在财务报表中做出恰当的列报。

【例 11-1】 注册会计师在审查某企业上年"应付职工薪酬"账户的工资明细账时，发现 12 月比 11 月多 40 000 元，怀疑其中有虚列工资或其他问题，决定做进一步审查。

注册会计师调阅了 12 月份工资的原始凭证，发现在"工资结算单"中有第一生产车间工资 40 000 元，附车间负责人收据一张，未具体列明发放工资人员名单。注册会计师在查问车间负责人时，他承认因本企业业务招待费超支，财务科长让他领取，并提供了原始凭证。财务科长对此供认不讳。已知该企业的所得税税率为 25%。

[要求]
指出被审计单位存在的问题，并提出处理意见。

[解析]
注册会计师认为该企业利用"应付职工薪酬"账户，隐瞒超支的业务招待费，偷漏所得税款，应做调整分录如下：

借：以前年度损益调整　　　　　　　　　　　　　10 000
　　贷：应交税费——应交所得税　　　　　　　　　　　　10 000

■ 审计法规链接

1. 中国注册会计师审计准则第 1301 号——审计证据
2. 中国注册会计师审计准则第 1313 号——分析程序

复习思考题

一、重要概念
1. 职工薪酬
2. 人工与薪酬循环

二、思考分析
1. 人工与薪酬循环的主要业务活动有哪些?
2. 人工与薪酬循环的内部控制包括哪些?
3. 如何评估人工与薪酬循环的重大错报风险?
4. 如何进行人工与薪酬循环的控制测试?
5. 如何实施人工与薪酬循环的实质性程序?

第十二章　筹资与投资循环的审计

【本章学习目标】
1. 筹资循环所涉及的主要业务活动。
2. 投资循环所涉及的主要业务活动。
3. 筹资与投资循环的内部控制及其测试。
4. 筹资循环的实质性程序。
5. 投资循环的实质性程序。

第一节　筹资与投资业务概述

一、筹资业务概述

（一）筹资循环的特点

筹资活动，是指企业为了满足生存和发展的需要，通过改变企业资本及债务规模和构成而筹集资金的活动。筹资活动主要由借款和股东权益的相关交易事项组成。其特点主要有：

（1）审计年度内发生业务较少，尤其是举借长期债务、所有者权益和长期投资等业务发生的次数很少；

（2）每一笔业务的金额通常都较大，遗漏或不恰当地进行会计处理，将会导致重大错误，从而对会计报表的公允反映产生较大的影响；

（3）业务的发生必须遵守国家更多的法律法规和相关契约的规定。

（二）筹资循环所涉及的主要业务活动

1. 审批授权

企业通过借款筹集资金需经管理层的审批，其中债券的发行每次均要由董事会授权；企业发行股票必须依据国家有关法规或企业章程的规定，报经企业最高权力机构及国家有关管理部门批准。

2. 签订合同或协议

企业发行债券或股票,必须与证券公司签订债券契约和债券承销或包销合同,企业向银行或其他的金融机构融资必须签订借款合同。

3. 取得资金

企业实际取得银行或金融机构划入的款项,或发行债券、股票筹集的资金。

4. 计算利息或股利

企业应按照有关合同或协议的规定,及时计算利息或股利。

5. 偿还本息或发放股利

银行借款或发行债券应按照有关合同或协议的规定偿还本息,融入的股本根据股东大会的决定发放股利。

(三) 筹资活动涉及的主要凭证与会计记录

1. 公司债券

公司债券,是指公司依据法定程序发行、约定在一定期限内还本付息的有价证券。

2. 股本凭证

股本凭证,是指公司签发的证明股东所持股份的凭证。

3. 债券契约

债券契约,是指明确债券持有人与发行企业双方所拥有的权利与义务的法律性文件。其内容包括:(1) 债券发行的标准;(2) 债券的明确表述;(3) 利息或利息率;(4) 受托管理人证书;(5) 登记和背书;(6) 如系抵押债券,所担保的财产;(7) 债券发生拖欠情况的处理以及对偿债基金、利息支付、本金返还等的处理。

4. 股东名册

股东名册,是指发行记名股票的公司应记载股东的凭证。其记录内容一般包括:(1) 股东的姓名或者名称及住所;(2) 各股东所持股份数;(3) 各股东所持股票的编号;(4) 各股东取得其股份的日期。发行无记名股票的公司应当记载其股票数量、编号及发行日期。

5. 公司债券存根簿

公司债券存根簿,是指发行记名公司债券时记载债券持有人的凭证。其记录内容一般包括:(1) 债券持有人的姓名或名称及住所;(2) 债券持有人取得债券的日期及债券的编号;(3) 债券总额、债券的票面金额、债券利率、债券还本付息的期限和方式;(4) 债券的发行日期。

6. 代销或包销协议或合同

公司向社会公开发行股票或债券时,应当由依法设立的证券经营机构代销或包销,并与其签订代销或包销协议或合同。

7. 借款合同或协议

借款合同或协议,是指公司向银行或其他金融机构借入款项时与其签订的合同或协议。

8. 有关记账凭证和会计账簿

有关记账凭证和会计账簿包括取得资金的收款凭证、投入资本的转账凭证,以及记录短期借款、长期借款、应付债券、长期应付款、实收资本或股本、资本公积、盈余公积、未分配利润、应付股利和财务费用等账户的会计账簿。

二、投资业务概述

投资活动,是指企业为了通过分配来增加财富,或为谋求其他利益,将资产让渡给其他单位而获得另一项资产的活动。投资活动主要由权益性投资交易和债权性投资交易组成。

(一)投资循环的特点

在企业的资金流动中,资金从资金盈余的企业流向资金短缺的企业,其中对于资金流入的企业来说是筹资行为,对于资金流出的企业来说则是投资行为。筹资与投资行为的特点相似,其具体特点可以参照筹资循环的相关内容。

(二)投资循环所涉及的主要业务活动

企业在经营过程中为了保持资产的流动性和盈利性,将资产投放于证券或其他的企业,即形成投资业务。

投资业务主要有以下四个环节。

1. 审批授权

一般情况下,企业根据投资的性质和金额建立授权审批制度。投资业务应由企业的高层管理机构进行审批。审批的内容主要包括:(1)投资的理由是否恰当;(2)投资行为与企业的战略目标是否一致;(3)投资收益的估算是否合理;(4)影响投资的其他因素是否被充分考虑等。所有的投资决策都应当经审批确认后,方可正式执行。

2. 取得证券或其他的投资

企业可以通过委托理财或直接购买的方式进行股票或债券的投资,也可以单独投资或与其他的单位进行合资、联营,形成投资。

3. 取得投资收益

企业可以取得股权投资的股利收入、债券投资的利息收入和其他投资收益等。

4. 转让证券或收回其他的投资

如果以购买证券的形式投资,企业可以通过转让证券实现投资的收回。如果是单独投资或与其他的单位联合经营形成的投资,只有在转让股权、合资或联营期满,或由于特殊原因提前解散时,才能收回投资。

(三)投资活动涉及的主要凭证与会计记录

1. 债券投资凭证

债券投资凭证,是指载明债券持有人与发行企业双方所拥有的权利与义务的法律性文件。其内容一般包括:(1)债券发行的标准;(2)债券的明确表述;(3)利息或利息率;(4)受托管理人证书;(5)登记和背书。

2. 股票投资凭证

股票投资凭证包括买入凭证和卖出凭证。其中,买入凭证记载股票投资购买业务,包括购买股票数量、被投资公司、股票买价、交易成本、购买日期、结算日期、结算日应付金额合计;卖出凭证记载股票投资卖出业务,包括卖出股票数量、被投资公司、股票卖价、交易成本、卖出日期、结算日期、结算日金额合计。

3. 股票证书

股票证书,是指载明股东所有权的证据,用来记录所有者持有被投资公司所有股票的数量。如果被投资公司发行了多种类型的股票,也反映股票的类型,例如普通股、优先股。

4. 股利收取凭证

股利收取凭证,是指向所有的股东分发股利的文件,标明股东、股利数额、每股股利、被审计单位在交易最终日期持有的总股利金额。

5. 长期股权投资协议

投资企业需要与被投资企业签订投资协议,规定投资方式、投资金额、收益分配等内容。

6. 有关的记账凭证和会计账簿

有关的记账凭证和会计账簿包括交易性金融资产、可供出售金融资产、持有至到期投资、长期股权投资、投资性房地产、应收利息、交易性金融负债等科目相关的记账凭证、明细账和总账。

第二节 筹资与投资循环的内部控制测试

一、筹资循环的内部控制

(一)筹资循环的内部控制目标

筹资活动主要由借款和股东权益交易组成。股东权益增减变动的业务较少而金额较大,注册会计师在审计中一般直接进行实质性程序。企业的借款交易涉及短期借款、长期借款和应付债券,这些内部控制的目标基本类似,主要包括:(1)记录的筹资交易是否均系真实发生的交易;(2)筹资交易是否均已记录;(3)筹资交易是否均以恰当的金额记入恰当的期间;(4)筹资交易均已记入恰当的账户等。

(二)筹资循环关键的内部控制

筹资循环关键的内部控制主要包括以下五个方面。

1. 授权审批控制

授权审批控制主要解决的是办理业务的权限。重大的筹资活动,例如大额银行贷款、发行债券或股票等,应由董事会做出决议并经股东大会批准后,由财务人员执行;小规模的筹资活动,例如短期借款等,则可以由财务部门负责人根据授权做出决定。

2. 职责分离控制

职责分离控制主要包括:(1)筹资计划编制与审批人员适当分离;(2)经办人员不能接触会计记录;(3)会计人员同负责收、付款人员相分离;(4)证券经办人员同会计记录人员相分离等。

3. 收入和支出款项的控制

如果企业筹资金额巨大,最好委托独立的代理机构代为发行。无论是何种筹资形式,都面临支付款项的问题,其形式主要是利息的支付或股利的发放。

4. 筹资登记簿的控制

债券和股票都应设立相应的筹资登记簿,详细登记核准已发行的债券和股票有关事项,例如签发日期、到期日期、支付方式、支付利率、当时市场利率、金额等。

5. 会计记录控制

筹资业务的会计处理较为复杂,会计记录的控制就十分重要。企业必须保证及时按正确的金额、合理的方法,在适当的账户和合理的会计期间予以正确记录。对于债券,企业应当选用适当的溢价、折价的摊销方法;对发行在外的股票,企业要定期核对持有本企业的前十大股东的名单及持股数量等。

二、筹资循环的内部控制测试

注册会计师在了解有关筹资活动的内部控制以后,要对这些控制进行测试,以确认其有效性。具体的控制测试主要包括以下三个方面。

(1)筹资活动是否经过授权批准。索取借款或发行股票的授权批准文件,检查权限是否恰当,手续是否齐全;索取借款合同或协议、债券 契约、承销或包销协议并进行检查。

(2)筹资活动的授权、执行、记录和实物保管是否经过严格分工。观察并描述筹资业务的职责分工,现场观察职责是否分离。

(3)检查筹资活动的会计处理是否正确。抽查筹资业务的会计记录,从明细账抽取部分会计记录,按原始凭证到明细账、总账顺序核对有关数据和情况,判断其会计处理过程是否合规完整。

三、投资循环的内部控制

(一)内部控制目标

投资循环的内部控制目标主要包括:(1)记录的投资交易是否均系真实发生的交易;(2)投资交易是否均已记录;(3)投资交易是否均以恰当的金额记录恰当的期间;(4)投资交易均已记录恰当的账户等。

(二)关键的内部控制

为了实现上述内部控制目标,需要辅之以相应的内部控制措施。关键的内部控制主要包括以下五个方面。

1. 授权审批控制

企业应当建立严格的对外投资业务授权审批制度，明确审批人的授权批准方式、权限、程序、责任等相关控制措施，规定经办人员的职责范围和工作要求。

2. 合理的职责分工

企业合法的投资业务，应在业务的授权、执行、记录与资产的保管等方面都有明确合理的分工，不得由一人同时负责上述任何两项工作。例如，投资业务在企业的决策机构核准后，可以由高层负责人员授权审批，由财务经理办理具体的股票或债券的买卖业务，由会计部门负责具体的会计记录和财务处理，并定期同其开户的证券公司核对证券交易业务。

3. 健全的资产保管制度

由于企业拥有的投资资产没有具体的实物形态，不能够进行所谓的实物盘点。基于此，企业同其开户的证券公司定期核对证券交易业务就成为投资资产安全保障的必然。另外，由企业内部审计人员或不参与投资业务的其他人员进行突击检查也是确保企业投资资产安全的重要手段。

4. 详尽的会计核算制度

企业投资的资产无论是自行投资操作还是委托他人操盘的，都要进行完整的会计记录，并对其增减变动及投资收益进行相关会计核算。

5. 严格的记名登记制度

企业在购入股票或债券时应在购入的当日登记于企业名下，切忌登记于经办人员名下，以防止冒名转移并借其他名义谋取私利的舞弊行为。

四、投资循环的内部控制测试

（一）了解投资业务的内部控制

注册会计师一般通过询问被审计单位有关人员和查阅有关内部控制文件，了解被审计单位内部控制情况，也可以采用问卷的形式来了解企业是否存在投资内部控制。一般而言，注册会计师应当了解的内容有：

（1）投资项目是否经授权批准，投资金额是否及时入账；

（2）是否与被投资单位签订投资合同、协议，是否获取被投资单位出具的投资证明；

（3）投资的核算方法是否符合有关财务会计准则的规定，相关的投资收益会计处理是否准确，手续是否齐全；

（4）有价证券的买卖是否经恰当授权，是否定期核对交易业务。

（二）投资业务的内部控制测试

投资业务的内部控制测试主要包括：

（1）对于投资计划的授权审批控制，主要通过查阅有关计划资料、文件或直接向管理层询问进行审查；

（2）对于职责分工控制，可以采取实地观察、重新执行的方法；

（3）对于投资资产的安全保护控制，可以采取检查有形资产和查阅相关记录、文件的方法；

（4）对于会计记录控制，可以采取重新执行相关内部控制程序的方法，也可以简易抽查投资业务的会计记录。

（三）评价投资业务的内部控制

注册会计师完成以上步骤以后，取得有关内部控制是否健全、有效的证据，在审计工作底稿中标明内部控制的强点和弱点，即可以对内部控制进行评价，确认对投资内部控制的可信赖程度，进而确定实质性程序的重点和范围。

第三节 筹资循环的实质性程序

一般情况下，被审计单位不会高估负债。一方面这对企业自身的财务报表反映不利，另一方面这样做难以与债权人的会计记录相互印证。因此，注册会计师对银行借款等负债的审计，主要是查找企业低估负债，从而低估成本、高估利润的错误。

一、短期借款的实质性程序

银行借款，无论是短期借款还是长期借款，其审计目标主要包括：

（1）确认被审计单位所记录的银行借款在特定期间是否存在；

（2）确认被审计单位银行借款是否为被审计单位承担；

（3）确定被审计单位在特定期间内发生的银行借款业务是否均已记录，有无遗漏；

（4）确认被审计单位银行借款相关账户余额是否正确；

（5）确认被审计单位银行借款是否在资产负债表上恰当地披露。

短期借款的实质性程序主要包括：

（1）获取或编制短期借款明细表，复核加计是否正确（并检查其分类是否正确），并与报表数、总账数和明细账合计数核对是否相符，核对期初余额与上期审定期末余额是否相符。这与短期借款的计价和分摊认定相关。

（2）根据实际情况，选择以下方法对短期借款执行分析程序，分别用以确认其存在、完整性、计价和分摊的认定。

① 计算借款平均实际利率并同以前年度及市场平均利率相比较。

② 根据借款平均余额、平均借款利率测算当期利息费用和利息，并与账面记录进行比较。

③ 针对可能发生的舞弊实施的分析程序。

  a. 比较当年度与以前年度的借款总额，并查明异常情况的原因；

  b. 比较当年度与以前年度的利息支出费用，并查明异常情况的原因；

  c. 比较当年度与以前年度利息支出占借款余额的比例，并查明异常情况的原因；

d. 比较当年度与以前年度借款平均实际利率,并查明异常情况的原因。

(3) 检查与短期借款有关的会计记录,以确定被审计单位是否按照下列规定进行相应的会计处理和披露,确认与存在、完整性、权利和义务、计价和分摊相关的认定。

① 对本期增加的所有借款项目检查下列内容:

a. 借款合同或协议、董事会纪要,以检查其合法性及是否遵守合同协议规定的条款;

b. 检查有关原始凭证,验证借款资金是否全部到账,单据是否齐全,金额是否一致。

② 对本期减少的所有借款,应检查相关的会计记录和原始凭证,核对还款的真实性。

③ 检查借款利息计算的依据,编制利息测算表,确定应计利息的正确性,确认全部利息费用已正确区分为资本性支出和收益性支出,并已正确入账。

(4) 获取并复印企业的贷款证(贷款信息卡),检查企业的各项借款取得的合法性,并将贷款证的各项目与编制的明细表核对,若不一致,应查明原因。

(5) 对所有的借款发函询证,内容包括借款性质、借款条件、利率、期限及余额等,若利息长期未按合同支付,应函证应付未付的利息金额;对收回的询证函,应和明细表和各项目核对,若有差异,应查明原因并作适当调整。该程序用以确认存在、权利和义务的认定。

(6) 检查未能按期偿还的借款,是否已办理了续借或延期手续,若未办理,是否有抵押,应关注是否有贷款人起诉、抵押物的处理情况等。该程序用于确认权利和义务、列报的认定。

(7) 记录借款产生的关联交易和关联往来,对关联公司借款和担保应予以记录,并检查关联交易的真实性、合法性。该程序用于存在、完整性、权利和义务、计价和分摊、列报等认定的确认。

(8) 如为外币借款,测试借款汇率使用是否正确,汇兑差额的会计处理是否正确。

(9) 针对识别的舞弊风险等特别风险,需额外考虑实施的审计程序:具体可应用于存在、完整性、权利和义务、计价和分摊认定的确认。

① 索取被审计单位的贷款证(或 IC 卡),到银行查对贷款的余额、发生额和贷款方式。

② 关注被审计单位财产保险的办理情况,若财产保险的第一受益人为银行,应检查其抵押借款是否已入账。

③ 检查房屋建筑物或土地使用权等权证的原件,如果被审计单位无法提供原件,则应追查原因,并向房产交易中心查询该权证是否已用于抵押或交易,以判断被审计单位是否存在未入账的银行借款。

④ 查阅工商行政管理部门的网站,或聘请律师向工商行政管理部门查询是否已办理机器设备的抵押登记。

⑤ 检查定期存单原件,并在银行询证函中注明该定期存单是否已被质押或冻结。

⑥ 向银行函证银行借款,应特别查明除了已列示的银行借款以外是否还有其他的银行借款。

(10) 验明短期借款的列报与披露是否恰当,检查是否在附注中披露与短期借款有关的下列信息:

① 按借款条件(信用借款、抵押借款、保证借款、质押借款等)分项列示短期借款金额;

② 对已到期未偿还的短期借款,应单独列示贷款单位、贷款金额、贷款利率、贷款资金用途、未按期偿还的原因及预计还款期,并在期后事项中反映报表日是否已偿还;

③ 若已到期的短期借款获得展期,应说明展期条件、新的到期日。

二、长期借款的实质性程序

长期借款的审计目标与短期借款基本相同,如前所述,其实质性程序主要包括:

(1) 获取或编制长期借款明细表,复核其加计数是否正确,并与明细账和总账核对相符;

(2) 对年度内增加的长期借款,应检查借款合同和授权批准,了解借款数额、借款条件、借款日期、还款期限、借款利率,并与相关会计记录相核对;

(3) 审查长期借款的使用是否符合借款合同的规定,重点审查长期借款使用的合理性;

(4) 向银行或其他债权人函证重大的长期借款;

(5) 对年度内减少的长期借款,注册会计师应检查相关记录和原始凭证,核实还款数额;

(6) 检查一年内到期的长期借款是否已转列为流动负债;

(7) 计算短期借款、长期借款的各个月份的平均余额,选取适用的利率匡算利息支出总额,并与财务费用的相关记录核对,判断被审计单位是否高估或低估利息支出,必要时进行适当调整;

(8) 审查企业抵押长期借款的抵押资产的所有权是否属于企业,其价值和现实状况是否与抵押契约中的规定相一致;

(9) 确定长期借款是否已在资产负债表上充分披露。

三、应付债券的实质性程序

(1) 获取或编制应付债券明细表。

① 复核加计是否正确,并与报表数、总账数和明细账合计数核对是否相符。

② 检查非记账本位币应付债券的折算汇率及折算是否正确,折算方法是否前后期一致。

(2) 检查应付债券的增加。

审阅债券发行申请和审批文件,检查发行债券所收入现金的收据、汇款通知单、送款登记簿及相关的银行对账单,核实其会计处理是否正确。

(3) 对应付债券向证券承销商或包销商函证。

(4) 检查债券利息费用的会计处理是否正确,资本化的处理是否符合规定。

① 对于分期付息、一次还本的债券,检查资产负债表日是否按摊余成本和实际利率计算确定债券利息费用,并正确计入在建工程、制造费用、财务费用、研发费用等科目,是否按票面利率计算确定应付未付利息,计入应付利息科目,是否按其差额调整"应付债券—利息调整"。

② 对于一次还本付息的债券,检查资产负债表日是否按摊余成本和实际利率计算确定债券利息费用,并正确计入在建工程、制造费用、财务费用、研发费用等科目,是否按票面利率计算确定应付未付利息,计入"应付债券—应计利息",是否按其差额调整"应付债券—利息调整"。

(5) 检查到期债券的偿还。检查偿还债券的支票存根等相关会计记录,检查其会计处理是否正确。

(6) 检查可转换公司债券是否将负债和权益成份分拆,可转换公司债券持有人行使转换权利,将其持有的债券转为股票时其会计处理是否正确。

(7) 若发行债券时已作抵押或担保,应检查相关契约的履行情况。

(8) 根据评估的舞弊风险等因素增加的其他审计程序。

(9) 检查应期债券是否已按照企业会计准则的规定在财务报表中做出恰当列报:

① 一年内到期的应期债券是否列为一年内到期的非流动负债;

② 期末到期未偿付的债券金额及逾期原因是否充分披露。

四、实收资本的审计

由于投入资本业务数量较少,因此,一般采用详细审查的程序和方法,对企业实收资本的设立筹集和增资、减资等进行审查。

(一)索取被审计单位合同、公司章程、批准证书、营业执照等,并进行认真的审阅

企业合同、公司章程对投资各方的出资数额、出资方式、出资期限及其他要求都作了详细规定,一经国家有关部门批准,就具有法律效力。投资各方均应严格履行合同、公司章程所规定的义务,不得随意更改。国家有关部门的批准证书是批准企业成立的法律性文件,投资各方应遵照执行。营业执照是国家工商行政管理机关发给企业合法经营的许可证,它规定企业成立和终止的日期。有关的会议记录和会计记录反映投入资本业务的执行情况。审计人员应索取这些资料,并进行细致的审阅,审查企业设立的合法性,看有无弄虚作假的情况存在。

(二)索取或编制实收资本明细表

为了全面掌握被审计单位实收资本的实际情况,审计人员应向被审计单位索取或自行编制实收资本明细表,作为永久性档案存档,以供本年度和以后年度审查投入资本时使用。实收资本明细表应当包括投入资本的时间、数额,增资、减资的时间及原因等,编制该表时需将每次变动情况逐一记载并与有关的原始凭证和会计记录进行核对,以防过失错误和舞弊行为的发生和存在。

（三）审查出资额、出资方式和出资期限

审计人员应采用审阅、核对、查询等方法,确定投资业务是否遵守国家法律法规,是否遵守公司章程、投资合同和企业的相关决议。

五、股本的审计

（一）审阅公司章程、实施细则和股东大会、董事会会议记录

审计人员应向被审计单位索取公司章程、实施细则和股东大会、董事会会议记录,认真研究其中有关股本的规定。被审计单位每次发行股票、收回股票或从事其他类型的股票交易均需经过股东大会或董事会的授权批准。

审计人员通过审阅核定股份和已发行股份的份数、股票面值、股票收回、股票分割及认股证等,确定被审计单位股本及其交易是否符合有关法规规定及股东大会或董事会的决议。

（二）审查股东的出资方式及比例是否符合规定

股份有限公司可以以货币资金、实物和无形资产方式出资。由于其出资的规定与实收资本相同,这里不再赘述。采用募集式设立的股份有限公司,发起人认购的股份不得少于公司股份的35%。审计人员在进行审查时,应当了解公司章程,合同、协议中出资方式、出资比例,以便确定其内容的合法性。

（三）函证发行在外的股票数额

股份有限公司发行股票后,均应按股数和发行价格收到股款或资产。在实际工作中,股票发行和转让大都由企业委托证券交易所和金融机构进行,由证券交易所和金融机构对发行在外的股票份数进行登记和控制。

在审计时,审计人员可以采取与证券交易所和金融机构函证和查阅的方法来验证发行股份的数量,并与股本账面数额进行核对,进而确定其账实是否相符。对于被审计单位自己发行的股票,审计人员也应根据股票登记簿和股东名单上的记录,抽查确定其记录是否真实、账实是否相符。

（四）审查发行股票的会计处理是否正确

发行股票时,一般要支付发行股票的印刷费和委托其他单位发行股票时的手续费、佣金等。根据企业会计准则的规定,溢价发行股票时,各种发行费用从溢价中抵销;无溢价或溢价不足以支付的部分,作为长期待摊费用,在企业经营期内分期摊销。为此,审计人员应审查发行股票的收入及发行费的会计记录和原始凭证,进而确定其会计处理

的正确性。

（五）确定股本在资产负债表上的列示是否恰当

审计人员应核对被审计单位资产负债表中股本项目的数字是否与审定数相符。同时，审计人员还应检查是否在会计报表附注中披露与股本有关的重要事项，例如股本的种类、发行的数额、每股股票的面值等。

六、资本公积的审计

（一）编制或取得资本公积明细表

审计人员应编制或取得资本公积明细表，并将明细表所列的内容同相关的会计记录相核对。在核对时，审计人员应对资本公积的发生额逐项进行，看其有无与原始凭证不相符的情况存在。

（二）审查资本公积的形成、使用的合规性

对资本公积的形成，需要对股本溢价、其他资本公积的形成内容和原因进行检查；对资本公积的使用，需要查明资本公积转增资本（或股本）是否经过董事会批准，并办理了增资手续。此外，审计人员还需要检查会计记录的正确性。

（三）审查资本公积计价和期末余额的正确性

审计人员在审查资本公积计价和期末余额的正确性时，应审阅相应的原始凭证，使用资本公积是否办理有关手续。

在审查时，审计人员首先应查阅企业上年度资本公积期末余额，本年度企业接受投资、接受捐赠的财产清单，企业对外投资或产权变动进行资产评估的有关报告，以及办理增资的审批报告、财产清单等财务资料；然后进一步与"资本公积"账户核对，以做到账证、账表、账实相符。

若资本公积上年余额及当年形成、使用的数额都经审核无误后，可说明资本公积真实可靠。

（四）确定资本公积在财务报表上的列示是否恰当

审计人员在上述审计的基础上，应进一步审核资产负债表中，资本公积的列示是否正确，并且是否按规定将有关资本公积情况在财务报表附注中作了充分的说明。

七、盈余公积的审计

（一）取得或编制盈余公积明细表

审计人员应向被审计单位取得或编制盈余公积明细表，分别列示法定盈余公积、任意盈余公积和公益金。并对表中反映的盈余公积变动情况进行分析，以确定其是否合法正确。

（二）审查盈余公积的提取、使用是否符合国家有关规定

1. 审查盈余公积提取的合法性

审计人员应主要审查盈余公积的提取是否符合规定并经过批准，提取手续是否完备，提取依据是否正确，提取项目是否完整，提取比例是否合法，有无多提或少提的情况存在。按现行制度规定，法定盈余公积按税后利润的10%提取，但此项公积达到注册资本的50%时则可不再提取。任意盈余公积（股份有限公司）也必须按国家有关规定由董事会决定提取比例。公益金按规定应按税后利润的5%提取。因此，审计人员应审查被审计单位上述业务的合法性和正确性。

2. 审查盈余公积使用的合法性

法定盈余公积和任意盈余公积可以用于弥补亏损、转增资本和经特别批准支付股利，但必须符合国家规定的限制条件。例如，转增资本或分配利润后，其剩余额不得低于注册资本的25%，支付股利不得超过股票面值的6%等。转增资本还必须经批准依法办理增资手续，取得合法增资文件，弥补亏损也必须按批准数转账。公益金只能用于职工福利方面。在审查时，审计人员要确定上述业务的合法性和正确性。

3. 审查盈余公积的凭证、账簿记录及期末余额的正确性和可靠性

审计人员在确定了盈余公积提取及使用的合法性和正确性后，还要审查盈余公积提取、使用的有关原始凭证记载的批准数额，并且逐笔审核凭证和账簿记录，同时还应查阅上年年末盈余公积数额，做到账证、账表相符，进而使之真实可靠。

4. 确定盈余公积在财务报表上的列示是否恰当

盈余公积在资产负债表上是分盈余公积和公益金两项列示的。审计人员应根据以上审计结果，确定被审计单位盈余公积在资产负债表上的列示是否正确，同时，还应注意盈余公积是否在财务报表附注中作了充分的说明。

八、未分配利润的审计

未分配利润，是指未作分配的净利润，这部分利润没有分配给投资者，也未指定用途，是企业留于以后年度分配的利润。未分配利润在数额上等于企业当年税后利润在弥补以前年度亏损、提取公积金和公益金以后加上上年末未分配利润，再扣除向所有者分配的利润后的结余额。它是企业所有者权益的重要组成部分。未分配利润审计的主要内容有：

（1）检查利润分配的程序和比例是否符合合同、协议、公司章程以及有关规定，审查企业利润分配的合法性；

（2）根据审计结果调整本年损益数和年末未分配利润数，审查年末未分配利润的真实性；

（3）确定未分配利润在财务报表上的列示是否恰当。

第四节 投资循环的实质性程序

一、交易性金融资产的审计

（一）交易性金融资产的审计目标

交易性金融资产的审计目标包括：

(1) 确定交易性金融资产是否存在且归被审计单位所有；
(2) 确定交易性金融资产的计价是否正确；
(3) 确定交易性金融资产的增减变动及其损益的记录是否完整；
(4) 确定交易性金融资产期末余额是否正确；
(5) 确定交易性金融资产列报与披露是否恰当。

（二）交易性金融资产的实质性程序

围绕交易性金融资产的审计目标，注册会计师实施的实质性程序主要包括：

(1) 获取或编制交易性金融资产明细表，复核加计是否正确，并与报表数、总账数和明细账合计数核对相符；

(2) 对期末结存的相关交易性金融资产，向被审计单位核实其持有目的，检查本科目核算范围是否恰当；

(3) 获取股票、债券及基金等交易流水单及被审计单位证券投资部门的交易记录，与明细账核对，检查会计记录是否完整，会计处理是否正确；

(4) 监盘库存交易性金融资产，并与相关账户余额进行核对，如有差异，应查明原因，并做出记录或进行适当调整；

(5) 向相关金融机构发函询证交易性金融资产期末数量以及是否存在变现限制；

(6) 抽取交易性金融资产增减变动的相关凭证，检查其原始凭证是否完整合法，会计处理是否正确；

(7) 复核与交易性金融资产相关的损益计算是否正确，并与公允价值变动损益及投资收益等有关数据核对；

(8) 复核股票、债券及基金等交易性金融资产的期末的公允价值是否合理，相关会计处理是否正确；

(9) 关注交易性金融资产是否存在重大的变现限制，确定交易性金融资产的列报与披露是否恰当。

二、持有至到期投资的实质性程序

持有至到期投资，是指到期日固定、回收金额固定或可确定，且企业有明确意图和能力持有至到期的非衍生金融资产。

(一)持有至到期投资的审计目标

持有至到期投资的审计目标主要包括：

(1) 确定持有至到期投资是否存在；

(2) 确定持有至到期投资是否归被审计单位所有；

(3) 确定持有至到期投资的增减变动及其损益的记录是否完整；

(4) 确定持有至到期投资的计价是否正确；

(5) 确定持有至到期投资减值准备的计提方法是否恰当，计提是否充分；

(6) 确定持有至到期投资减值准备的增减变动的记录是否完整；

(7) 确定持有至到期投资及其减值准备期末余额是否正确；

(8) 确定持有至到期投资及其减值准备的披露是否恰当。

(二)持有至到期投资的实质性程序

持有至到期投资的实质性程序通常包括：

(1) 获取或编制持有至到期投资明细表，复核加计是否正确，并与总账数和明细账合计数核对相符。

(2) 获取持有至到期投资对账单，与明细账核对，并检查其会计处理是否正确。

(3) 检查库存持有至到期投资，并与账面余额进行核对，如有差异，应查明原因。

(4) 向相关金融机构发函询证持有至到期投资期末数量，并记录函证过程；对于取得的回函，应检查相关签章是否符合要求。

(5) 对期末结存的持有至到期投资资产，核实被审计单位持有的目的和能力，检查核算范围是否恰当。

(6) 抽取持有至到期投资增加的记账凭证，注意其原始凭证是否完整，成本、交易费用和相关利息的会计处理是否符合规定。

(7) 抽取持有至到期投资减少的记账凭证，检查其原始凭证是否完整，会计处理是否正确。

(8) 根据相关资料，确定债券投资的计息类型，结合投资收益科目，复核计算利息采用的利率是否恰当，相关会计处理是否正确，检查持有至到期投资持有期间收到的利息会计处理是否正确。检查债券投资票面利率和实际利率有较大差异时，被审计单位采用的利率及其计算方法是否正确。

(9) 复核处置持有至到期投资的损益计算是否准确，已计提的减值准备是否同时结转。

(10) 检查当持有目的改变时，持有至到期投资划转为可供出售金融资产的会计处理是否正确。

(11) 结合银行借款等科目，了解是否存在已用于债务担保的持有至到期投资。

(12) 当有客观证据表明持有至到期投资发生减值的，应当复核相关资产项目的预计未来现金流量现值，并与其账面价值进行比较，检查相关准备计提是否充分。

(13) 若发生减值,检查相关利息的计算及处理是否正确;已计提减值准备的持有至到期投资价值以后又得以恢复,会计处理是否正确。

(14) 确定持有至到期投资的披露是否恰当。

三、长期股权投资的审计

(一) 长期股权投资的审计目标

长期股权投资的审计目标一般包括:

(1) 确定资产负债表中列示的长期股权投资是否存在;

(2) 确定所有应当列示的长期股权投资是否均已列示;

(3) 确定列示的长期股权投资是否由被审计单位拥有或控制;

(4) 确定长期股权投资是否以恰当的金额包括在财务报表中,与之相关的计价调整是否已恰当记录;

(5) 确定长期股权投资是否已按照企业会计准则的规定在财务报表中做出恰当列报。

(二) 长期股权投资的实质性程序

(1) 获取或编制长期股权投资明细表,复核加计是否正确,并与总账数和明细账合计数核对相符;结合长期股权投资减值准备科目与报表数核对相符。

(2) 根据有关合同和文件,确认股权投资的股权比例和持有时间,检查股权投资核算方法是否正确。

(3) 对于重大的投资,向被投资单位函证被审计单位的投资额、持股比例及被投资单位发放股利等情况。

(4) 对于应采用权益法核算的长期股权投资,获取被投资单位已经注册会计师审计的年度财务报表,如果未经注册会计师审计,则应考虑对被投资单位的财务报表实施适当的审计或审阅程序。

① 复核投资收益时,应以取得投资时被投资单位各项可辨认资产等的公允价值为基础,对被投资单位的净利润进行调整后加以确认;被投资单位采用的会计政策及会计期间与被审计单位不一致的,应当按照被审计单位的会计政策及会计期间对被投资单位的财务报表进行调整,据以确认投资损益。

② 将重新计算的投资收益与被审计单位所计算的投资收益相核对,如有重大差异,则查明原因,并提出适当的审计调整建议。

③ 检查被审计单位按权益法核算长期股权投资,包括确认应分担被投资单位发生的净亏损。审计时,应检查被审计单位会计处理是否正确。

④ 检查除了净损益以外被投资单位所有者权益的其他变动,是否调整计入所有者权益。

(5) 对于采用成本法核算的长期股权投资,检查股利分配的原始凭证及分配决议等资料,确定会计处理是否正确;对被审计单位实施控制而采用成本法核算的长期股权投资,比照权益法编制变动明细表,以备合并报表使用。

(6) 对于成本法和权益法相互转换的,检查其投资成本的确定是否正确。

(7) 确定长期股权投资的增减变动的记录是否完整。

① 检查本期增加的长期股权投资,追查至原始凭证及相关的文件或决议及被投资单位验资报告或财务资料等,确认长期股权投资是否符合投资合同、协议的规定,并已确实投资,会计处理是否正确。

② 检查本期减少的长期股权投资,追查至原始凭证,确认长期股权投资的收回有合理的理由及授权批准手续,并已确实收回投资,会计处理是否正确。

(8) 期末对长期股权投资进行逐项检查,以确定长期股权投资是否已经发生减值。

(9) 结合银行借款等的检查,了解长期股权投资是否存在质押、担保情况。如有,则应详细记录,并提请被审计单位进行充分披露。

(10) 确定长期股权投资在资产负债表中已恰当列报。与被审计单位人员讨论确定是否存在被投资单位由于所在国家和地区及其他方面的影响,其向被审计单位转移资金的能力受到限制的情况。如存在,应详细记录受限情况,并提请被审计单位充分披露。

审计法规链接

1. 中国注册会计师审计准则第 1301 号——审计证据
2. 中国注册会计师审计准则第 1312 号——函证
3. 中国注册会计师审计准则第 1313 号——分析程序

复习思考题

一、重要概念

1. 债券契约
2. 持有至到期投资

二、思考分析

1. 筹资循环与投资循环所涉及的主要业务活动有哪些?
2. 筹资活动与投资活动所涉及的主要凭证与会计记录有哪些?
3. 筹资与投资循环的内部控制分别包括哪些内容?
4. 长期借款的实质性程序包括哪些内容?
5. 盈余公积的审计程序包括哪些内容?
6. 交易性金融资产的实质性程序包括哪些内容?
7. 长期股权投资的实质性程序包括哪些内容?

第十三章 货币资金的审计

【本章学习目标】
1. 了解货币资金与各业务循环的关系及货币资金审计的范围。
2. 理解货币资金审计的目标。
3. 熟悉货币资金的内部控制及其测试。
4. 掌握库存现金和银行存款的实质性程序。

第一节 货币资金审计概述

货币资金审计,是指注册会计师对企业货币资金业务的收付和结存情况所进行的审计。货币资金是企业进行生产经营活动不可缺少的重要资产,具有支付手段和流通手段的职能,流动性极强,因而也易成为犯罪分子贪污舞弊的直接对象。所以,加强货币资金的审计监督对于维护财经纪律、打击犯罪行为、保证资产的安全完整具有十分重要的意义。

从审计的角度来看,货币资金具有固有风险较高的特点,原因在于:货币资金受其他循环交易的影响大,出错的可能性随之增大;货币资金收付业务量大、发生频繁,其增减变动的数额往往超过其他的账户,因而出现记账差错的可能性较大;货币资金体积小、易携带,作为流通和支付手段,具有极大的诱惑力,比其他的资产更容易被贪污、被盗窃、被挪用。

一、货币资金与各交易循环

货币资金与各交易循环中的业务活动存在密切的关系。
(1) 在销售与收款循环中,企业产品的销售、劳务的提供会导致货币资金的增加。
(2) 在采购与付款循环中,企业购买固定资产、无形资产以及存货等会导致货币资金的减少。
(3) 在生产与存货循环中,企业支付各种生产经营费用会导致货币资金的减少。
(4) 在人工与薪酬循环中,企业支付人工费用会导致货币资金的减少。
(5) 在筹资与投资循环中:在筹资活动中,企业发行股票、发行企业债券、从银行取得短期借款或长期借款、发行公司债券等,都会导致货币资金的增加;发放现金股利或利润、支付借款利息或者债券利息,又会导致货币资金的减少。在投资活动中,企业购买其他企业的股票、购买企业债券、以货币进行其他投资等,都会导致货币资金的减少;而收取现金股利或利润、收取债券利息等投资收益,又会导致货币资金的增加。

货币资金与各交易循环的关系如图 13-1 所示。

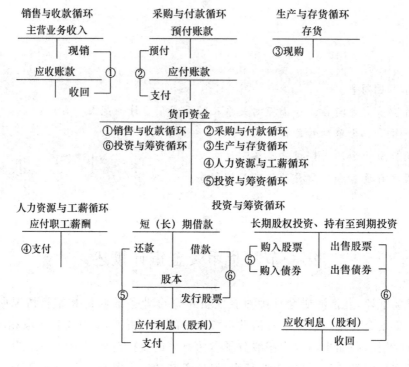

图 13-1　货币资金与各交易循环的关系

二、涉及的主要凭证和会计记录

货币资金涉及的主要凭证和会计记录主要有现金盘点表、银行对账单、《银行存款余额调节表》、有关科目的记账凭证、有关会计账簿。

三、货币资金的审计范围

货币资金的审计范围,是指货币资金所涉及的领域和所需审查的资料,不仅包括库存现金和存入银行或者其他金融机构的存款,而且还包括企业到外地进行临时或零星采购而汇往采购地开立的采购专户款项所形成的外埠存款和企业为取得银行汇票而存入银行款项所形成的银行汇票存款等。货币资金审计的内容具体包括:

(1) 企业有关货币资金的内部控制制度的健全性及有效性;

(2) 证实货币资金收入与支出活动的合规性、合法性及其余额的真实性、正确性的凭证、账簿和报表资料。

四、货币资金内部控制规范

(一)岗位分工及授权批准

根据货币资金内部控制规范,货币资金管理以及换算等应当有明确的岗位职责分工和相应的授权批准,应该达到以下五个方面:

(1)出纳员的职责。出纳员应担负现金收付、银行结算及货币资金的日记账核算等职责,不得兼任稽核、会计档案保管和收入、支出、费用、债权债务账目的登记。

(2)授权批准制度。制度中应明确审批人对货币资金业务的授权批准方式、权限、程序、责任和相关控制措施,规定经办人办理货币资金业务的职责范围和工作要求。

(3)付款程序。企业有关部门或者个人用款时,应当提前向审批人提交货币资金支付申请,审批人根据其职责、权限和相应的程序对支付申请进行审批,对不符合规定的货币资金支付申请,审批人员应当拒绝批准。复核人应当对批准后的货币资金支付申请进行复核,复核无误后,交由出纳人员办理支付手续,出纳人员根据复核无误的支付申请,按照规定办理货币资金支付手续,及时登记库存现金和银行存款日记账。

(4)对于重要货币资金支付,应当实行集体决策和审批,并建立责任追究制度,防范贪污、侵占、挪用货币资金等行为。

(5)严禁未经授权的机构或人员办理货币资金业务或直接接触货币资金。

(二)现金和银行存款的管理

1. 企业应当加强现金库存限额的管理,超过限额的现金及时送存银行

根据《现金管理暂行条例》的规定,结合本企业的实际情况,确定本企业现金开支范围,不得坐支现金,因特殊情况需要坐支的,应事先报开户银行审查批准。企业对取得的货币资金收入必须及时入账,不得私设"小金库",不得账外设账,严禁收款不入账。

2. 遵守银行结算纪律

企业要安排专人定期核对银行账户,每月至少核对一次。定期和不定期地进行现金盘点,确保现金账面余额与实际库存相符,对于不符的情况及时查明原因,做出处理。

(三)票据及有关印章的管理

企业应当加强与货币资金相关的票据的管理,明确各种票据的购买、保管、领用、背书转让、注销等环节的职责权限和程序,并专设登记簿进行记录,防止空白票据的遗失和被盗用。企业应当加强银行预留印鉴的管理,财务专用章应由专人保管,个人名章必须由本人或其授权人员保管,严禁一人保管支付款项所需的全部印章。

(四)监督检查

企业应当建立对货币资金业务的监督检查制度,明确监督检查机构或者人员的职责权限,定期和不定期地进行检查。货币资金监督检查的内容主要包括:

(1)货币资金业务相关岗位及人员的设置情况。重点检查是否存在货币资金业务不相容职务兼任的现象。

(2) 货币资金授权批准制度的执行情况。重点检查货币资金支出的授权批准手续是否健全,是否存在越权审批行为。

(3) 支付款项印章的保管情况。重点检查是否存在办理付款业务所需要的全部印章交由一人保管的现象。

(4) 票据的保管情况。重点检查票据的购买、领用、保管手续是否健全,票据保管是否存在漏洞。

第二节 货币资金的内部控制测试

注册会计师应对货币资金进行内部控制测试,以确定实质性程序的性质、时间和范围。

一、货币资金的内部控制

由于货币资金是企业流动性最强的资产,最容易出现差错,因此,企业必须加强对货币资金的管理,建立完善的货币资金内部控制制度,以确保货币资金收支的正确性、会计记录的完整性、资金保管的安全性。

一般而言,一个良好的货币资金内部控制应该达到:

(1) 货币资金收支与记账的岗位分离;

(2) 货币资金收支要有合理、合法的凭据;

(3) 全部收支及时准确入账,并且支出要有核准手续;

(4) 控制现金坐支,当日收入现金应及时送存银行;

(5) 按月盘点现金,编制《银行存款余额调节表》,以做到账实相符;

(6) 加强对货币资金收支业务的内部审计。

良好的货币资金内部控制制度应包括以下内容。

(一) 职责分工

职责分工要求:(1) 现金由出纳部门专人负责保管,当日的现金收入要及时送存银行,出纳部门保证其安全性;(2) 会计记录与现金的保管岗位要分离;(3) 银行对账单的核对与出纳的岗位要分开等。

(二) 授权批准

在收付货币资金前,必须经过业务负责人批准。例如,购买办公用品、出差人员预借差旅费等货币资金的支出必须经过授权。

(三) 凭证和记录

(1) 货币资金的收支应有合法合理的凭证。

(2) 货币资金的收支应及时准确入账。

(3) 支票应连续编号,作废的应加盖"作废"标记,严格保管空白支票。

(4) 根据审核无误的原始凭证及记账凭证收付资金。

(5) 根据已经完成的货币资金收付业务及编号并加盖货币资金收付标记的记账凭证，每日按顺序及时准确地记入货币资金日记账。

(四) 定期盘点与核对

定期盘点与核对要求：(1) 定期盘点库存现金，并与库存现金日记账核对；(2) 定期核对银行存款日记账和银行对账单，并编制《银行存款余额调节表》，以做到账实相符。

二、货币资金的内部控制测试

(一) 了解货币资金内部控制

注册会计师可以根据企业的实际情况采用询问、观察、检查等方法对货币资金内部控制进行了解，并采用一定的方法将了解到的情况记录下来。在了解货币资金内部控制时，注册会计师应当注意检查货币资金内部控制是否建立并严格执行。

(二) 内部控制的控制测试

内部控制的控制测试程序包括：

(1) 抽查收款凭证；

(2) 抽查付款凭证；

(3) 抽取一定期间的现金、银行存款日记账与总账核对；

(4) 抽查《银行存款余额调节表》；

(5) 检查外币货币资金的折算。

(三) 评价货币资金的内部控制

在评价时，注册会计师应首先确定货币资金内部控制可信赖的程度以及存在的薄弱环节和缺点，然后据以确定货币资金实质性程序中对哪些环节可以适当减少审计程序，哪些环节应增加审计程序，作重点检查，以减少审计风险。

第三节 货币资金的实质性程序

由于企业内部控制存在固有的缺陷，即使评估的控制风险较低，会计报表也可能存在错报或者漏报，所以在对货币资金内部控制评价的基础上，注册会计师仍然要对该项目进行实质性程序。

一、库存现金的审计

(一) 库存现金的审计目标

库存现金包括企业的人民币和外币。现金是企业资产中流动性最强的一种资产。尽管现金在企业资产总额中比重不大，但企业发生舞弊事件大都与现金有关，因此，注册会计师应重视库存现金的审计。

库存现金的审计目标包括：

(1) 确定被审计单位资产负债表的"货币资金"项目中的库存现金在资产负债表日是否确实存在，是否为被审计单位所拥有；

(2) 确定库存现金以恰当的金额包括在财务报表的"货币资金"项目中，与之相关的计价调整已恰当记录；

(3) 确定库存现金是否已按照企业会计准则的规定在财务报表中做出恰当列报；

(4) 确定被审计单位在特定期间内发生的现金收支业务是否均记录完毕，有无遗漏；

(5) 确定记录的库存现金是否为被审计单位所拥有或控制。

（二）库存现金的实质性程序

1. 核对库存现金日记账与总账的余额是否相符

核对库存现金日记账与总账的金额是否相符，是注册会计师测试现金余额的起点，如果不相符，应查明原因，必要时应建议做出适当调整，并进行记录。

2. 监盘库存现金

监盘库存现金，是指在注册会计师的监督下对现金进行盘点，它是证实资产负债表中"货币资金"项目下所列库存现金是否存在的一项重要审计程序。企业盘点库存现金，通常包括对已收到但未存入银行的现金、零用金、找换金等的盘点。库存现金盘点的范围一般包括被审计单位各部门经管的现金。

盘点库存现金的时间和人员应视被审计单位的具体情况而定，但必须有出纳员和被审计单位会计主管人员参加，由注册会计师进行监督盘点。

根据盘点结果，由注册会计师编制"库存现金监盘表"。若既有人民币又有外币现金，可以分别填制不同币种的"库存现金监盘表"。"库存现金监盘表"的格式参见表13-1。将盘点金额与库存现金日记账的余额进行核对，如有差异，应要求被审计单位查明原因，必要时应提请被审计单位做出调整；如无法查明原因，应要求被审计单位按管理权限批准后做出调整。

表 13-1 库存现金监盘表

被审计单位：　　　　索引号：　　　　　　编制人：　　　　复核人：
项目：　　　　　　　财务报表截止日/期间：　编制日期：　　　复核日期：

检查盘点记录			实有库存现金盘点记录		
项目	项次	人民币金额	面额	人民币张数及金额	
				张数	金额
上一日账面库存余额	①				
盘点日未记账传票收入金额	②				
盘点日未记账传票支出金额	③				
盘点日账面应有金额	④=①+②-③				
盘点实有库存现金数额	⑤				
盘点日应有与实务差异	⑥=④-⑤				

续表

检查盘点记录			实有库存现金盘点记录		
项目	项次	人民币金额	面额	人民币张数及金额	
				张数	金额
差异原因分析	白条抵库（　张）				
追溯调整	报表日至审计日库存现金付出总额				
	报表日至审计日库存现金收入总额				
	报表日库存现金应有余额				
合计					
审计说明：					

出纳员：　　　　　　会计主管人员：　　　　　　监盘人：　　　　　　检查日期：

3．抽查大额现金收支事项

注册会计师应抽查大额现金收支事项，确定原始凭证内容是否完整，有无授权批准，并核对相关账户的记录情况，有无与被审计单位生产经营业务无关的收支事项，如有，应查明原因，并作相应的记录。

4．审查现金收支的正确截止

被审计单位资产负债表上的库存现金数额，应以结账日实有数额为准。因此，注册会计师必须验证现金收支的截止日期。通常，注册会计师可以对结账日前后一段时间内的现金收支凭证进行审计，以确定是否存在跨期事项。

5．审查外币现金的折算是否正确

对于有外币现金的被审计单位，注册会计师应检查被审计单位对外币现金的收支是否按所规定的汇率折合为记账本位币金额；外币库存现金期末余额是否按期末即期汇率折合为记账本位币金额，外币折合差额是否按规定记入相关账户。

6．检查现金在资产负债表上的披露是否恰当

根据有关会计制度的规定，企业的库存现金在资产负债表中的"货币资金"项目反映，注册会计师应在实施上述审计程序后，确定库存现金账户的期末余额是否恰当，据以确定库存现金在资产负债表上的披露是否恰当。

二、银行存款的审计

(一)银行存款的审计目标

银行存款,是指企业存放在银行或其他金融机构的各种款项。按照国家有关规定,凡是独立核算的企业都必须在当地银行开设账户。企业在银行开设账户以后,除了按核定的限额保留库存现金以外,超过限额的现金必须存入银行;除了在规定的范围内可以用现金直接支付款项以外,在经营过程中所发生的一切货币收支业务,都必须通过银行存款账户进行结算。

银行存款的审计目标一般应包括:

(1)确定被审计单位资产负债表中的银行存款在资产负债表日是否确实存在,是否为被审计单位所拥有;

(2)确定被审计单位所有应当记录的银行存款收支业务是否均已记录完毕,有无遗漏;

(3)确定记录的银行存款是否为被审计单位所拥有或控制;

(4)确定银行存款以恰当的金额包括在财务报表的"货币资金"项目中,与之相关的计价调整已恰当记录;

(5)确定银行存款是否已按照企业会计准则的规定在财务报表中做出恰当列报。

(二)银行存款的实质性程序

1. 核对银行存款日记账和总账的余额

注册会计师首先应核对银行存款日记账与总账的余额是否相符。如有差异,应查明原因,要求被审计单位做出适当调整,并进行记录。在核对过程中,注册会计师应认真加计银行存款日记账的收支合计数,查明有无人为增加支出合计数,减少收入数,以掩盖挪用或者贪污的情况。

2. 实施实质性分析程序

注册会计师应计算定期存款占银行存款的比例,了解被审计单位是否存在高息资金拆借。如果存在高息资金拆借,注册会计师应进一步分析拆出资金的安全性,检查高额利差的入账情况;计算存放于非银行金融机构的存款占银行存款的比例,分析这些资金的安全性。

3. 取得并检查《银行存款余额调节表》

注册会计师检查《银行存款余额调节表》是证实资产负债表中所列银行存款是否存在的重要程序,同时也可以获得银行存款余额真实性、完整性的有关证据。注册会计师应对被审计单位编制的所有的《银行存款余额调节表》进行审核,也可以由注册会计师自己编制《银行存款余额调节表》,这主要取决于检查风险的可接受水平。取得《银行存款余额调节表》后,注册会计师应检查《银行存款余额调节表》中未达账项的真实性,以及资产负债表日后的进账情况,如果查明存在应于资产负债表日之前进账的,应做出记录并提出适当的调整建议。《银行存款余额调节表》的格式参见表13-2和表13-3。

表 13-2　银行存款余额调节表（一）
年　月　日

户别：　　　　　　　编制人：　　　　　　　日期：　　　　　　　索引号：
币别：　　　　　　　复核人：　　　　　　　日期：　　　　　　　页次：

银行对账单余额：　　　　　　　（　年　月　日）
加：企业已收，银行尚未入账金额
其中：1. _____元
2. _____元
减：企业已付，银行尚未入账金额
其中：1. _____元
2. _____元
调整后银行对账单金额
企业银行存款日记账金额（　年　月　日）
加：银行已收，企业尚未入账金额
其中：1. _____元
2. _____元
减：银行已付，企业尚未入账金额
其中：1. _____元
2. _____元
调整后企业银行存款日记账金额
经办会计人员：(签字)　　　　　　　　　　　　　　　　　会计主管：(签字)

表 13-3　银行存款余额调节表（二）
年　月　日

户别：　　　　　　　编制人：　　　　　　　日期：　　　　　　　索引号：
币别：　　　　　　　复核人：　　　　　　　日期：　　　　　　　页次：

银行对账单余额：　（　年　月　日）	企业银行存款日记账金额　（　年　月　日）
加：企业已收，银行尚未入账金额	加：银行已收，企业尚未入账金额
其中：1. _____元	其中：1. _____元
2. _____元	2. _____元
减：企业已付，银行尚未入账金额	减：银行已付，企业尚未入账金额
其中：1. _____元	其中：1. _____元
2. _____元	2. _____元
调整后银行对账单金额	调整后企业银行存款日记账金额
企业银行存款日记账金额（　年　月　日）	
经办会计人员：(签字)　　　　　　　　　　　　　　会计主管：(签字)	

4．函证银行存款余额

函证银行存款，是指注册会计师通过向银行发出函件以证实资产负债表所列银行存款是否存在的一项重要程序。通过向往来银行的函证,注册会计师不仅可以了解企业资产的存在,同时,函证还可以用于发现企业未登记的银行借款和未披露的或有负债。函证对象主要包括被审计单位在本年存过款(含外埠存款、银行汇票存款、银行本票存款、信用卡存款、信用证保证金存款)的所有银行发函,其中包括企业存款账户已结清的银行。函证方式是积极式函证,函证的时间是资产负债表日后进行。

5. 抽查大额银行存款的收支的原始凭证

注册会计师应抽查大额银行存款(含外埠存款、银行汇票存款、银行本票存款、信用证存款)收支的原始凭证,重点审查其内容是否完整,有无授权批准,并核对相关账户的进账情况。如有与被审计单位生产经营业务无关的收支事项,注册会计师应查明原因并作相应的记录。

6. 检查银行存款收支的正确截止

被审计单位资产负债表上银行存款的数额,应是截至报表编制日止的存款金额,包括报表编制日前开出的未兑现支票,但不包括报表编制日后收到的款项;同样,企业年终前开出的支票,不得在年后入账。为了确保银行存款收付的正确截止,注册会计师应当在清点支票及支票存根时,确定各银行账户最后一张支票的号码,并且应查实该号码之前的所有支票均已开出。在结账日后收到或开出的支票,不得作为结账日的存款收付入账。

7. 检查外币银行存款的折算是否正确

对于有外币银行存款的被审计单位,注册会计师应检查被审计单位对外币银行存款的收支是否按所规定的汇率折合为记账本位币金额;外币银行存款期末余额是否按期末即期汇率折合为记账本位币金额;外币折合差额是否按规定记入相关账户。

8. 确定银行存款在资产负债表上的披露是否恰当

按照企业会计准则的规定,企业的银行存款在资产负债表"货币资金"项目下反映。注册会计师应在实施上述审计程序后,确定银行存款账户的期末余额是否恰当,确定"库存现金""银行存款""其他货币资金"账户的期末余额合计数与资产负债表上的"货币资金"项目的数字是否相符,据以确定资产负债表上的"货币资金"项目中的数字披露是否恰当。

三、其他货币资金的实质性程序

其他货币资金包括企业到外地进行临时采购等原因而汇往采购地银行开立专户所形成的外埠存款、为办理取得银行汇票所形成的银行汇票存款、为办理取得银行本票形成的银行本票存款、信用卡存款和信用证保证金存款等。

(一) 其他货币资金的审计目标

其他货币资金的审计目标包括:

(1) 确定被审计单位资产负债表中的其他货币资金在会计报表日是否确实存在,是否为被审计单位所拥有;

(2) 确定被审计单位在特定期间内发生的其他货币资金收支业务是否均已记录完毕，有无遗漏；

(3) 确定其他货币资金的余额是否正确；

(4) 确定其他货币资金在会计报表上的披露是否恰当。

(二) 其他货币资金的实质性程序

其他货币资金的实质性程序包括：

(1) 核对明细账期末合计数与总账数是否相符；

(2) 函证外埠存款户、银行汇票存款户、银行本票存款户期末余额；

(3) 对于外币其他货币资金，检查其折算汇率是否正确；

(4) 抽查一定数量的原始凭证作为样本进行测试，检查其经济内容是否完整，有无适当的审批授权，并核对相关账户的进账情况；

(5) 抽查资产负债表日后的大额收支凭证进行截止测试，如有跨期收支事项，应作适当调整；

(6) 确定其他货币资金的披露是否恰当。

审计法规链接

1. 中国注册会计师审计准则第 1301 号——审计证据
2. 中国注册会计师审计准则第 1312 号——函证
3. 中国注册会计师审计准则第 1313 号——分析程序

复习思考题

一、重要概念

1. 货币资金审计
2. 货币资金的内部控制
3. 监盘库存现金
4. 函证银行存款

二、思考分析

1. 货币资金的内部控制包含什么内容？
2. 简述库存现金的实质性程序。
3. 简述银行存款的实质性程序。
4. 注册会计师在对某银行进行审计时，发现以下情况：12 月 31 日银行存款日记账账面余额是 67 875 元，对账单上银行存款余额是 64 500 元，经查发现以下未达账项：

(1) 12 月 31 日委托银行收款 7 250 元，银行已入该企业账户，收款通知书尚未到达企业；

(2) 12 月 30 日，企业开出转账支票一张，计 1 200 元，企业已减少存款，银行尚未入

账;

(3) 12月29日银行已代付企业电费1 125元,银行已入账,企业尚未收到付款通知书;

(4) 12月29日企业已收到外单位的转账支票一张,计9 000元,企业已收款入账,银行尚未入账。

要求:

(1) 编制《银行存款余额调节表》;

(2) 假定银行对账单所列企业银行存款余额正确无误,试问在编制《银行存款余额调节表》时发现的错误数额是多少?属于什么性质的错误?12月31日银行存款日记账的正确金额是多少?

第十四章　特殊项目的审计

【本章学习目标】
1. 了解期初余额审计的目标。
2. 理解期初余额的审计程序。
3. 了解关联方及关联方交易的识别。

第一节　期初余额的审计

在审计实务中,当注册会计师首次接受客户的委托,对被审计单位的财务报表进行审计时,就会涉及对财务报表期初余额如何审计的问题。

一、期初余额的含义

所谓期初余额,是指注册会计师首次接受委托时被审计期间期初已存在的余额。它是由上期结转至本期的金额,或是上期期末余额调整后的金额。期初余额与上期期末余额是一个事物的两个方面。

二、期初余额的审计目标和审计程序

(一)期初余额的审计目标

期初余额的审计目标包括：
(1)期初余额是否存在对本期会计报表有重大影响的错报或漏报；
(2)上期期末余额是否已正确结转至本期；
(3)上期会计政策是否恰当,是否一贯,是否合理变更；
(4)上期期末存在的或有事项是否已做恰当处理。

(二)期初余额的审计程序

在确定期初余额的审计证据的充分性和适当性时,注册会计师应当考虑：
(1)被审计单位运用的会计政策；

(2) 上期财务报表是否经过审计,如果经过审计,审计报告是否为非标准审计报告;

(3) 账户的性质和本期财务报表中的重要错报风险;

(4) 期初余额对本期财务报表的重要程度。

如果上期财务报表由前任注册会计师审计,注册会计师应当考虑通过查阅前任注册会计师的审计工作底稿获取审计证据,并考虑前任注册会计师的独立性和专业胜任能力;如果上期财务报表未经审计,或者注册会计师在查阅前任注册会计师的审计工作底稿时,无法对期初余额得出满意结论,注册会计师应当实施进一步的审计程序,例如,对存货实施追加的审计程序,检查形成期初余额的有关会计记录和其他信息;在某些情况下,注册会计师可以向第三方函证期初余额,或实施其他追加的审计程序。

三、对审计意见的影响

如果期初余额对本期财务报表有重大影响但无法获取充分、适当的证据,注册会计师应发表保留意见或无法表示意见;如果发现期初余额存在对本期会计报表有重大影响的错报或漏报,注册会计师应提请被审计单位进行调整,如果被审计单位拒绝调整,注册会计师应发表保留意见或否定意见。

第二节 期后事项的审计

一、期后事项的内涵

期后事项,是指资产负债表日至审计报告日之间发生的事项以及审计报告日后发现的事实。其中,资产负债表日是指被审计年度的12月31日,审计报告日是指注册会计师完成审计工作的日期。期后事项可以分为两个时段:资产负债表日至审计报告日发生的期后事项;审计报告日之后的期后事项。

二、注册会计师的审计责任

对于资产负债表日至审计报告日之间发生的期后事项,注册会计师应实施必要的审计程序,获取充分、恰当的审计证据,以确认期后事项是否发生。若期后事项确已发生,注册会计师应在实施必要的审计程序后,确定期后事项的类型及对会计报表的影响程度,并形成审计结论。对审计报告日之后的期后事项,注册会计师没有责任实施审计程序或进行专门询问,但应对其已知悉的期后事项予以关注,并实施相应的审计程序。被审计单位管理当局有责任及时向注册会计师告知可能影响会计报表的期后事项。

三、期后事项的类型

(一) 资产负债表日后调整事项

资产负债表日后调整事项,是指对资产负债表日已经存在的情况提供了新的或进

一步证据的事项。注册会计师在进行报表审计时,需要关注这类事项对被审计单位报表数据的影响:

(1) 被审计单位的债务人在资产负债表日后被宣告破产的应提请被审计单位补提足额的坏账准备,以反映债务人破产对资产负债表日应收款项的客观影响;

(2) 被审计单位资产负债表日的未决诉讼在资产负债表日后被判决败诉。

若被审计单位因败诉须向原告提供经济赔偿,注册会计师应考虑提请被审计单位补提相关的负债,以反映这笔应付款项;被审计单位资产负债表日的大批产品在资产负债表日后完工验收时,被确认为不合格品,注册会计师应根据这一事项调减资产负债表日存货余额。

(二) 资产负债表日后非调整事项

资产负债表日后非调整事项,是指表明资产负债表日后发生情况的事项。这些事项虽然对被审计年度资产负债表日的会计数据没有直接影响,但可能影响被审计单位未来期间的财务状况和经营成果。为了保证会计报表使用者能够全面、正确地理解报表信息,被审计单位应在附注中披露。此类事项包括被审单位的并购、发行股票或债券、举借大额银行借款、发生新的担保业务、因不可抗拒的原因导致企业资产遭受损失等。

四、期后事项的审计程序

(一) 截至审计报告日发生的事项

注册会计师应尽量在接近审计报告日时,实施旨在识别须在财务报表中调整或披露事项的审计程序,包括:

(1) 复核被审计单位管理当局建立的用于确保识别期后事项的程序;

(2) 查阅股东会、董事会及其专门委员会在资产负债表日后所举行会议的纪要,并在不能获取会议纪要时询问会议讨论的事项;

(3) 查阅最近的中期财务报表;

(4) 如认为必要和恰当,还应查阅预算、现金流量预测及其他相关管理报告;

(5) 向被审计单位律师或法律顾问询问有关诉讼和索赔事项;

(6) 向被审计单位管理当局询问是否发生可能影响财务报表的期后事项。

(二) 审计报告日后至财务报表报出日前发生的事实

在审计报告日后至财务报表报出日前,若知悉可能对财务报表产生重大影响的事实,注册会计师应考虑是否需要修改财务报表并与被审计单位管理当局讨论,同时根据具体情况采取适当措施。

(1) 若被审计单位管理当局修改了财务报表,注册会计师应根据具体情况实施必要的审计程序,并针对修改后的财务报表出具新的审计报告。新的审计报告日期不应早于董事会或类似机构批准修改后的财务报表的日期。注册会计师应将针对期后事项的审计程序延伸至新的审计报告日,如果注册会计师认为应当修改财务报表而被审计单位管理当局没有修改,并且审计报告尚未提交给被审计单位,则应出具保留意见或否定意见的审计报告。

(2) 若注册会计师认为应当修改财务报表而被审计单位管理当局没有修改,并且审计报告已提交被审计单位,则应当通知被审计单位管理当局不要将财务报表和审计报告向第三方报出。若财务报表仍被报出,注册会计师应当采取措施防止财务报表使用者信赖该审计报告,所采取措施取决于自身的权利和义务及征询的法律意见。

(三) 财务报表报出日后发生的事实

在财务报表报出日后,注册会计师若知悉审计报告日已存在的、可能导致修改审计报告的事实,应考虑是否需要修改财务报表,并与被审计单位管理当局讨论,根据情况采取适当措施:

(1) 若被审计单位管理当局修改了财务报表,注册会计师应根据具体情况实施必要的审计程序,复核被审计单位管理当局采取的措施能否确保所有收到原财务报表和审计报告的人士了解这一情况,并针对修改后的财务报表出具新的审计报告。新的审计报告应增加强调事项段,提请财务报表使用者注意报表附注中对修改原财务报表原因的详细说明,以及出具的原审计报告。新的审计报告日期不应早于董事会或类似机构批准修改后的财务报表的日期。相应的,注册会计师应将审计程序延伸至新的审计报告日。

(2) 若被审计单位管理当局既没有采取必要措施确保所有收到原财务报表和审计报告的人士了解这一情况,又没有在注册会计师认为需要修改的情况下修改财务报表,注册会计师应当采取措施防止财务报表使用者信赖该审计报告,并把拟采取的措施通知被审计单位管理当局。采取的措施取决于自身的权利和义务及征询的法律意见。

(3) 若临近公布下一期财务报表,且能在下一期财务报表中进行充分披露,注册会计师应当根据法律法规的规定,确定是否有必要提请被审计单位修改财务报表,并出具新的审计报告。

第三节 其他项目的审计

一、或有事项的审计

(一) 或有事项的含义

或有事项,是指过去的交易或者事项形成的,其结果须由某些未来事项的发生或不发生才能决定的不确定事项。常见的或有事项包括未决诉讼、未决仲裁、附追索权的票据贴现、产品质量保证、对外债务担保等。

企业不应当确认或有负债和或有资产。或有负债,是指过去的交易或者事项形成的潜在义务,其存在必须通过未来不确定事项的发生或不发生予以证实;或过去的交易或者事项形成的现时义务,履行该义务不是很可能导致经济利益流出企业或该义务的金额不能可靠计量。或有资产,是指过去的交易或者事项形成的潜在资产,其存在必须通过未来不确定事项的发生或不发生予以证实。

(二) 或有事项的审计程序

或有事项常采用的审计程序为:

(1) 询问被审计单位管理当局及有关人员,了解确定和评价或有事项的政策和程序,或有事项的具体内容及会计披露;

(2) 审阅有关资料,例如董事会记录、与银行的业务往来函件、管理费用账户等;

(3) 向被审计单位的法律顾问、律师和与被审计单位有业务往来的银行函证;

(4) 与税务部门联系;

(5) 获取声明书;

(6) 确定或有事项在会计报表的披露是否恰当,特别要防止不充分披露问题。

二、关联方及其交易的审计

(一) 关联方及关联方交易的含义

一方控制、共同控制另一方或对另一方施加重大影响,以及两方或两方以上同受一方控制、共同控制或重大影响的,构成关联方,包括:

(1) 该企业的母公司、该企业的子公司;

(2) 与该企业受同一母公司控制的其他企业;

(3) 对该企业实施共同控制的投资方;

(4) 对该企业施加重大影响的投资方;

(5) 该企业的合营企业、联营企业;

(6) 能够控制、共同控制或施加重大影响的企业的主要投资者个人及与其关系密切的家庭成员;

(7) 该企业或其母公司的关键管理人员及与其关系密切的家庭成员;

(8) 该企业主要投资者个人、关键管理人员或与其关系密切的家庭成员控制、共同控制或施加重大影响的其他企业。

关联方交易,是指关联方之间转移资源、劳务或义务的行为,而不论是否收取价款。关联方交易的类型包括购买或销售商品或其他资产、提供或接受劳务、担保、提供资金、代理、租赁、研究与开发项目的转移、许可协议等。

被审计单位管理当局有责任识别、披露关联方和关联方交易。注册会计师应实施审计程序,就被审计单位管理当局是否按照适用的会计准则和相关会计制度的规定识别、披露关联方和关联方交易,获取充分、适当的审计证据。

(二) 关联方的存在和披露

注册会计师应了解被审计单位及其环境,以识别可能导致与关联方及其交易有关的重大错报风险的交易和事项。注册会计师应复核由被审计单位治理层和管理层提供的

所有已知关联方名称的信息,并针对信息的完整性实施下列审计程序:

(1) 复核以前年度的审计工作底稿,确认已识别的关联方名称;

(2) 复核被审计单位识别管理方的程序;

(3) 询问被审计单位管理当局和关键管理人员是否与其他的企业存在隶属关系;

(4) 复核投资者记录,以确定主要投资者的名称,并在适当情况下,从股权登记机构获取主要投资者的名单;

(5) 查阅股东会、董事会的会议纪要以及其他的相关记录;

(6) 询问其他或前任注册会计师所知悉的其他关联方;

(7) 复核被审计企业向监管机构报送的所得税申报表及其他信息。

(三) 关联方交易的识别

在了解被审计单位内部控制时,注册会计师应考虑与关联方交易授权和记录相关的控制活动的适当性。在审计过程中,注册会计师应警惕显得异常的交易,考虑是否存在以前尚未识别出的关联方。此类交易主要有:

(1) 价格、利率、担保、付款等条件异常的交易;

(2) 商业理由明显不合乎逻辑的交易;

(3) 实质与形式不符合的交易;

(4) 处理方式异常的交易;

(5) 与某些客户进行的大量或重大交易;

(6) 未予记录的交易。

(四) 检查已识别的关联方交易

在检查已识别的关联方交易时,注册会计师应获取充分、适当的审计证据,以确定这些交易是否已得到恰当记录和充分披露。关联方交易的性质可能导致与关联方有关的审计证据有限,注册会计师应考虑实施下列审计程序:

(1) 向关联方函证交易的条件和金额;

(2) 检查关联方拥有的信息;

(3) 向与交易相关的人员和机构(例如银行、律师、担保人或代理商等)函证或与之讨论相关信息。

1. 获取管理当局声明

注册会计师应就下列事项向被审计单位管理当局获取书面证明:

(1) 提供的关于识别关联方信息的完整性;

(2) 在财务报表中关联方及其交易披露的充分性。

2. 出具审计报告

若无法就关联方及其交易获取充分、适当的审计证据,或关联方及其交易的披露不充分,注册会计师应出具恰当的非无保留意见的审计报告。

审计法规链接

1. 中国注册会计师审计准则第 1321 号——审计会计估计（包括公允价值会计估计）和相关披露
2. 中国注册会计师审计准则第 1331 号——首次审计业务涉及的期初余额
3. 中国注册会计师审计准则第 1332 号——期后事项

复习思考题

一、重要概念

1. 期初余额
2. 期后事项
3. 或有事项
4. 关联方交易

二、思考分析

1. 简述期初余额的审计目标和审计程序。
2. 简述期后事项的类型及审计程序。
3. 简述或有事项的审计程序。
4. 如何识别关联方交易？

第十五章 审计终结与审计报告

【本章学习目标】
1. 明确审计终结前的工作。
2. 了解审计报告的作用和类型。
3. 理解标准审计报告的基本内容和出具条件。
4. 理解各种非标准审计报告的基本内容和出具条件。

第一节 审计终结前的工作

注册会计师按业务循环完成各财务报表项目的审计测试和一些特殊项目的审计工作后,在审计完成阶段应进行审计终结前的、综合性的审计工作,例如评价审计中的重大发现,汇总审计差异,复核审计工作底稿和财务报表等。在此基础上,注册会计师应评价审计结果,在与客户沟通以后,获取被审计单位管理层的声明,确定应出具审计报告的意见类型和措辞,进而编制并致送审计报告,终结审计工作。

一、评价审计中的重大发现

重大发现涉及会计政策的选择、运用和一贯性的重大事项,包括相关的信息披露。在审计完成阶段,项目负责合伙人或主任会计师和审计项目组考虑的重大发现和事项包括:

(1) 中期复核中的重大发现及其对审计方法的相关影响;
(2) 涉及会计政策的选择、运用和一贯性的重大事项,包括相关的披露;
(3) 就特别审计目标识别的重大风险,对审计策略和计划的审计程序所作的重大修正;
(4) 在与管理层和其他人员讨论重大发现和事项时得到的信息;
(5) 与注册会计师的最终审计结论相矛盾或不一致的信息等。

注册会计师对已记录的审计程序进行评估,可能全部或部分地揭示出以下事项:

(1) 为了实现计划的审计目标,是否有必要对重要性进行修订;
(2) 对审计策略和计划的审计程序的重大修正;

(3) 对审计方法有重要影响的与财务报告相关的值得关注的内部控制的缺陷和其他弱点；

(4) 财务报表中存在的重大错报或漏报，包括相关披露和其他审计调整；

(5) 项目组内部，或项目组与项目质量控制复核人员之间，就重大会计和审计事项所存在的意见分歧；

(6) 在实施审计程序时遭遇重大困难的情形；

(7) 向会计师事务所内部有经验的专业人士或外部专业顾问咨询；

(8) 与被审计单位管理层或治理层就重大发现以及内部控制缺陷等信息进行讨论。

如果审计项目组内部、项目组与被咨询者之间以及项目负责合伙人与项目质量控制复核人员之间存在意见分歧，审计项目组应当遵循会计师事务所的政策和程序予以妥善处理。

二、汇总审计差异

在完成按业务循环进行的控制测试、交易与财务报表项目的实质性程序以及特殊项目的审计后，对于发现的审计差异，审计项目经理应根据审计重要性原则予以初步确定并汇总，对于重要的审计差异，建议被审计单位进行调整。

对审计差异的"初步确定并汇总"直至形成"经审计的财务报表"的过程，主要是通过编制审计差异调整表和试算平衡表得以完成的。

（一）编制审计差异调整表

审计差异是审计项目组成员在审计中发现的被审计单位的会计处理方法与企业会计准则的不一致。按是否需要调整账户记录，审计差异可以分为核算错误和重分类错误。核算错误，是指因企业对经济业务进行了不正确的会计核算而引起的错误，用审计重要性原则来衡量每一项核算错误，又可以把这些核算错误区分为建议调整的不符事项和不建议调整的不符事项（即未调整不符事项）。重分类错误，是指因企业未按企业会计准则列报财务报表而引起的错误。例如，企业在应付账款项目中反映的预付款项、在应收账款项目中反映的预收款项等。

无论是建议调整的不符事项、重分类错误还是不建议调整的不符事项，在审计工作底稿中通常都是以会计分录的形式反映的。注册会计师通常需要将这些建议调整的不符事项、重分类错误以及不建议调整的不符事项分别汇总至《账项调整分录汇总表》《重分类调整分录汇总表》与《未更正错报汇总表》，其参考格式分别参见表15-1、表15-2和表15-3。

表 15-1 账项调整分录汇总表

序号	内容及说明	索引号	调整内容				影响利润表＋（－）	影响资产负债表＋（－）
			借方项目	借方金额	贷方项目	贷方金额		

表 15-2 重分类调整分录汇总表

序号	内容及说明	索引号	调整项目和金额			
			借方项目	借方金额	贷方项目	贷方金额

表 15-3 未更正错报汇总表

序号	内容及说明	索引号	未调整内容				备注
			借方项目	借方金额	贷方项目	贷方金额	

注册会计师确定了建议调整的不符事项和重分类错误后,应以书面方式及时征求被审计单位对需要调整财务报表事项的意见。若被审计单位予以采纳,注册会计师应取得被审计单位同意调整的书面确认;若被审计单位不予采纳,注册会计师应分析原因,并根据不建议调整的不符事项的性质和重要程度,确定是否在审计报告中予以反映,以及如何反映。

(二)编制试算平衡表

试算平衡表,是指注册会计师在被审计单位提供未审财务报表的基础上,考虑调整分录、重分类分录等内容以确定已审数与报表披露数的表式。其参考格式参见表 15-4 和表 15-5。

(1)试算平衡表中的"审计前金额"列,应根据被审计单位提供的未审计财务报表填列。

(2)试算平衡表中的"账项调整"列,应根据经被审计单位同意的《账项调整分录汇总表》填列。

(3)试算平衡表中的"重分类调整"列,应根据经被审计单位同意的《重分类调整分录汇总表》填列。

(4)在编制完试算平衡表后,应注意核对相应的勾稽关系。例如,资产负债表试算平衡表资产"审计前金额"合计数、"审定金额"合计数应分别等于负债相应各列合计数;《资产负债表试算平衡表》左边的"账项调整"列中的借方合计数与贷方合计数之差应等于右边的"账项调整"列中的贷方合计数与借方合计数之差;《资产负债表试算平衡表》左边的"重分类调整"列中的借方合计数与贷方合计数之差应等于右边的"重分类调整"列中的贷方合计数与借方合计数之差等。

表 15-4 资产负债表试算平衡表

项目	审计前金额	账项调整		重分类调整	审定金额
		借方	贷方		
资产					
货币资金					
交易性金融资产					
应收票据					
应收账款					
预付账款					
应收利息					
应收股利					
其他应收款					
存货					
一年内到期的非流动资产					
其他流动资产					
可代出售金融资产					
持有至到期投资					
长期应收款					
长期股权投资					
投资性房地产					
固定资产					
在建工程					
工程物资					
固定资产清理					
无形资产					
开发支出					
商誉					
长期待摊费用					
递延所得税资产					
其他非流动资产					
合计					
负债					
短期借款					
交易性金融负债					
应付票据					
应付账款					
预收款项					
应付职工薪酬					

续表

项目	审计前金额	账项调整		重分类调整	审定金额
		借方	贷方		
应交税费					
应付利息					
应付股利					
其他应付款					
一年内到期的非流动负债					
其他流动负债					
长期借款					
应付债券					
长期应付款					
专项应付款					
预计负债					
递延所得税负债					
其他非流动负债					
实收资本（股本）					
资本公积					
盈余公积					
未分配利润					
合计					

表 15-5 利润表试算平衡表

项目	审计前金额	调整金额		审定金额
		借方	贷方	
一、营业收入				
减：营业成本				
营业税金及附加				
销售费用				
管理费用				
财务费用				
资产减值损失				
加：公允价值变动损益				
投资收益				
二、营业利润				
加：营业外收入				
减：营业外支出				
三、利润总额				
减：所得税费用				
四、净利润				

三、复核审计工作底稿和财务报表

（一）对财务报表总体合理性实施分析程序

在审计结束或临近结束时，注册会计师运用分析程序的目的是确定经审计调整后的财务报表整体是否与对被审计单位的了解一致，是否具有合理性。注册会计师应当围绕这一目的运用分析程序。

在运用分析程序进行总体复核时，如果识别出以前未识别的重大错报风险，注册会计师应当重新考虑对全部或部分各类交易、账户余额、披露评估的风险是否恰当，并在此基础上重新评价之前计划的审计程序是否充分，是否有必要追加审计程序。

（二）评价审计结果

注册会计师评价审计结果，主要是为了确定审计意见的类型以及在整个审计工作中是否遵循了审计准则。为此，注册会计师必须完成两项工作：一是对重要性和审计风险进行最终的评价；二是对被审计单位已审计财务报表形成审计意见并草拟审计报告。

1. 对重要性和审计风险进行最终的评价

对重要性和审计风险进行最终评价是注册会计师决定发表何种类型审计意见的必要过程。该过程可以通过以下两个步骤来完成。

（1）确定可能的错报金额。

可能的错报金额包括已经识别的具体错报和推断误差。

（2）评价错报的影响。

根据财务报表层次的重要性水平，确定可能的错报金额的汇总数（即可能错报总额）对整个财务报表的影响程度。应当注意的是：这里的"财务报表层次的重要性水平"是指审计计划阶段确定的重要性水平，如果该重要性水平在审计过程中已作过修正，则应当按修正后的财务报表层次重要性水平进行比较。

这里的"可能的错报总额"一般是指各财务报表项目可能的错报金额的汇总数，但也可能包括上一期间的任何未更正可能错报对本期财务报表的影响。上一期间的未更正可能错报与本期未更正可能错报累计起来，可能会导致本期财务报表产生重大错报。因此，注册会计师估计本期的可能错报总额时应当包括上一期间的未更正可能错报。

注册会计师在审计计划阶段已确定了审计风险的可接受水平。随着可能错报总额的增加，财务报表可能被严重错报的风险也会增加。如果注册会计师得出结论，审计风险处在一个可接受的水平，则可以直接提出审计结果所支持的意见；如果注册会计师认为审计风险不能接受，则应追加审计测试或者说服被审计单位作必要调整，以便将重要错报的风险降低到可接受的水平。否则，注册会计师应慎重考虑该审计风险对审计报告的影响。

2. 对被审计单位已审计财务报表形成审计意见并草拟审计报告

在审计过程中，注册会计师要实施各种测试。这些测试通常是由参与本次审计工作的审计项目组成员来执行的，而每个成员所执行的测试可能只限于某几个领域或账项，所以,在每个业务循环或报表项目的测试都完成之后,审计项目经理应汇总所有成员的审计结果。

在完成审计工作阶段,为了对财务报表整体发表适当的意见,必须将这些分散的审计结果加以汇总和评价,综合考虑在审计过程中收集到的全部证据。负责该审计项目的合伙人对这些工作负有最终责任。在有些情况下,这些工作可以先由审计项目经理初步完成,然后再逐级交给部门经理和项目负责合伙人认真复核。

在对审计意见形成最后决定之前,会计师事务所通常要与被审计单位召开沟通会。在沟通会上,注册会计师可以口头报告本次审计所发现的问题,并说明建议被审计单位作必要调整或表外披露的理由。当然,被审计单位管理层也可以在会上申辩其立场。最后,通常会对需要被审计单位做出的改变达成协议。若达成了协议,注册会计师一般即可签发标准审计报告,否则,注册会计师则可能不得不发表其他类型的审计意见。

3. 复核审计工作底稿

会计师事务所应当建立完善的审计工作底稿分级复核制度。对审计工作底稿的复核可以分为两个层次,即项目组内部复核和独立的项目质量控制复核。

(1) 项目组内部复核。

项目组内部复核又分为两个层次:项目负责经理的现场复核和项目负责合伙人的复核。项目负责经理的现场复核属于第一级复核,该级复核通常在审计现场完成,以便及时发现和解决问题,争取审计工作的主动。项目负责合伙人的复核是项目组内部最高级别的复核,该复核既是对项目负责经理复核的再监督,又是对重要审计事项的把关。

(2) 项目质量控制复核。

项目质量控制复核也称独立复核,是指在出具报告前,对项目组做出的重大判断和在准备报告时形成的结论做出客观评价的过程。

对审计工作底稿进行独立复核有以下意义。

① 一是对审计工作结果实施最后质量控制。

审计工作的高质量,在于形成审计意见的正确性。对签发审计报告前的审计工作底稿进行独立复核,是对审计工作结果实施的最后质量控制,能避免对重大审计问题的遗留或对具体审计工作理解不透彻等情况,从而形成与审计工作结果相一致的审计意见。

② 二是确认审计工作已达到会计师事务所的工作标准。

会计师事务所对开展各项审计工作都应有明确、统一的标准。但在执行过程中,会计师事务所内不同注册会计师的工作质量会有差异,有的注册会计师甚至可能背离统一的工作标准。进行独立复核,严格保持整体审计工作质量的一致性,确认该审计工作已达到会计师事务所的工作标准。

③ 三是消除妨碍注册会计师判断的偏见。

在审计工作中,常常需要注册会计师对各种问题做出专业判断。注册会计师可能会对一些问题做出不符合事实的审计结论。而进行独立复核,可以消除妨碍注册会计师做出正确判断的偏见,做出符合事实的审计结论。

针对项目负责经理和项目负责合伙人的复核以及项目质量控制复核,很多的会计师事务所都备有详细的业务执行复核工作核对表,项目复核可以通过填列业务执行复核工作核对表的方式来进行,这样不仅可以对那些经常容易被忽视的审计方面起到提醒作用,而且还有利于检查审计证据的充分性和适当性。

四、获取书面声明

书面声明,是指被审计单位管理层向注册会计师提供的书面陈述,用以确认某些事项或支持其他的审计证据。书面声明不包括财务报表及其认定,以及支持性账簿和相关记录。在本章中单独提及管理层时,应当理解为管理层和治理层(如适用)。被审计单位管理层负责按照适用的财务报告编制基础编制财务报表并使其实现公允反映。

书面声明是注册会计师在财务报表审计中需要获取的必要信息,是审计证据的重要来源。如果被审计单位管理层修改书面声明的内容或不提供注册会计师要求的书面声明,可能使注册会计师警觉存在重大问题的可能性。而且,在很多情况下,要求被审计单位管理层提供书面声明而非口头声明,可以促使管理层更加认真地考虑声明所涉及的事项,从而提高声明的质量。

尽管书面声明提供必要的审计证据,但其本身并不为所涉及的任何事项提供充分、适当的审计证据。而且,被审计单位管理层已提供可靠书面声明的事实,并不影响注册会计师就管理层责任履行情况或具体认定获取的其他审计证据的性质和范围。

(一)针对管理层责任的书面声明

针对财务报表的编制,注册会计师应当要求被审计单位管理层提供书面声明,确认其根据审计业务约定条款,履行了按照适用的财务报告编制基础编制财务报表并使其实现公允反映(如适用)的责任。

针对提供的信息和交易的完整性,注册会计师应当要求被审计单位管理层就下列事项提供书面声明:

(1)按照审计业务约定条款,已向注册会计师提供所有的相关信息,并允许注册会计师不受限制地接触所有相关信息以及被审计单位内部人员和其他相关人员;

(2)所有的交易均已记录并反映在财务报表中。

如果未从被审计单位管理层获取其确认已履行的责任,注册会计师在审计过程中获取的有关管理层已履行这些责任的其他审计证据是不充分的。这是因为,仅凭其他的审计证据不能判断管理层是否在认可并理解其责任的基础上,编制和列报财务报表并向注册会计师提供了相关信息。

上述书面声明,基于被审计单位管理层认可并理解在审计业务约定条款中提及的管理层的责任,注册会计师要求管理层通过声明确认其已履行这些责任。当存在下列情况时,这种确认尤为适当:

(1)代表被审计单位签订审计业务约定条款的人员不再承担相关责任;

(2)审计业务约定条款是在以前年度签订的;

(3) 有迹象表明管理层误解了其责任；

(4) 情况的改变需要管理层再次确认其责任。

当然，再次确认被审计单位管理层对自身责任的认可与理解，并不限于管理层已知的全部事项。

(二) 其他书面声明

除了《中国注册会计师审计准则第1341号——书面声明》和其他审计准则要求的书面声明以外，如果注册会计师认为有必要获取一项或多项其他书面声明，以支持与财务报表或者一项或多项具体认定相关的其他审计证据，注册会计师应当要求被审计单位管理层提供这些书面声明，例如关于财务报表的额外书面声明、关于特定认定的书面声明等。

(三) 书面声明的日期和涵盖的期间

书面声明的日期应当尽量接近对财务报表出具审计报告的日期，但不得在审计报告日后。书面声明应当涵盖审计报告针对的所有财务报表和期间。

由于书面声明是必要的审计证据，在被审计单位管理层签署书面声明前，注册会计师不能发表审计意见，也不能签署审计报告。而且，由于注册会计师关注截至审计报告日发生的、可能需要在财务报表中做出相应调整或披露的事项，书面声明的日期应当尽量接近对财务报表出具审计报告的日期，但不得在其之后。

(四) 书面声明的形式

书面声明应当以声明书的形式致送注册会计师。声明书的参考格式如范15-1所示。如果存在例外情况，则需要对范15-1列示的书面声明的内容予以调整。

范15-1　声明书的参考格式

声明书

（致注册会计师）：

本声明书是针对你们审计×××公司截至20××年12月31日的年度财务报表而提供的。审计的目的是对财务报表发表意见，以确定财务报表是否在所有重大方面已按照企业会计准则的规定编制，并实现公允反映。

尽我们所知，并在做出了必要的查询和了解后，我们确认：

一、财务报表

1. 我们已履行(插入日期)签署的审计业务约定书中提及的责任，即根据企业会计准则的规定编制财务报表，并对财务报表进行公允反映。

2. 在做出会计估计时使用的重大假设（包括与公允价值计量相关的假设）是合理的。

3. 已按照企业会计准则的规定对关联方关系及其交易做出了恰当的会计处理和披露。

4. 根据企业会计准则的规定,所有需要调整或披露的资产负债表日后事项都已得到调整或披露。

5. 未更正错报,无论是单独还是汇总起来,对财务报表整体的影响均不重大。未更正错报汇总表附在本声明书后。

6. 注册会计师可能认为适当的其他任何事项。

二、提供的信息

7. 我们已向你们提供下列工作条件:

(1) 允许接触我们注意到的、与财务报表编制相关的所有信息(如记录、文件和其他事项);

(2) 提供你们基于审计目的要求我们提供的其他信息;

(3) 允许在获取审计证据时不受限制地接触你们认为必要的本公司内部人员和其他相关人员。

8. 所有交易均已记录并反映在财务报表中。

9. 我们已向你们披露了由于舞弊可能导致的财务报表重大错报风险的评估结果。

10. 我们已向你们披露了我们注意到的、可能影响本公司的与舞弊或舞弊嫌疑相关的所有信息,这些信息涉及本公司的:

(1) 管理层;

(2) 在内部控制中承担重要职责的员工;

(3) 其他人员(在舞弊行为导致财务报表重大错报的情况下)。

11. 我们已向你们披露了从现任和前任员工、分析师、监管机构等方面获知的、影响财务报表的舞弊指控或舞弊嫌疑的所有信息。

12. 我们已向你们披露了所有已知的、在编制财务报表时应当考虑其影响的违反或涉嫌违反法律法规的行为。

13. 我们已向你们披露了我们注意到的关联方的名称和特征、所有关联方关系及其交易。

14. (插入注册会计师可能认为必要的其他任何事项)。

附:未更正错报汇总表

×××公司　　　　　　　　　　　　　　×××公司管理层

（盖章）　　　　　　　　　　　　　　（签名并盖章）

中国××市　　　　　　　　　　　　　20××年××月××日

(五) 对书面声明可靠性的疑虑以及管理层不提供要求的书面声明

1. 对书面声明可靠性的疑虑

(1) 对管理层的胜任能力、诚信、道德价值观或勤勉尽责存在疑虑。

如果对被审计单位管理层的胜任能力、诚信、道德价值观或勤勉尽责存在疑虑,或者对被审计单位管理层在这些方面的承诺或贯彻执行存在疑虑,注册会计师应当确定这些疑虑对书面声明或口头声明和审计证据总体的可靠性可能产生的影响。注册会计师可能认为,被审计单位管理层在财务报表中做出不实陈述的风险很大,以至于审计工作无法进行。

(2) 书面声明与其他审计证据不一致。

如果书面声明与其他审计证据不一致,注册会计师应当实施审计程序以设法解决这些问题。注册会计师可能需要考虑风险评估结果是否仍然适当。如果认为不适当,注册会计师需要修正风险评估结果,并确定进一步审计程序的性质、时间安排和范围,以应对评估的风险。如果问题仍未解决,注册会计师应当重新考虑被审计单位管理层的胜任能力、诚信、道德价值观或勤勉尽责的评估,或者重新考虑对被审计单位管理层在这些方面的承诺或贯彻执行的评估,并确定书面声明与其他审计证据的不一致对书面声明或口头声明和审计证据总体的可靠性可能产生的影响。

如果认为书面声明不可靠,注册会计师应当采取适当措施,包括确定其对审计意见可能产生的影响。

2. 管理层不提供要求的书面声明

如果被审计单位管理层不提供要求的一项或多项书面声明,注册会计师应当:

(1) 与被审计单位管理层讨论该事项;

(2) 重新评价被审计单位管理层的诚信,并评价该事项对书面声明或口头声明和审计证据总体的可靠性可能产生的影响;

(3) 采取适当措施,包括确记该事项对审计意见可能产生的影响。

如果存在下列情形之一,注册会计师应当对财务报表发表无法表示意见:

(1) 注册会计师对被审计单位管理层的诚信产生重大疑虑,以至于认为其做出的书面声明不可靠;

(2) 被审计单位管理层不提供审计准则要求的书面声明。

这是因为,如果注册会计师认为有关这些事项的书面声明不可靠,或者被审计单位管理层不提供有关这些事项的书面声明,则注册会计师无法获取充分、适当的审计证据,这对财务报表的影响可能是广泛的,并不局限于财务报表的特定要素、账户或项目。在这种情况下,注册会计师需要对财务报表发表无法表示意见。

第二节 审计报告概述

一、审计报告的含义和作用

(一) 审计报告的含义

审计报告,是指注册会计师根据审计准则的规定,在执行审计工作的基础上,对财务报表发表审计意见的书面文件。

审计报告是注册会计师在完成审计工作后向委托人提交的最终产品,具有以下四个方面的特征。

1. 注册会计师应当按照审计准则的规定执行审计工作

审计准则是用以规范注册会计师执行审计业务的标准,包括一般原则与责任、风险评估与应对、审计证据、利用其他主体的工作、审计结论与报告以及特殊领域审计等六个方面的内容,涵盖了注册会计师执行审计业务的整个过程和各个环节。

2. 注册会计师在实施审计工作的基础上才能出具审计报告

注册会计师应当实施风险评估程序,通过了解被审计单位及其环境,识别和评估由于舞弊或错误导致的重大错报风险,以此作为评估财务报表层次和认定层次重大错报风险的基础。风险评估程序本身并不足以为发表审计意见提供充分、适当的审计证据,注册会计师还应当对评估的风险设计和实施恰当的应对措施。注册会计师通过实施上述审计程序,获取充分、适当的审计证据,得出合理的审计结论,作为形成审计意见的基础。

3. 注册会计师通过对财务报表发表意见履行审计业务约定书约定的责任

财务报表审计的目标是注册会计师通过执行审计工作,针对财务报表是否在所有重大方面按照财务报告编制基础编制并实现公允反映发表审计意见。因此,在实施审计工作的基础上,注册会计师需要对财务报表形成审计意见,并向委托人提交审计报告。

4. 注册会计师应当以书面形式出具审计报告

审计报告具有特定的要素和格式,注册会计师只有以书面形式出具报告,才能清楚表达对财务报表发表的审计意见。

注册会计师应当根据由审计证据得出的结论,清楚表达对财务报表的意见。财务报表是指对企业财务状况、经营成果和现金流量的结构化表述,至少应当包括资产负债表、利润表、所有者(股东)权益变动表、现金流量表和财务报表附注。无论是出具标准审计报告,还是非标准审计报告,注册会计师在审计报告上签名并盖章,就表明对其出具的审计报告负责。

审计报告是注册会计师对财务报表是否在所有重大方面按照财务报告编制基础编制并实现公允反映发表审计意见的书面文件,因此,注册会计师应当将已审计的财务报表附于审计报告之后,以便于财务报表使用者正确理解和使用审计报告,并防止被审计单位替换、更改已审计的财务报表。

(二) 审计报告的作用

注册会计师签发的审计报告,主要具有鉴证、保护和证明三个方面的作用。

1. 鉴证作用

注册会计师签发的审计报告,是以超然独立的第三者身份,对被审计单位财务报表的合法性、公允性发表意见。这种意见具有鉴证作用,得到了政府及其各部门和社会各界的普遍认可。政府有关部门(例如财政部门、税务部门等)了解、掌握企业的财务状况和经营成果的主要依据是企业提供的财务报表。财务报表是否合法、公允主要依据注册会计师的审计报告做出判断。企业的投资者或股东主要依据注册会计师的审计报告来判断被投资企业的财务报表是否公允地反映了财务状况和经营成果,以进行投资决策等。

2. 保护作用

注册会计师通过审计,可以对被审计单位财务报表出具不同类型审计意见的审计报告,以提高或降低财务报表使用者对财务报表的信赖程度,能够在一定程度上对被审计单位的财产、债权人和股东的权益及企业利害关系人的利益起到保护作用。例如,投资者为了减少投资风险,在进行投资之前,需要查阅被投资企业的财务报表和注册会计师的审计报告,了解被投资企业的经营情况和财务状况。投资者根据注册会计师的审计报告做出投资决策,可以降低其投资风险。

3. 证明作用

审计报告是对注册会计师审计任务完成情况及其结果所作的总结,它可以表明审计工作的质量并明确注册会计师的审计责任。因此,审计报告可以对审计工作质量和注册会计师的审计责任起证明作用。通过审计报告,可以证明注册会计师在审计过程中是否实施了必要的审计程序,是否以审计工作底稿为依据发表审计意见,发表的审计意见是否与被审计单位的实际情况相一致,审计工作的质量是否符合要求。通过审计报告,可以证明注册会计师对审计责任的履行情况。

二、审计意见的形成

注册会计师应当就财务报表是否在所有重大方面按照适用的财务报告编制基础编制并实现公允反映形成审计意见。为了形成审计意见,针对财务报表整体是否不存在由于舞弊或错误导致的重大错报,注册会计师应当得出结论,确定是否已就此获取合理保证。

在得出结论时,注册会计师应当考虑下列方面。

(1)按照《中国注册会计师审计准则第1231号——针对评估的重大错报风险采取的应对措施》的规定,是否已获取充分、适当的审计证据。

在得出总体结论之前,注册会计师应当根据实施的审计程序和获取的审计证据,评价对认定层次重大错报风险的评估是否仍然适当。在形成审计意见时,注册会计师应当考虑所有相关的审计证据,无论该证据与财务报表认定是相互印证还是相互矛盾。如果对重大的财务报表认定没有获取充分、适当的审计证据,注册会计师应当尽可能获取进一步的审计证据。

(2)按照《中国注册会计师审计准则第1251号——评价审计过程中识别出的错报》的规定,注册会计师应当确定未更正错报单独或汇总起来是否构成重大错报。在确定时,注册会计师应当考虑:

① 相对特定类别的交易、账户余额或披露以及财务报表整体而言,错报的金额和性质以及错报发生的特定环境;

② 与以前期间相关的未更正错报对相关类别的交易、账户余额或披露以及财务报表整体的影响。

(3)评价财务报表是否在所有重大方面按照适用的财务报告编制基础编制。

注册会计师应当依据适用的财务报告编制基础特别评价下列内容:

① 财务报表是否充分披露了选择和运用的重要会计政策。

② 选择和运用的会计政策是否符合适用的财务报告编制基础,并适合被审计单位的具体情况。

③ 管理层做出的会计估计是否合理。注册会计师应当判断被审计单位管理层做出的会计估计是否合理,确定会计估计的重大错报风险是否是特别风险,是否采取了有效的措施予以应对。

(4) 财务报表列报的信息是否具有相关性、可靠性、可比性和可理解性。

(5) 财务报表是否做出充分披露,使财务报表预期使用者能够理解重大交易和事项对财务报表所传递的信息的影响。

(6) 财务报表使用的术语(包括每一财务报表的标题)里否适当。

在评价财务报表是否在所有重大方面按照适用的财务报告编制基础编制时,注册会计师还应当考虑被审计单位会计实务的质量,包括表明被审计单位管理层的判断可能出现偏向的迹象。

被审计单位管理层需要对财务报表中的金额和披露做出大量判断。在考虑被审计单位会计实务的质量时,注册会计师可能注意到被审计单位管理层判断中可能存在的偏向。注册会计师可能认为缺乏中立性产生的累积影响,连同未更正错报的影响,导致财务报表整体存在重大错报。被审计单位管理层缺乏中立性可能影响注册会计师对财务报表整体是否存在重大错报的评价。缺乏中立性的迹象包括下列情形:

① 被审计单位管理层对注册会计师在审计期间提请其注意的错报进行选择性更正。例如,如果更正某一错报将增加盈利,则对该错报予以更正;反之,如果更正某一错报将减少盈利,则对该错报不予更正。

② 被审计单位管理层在做出会计估计时可能存在偏向。

(7) 评价财务报表是否实现公允反映。

在评价财务报表是否实现公允反映时,注册会计师应当考虑下列内容:

① 财务报表的整体列报、结构和内容是否合理;

② 财务报表(包括相关附注)是否公允地反映了相关交易和事项。

(8) 评价财务报表是否恰当提及或说明适用的财务报告编制基础。

被审计单位管理层编制的财务报表需要恰当说明适用的财务报告编制基础,这种说明对财务报表使用者非常重要。

在某些情况下,财务报表可能声明按照两个财务报告编制基础(例如某一国家或地区的财务报告编制基础和国际财务报告准则)编制。这可能是因为被审计单位管理层被要求或自愿选择同时按照两个编制基础的规定编制财务报表。在实务中,同时遵守两个编制基础的可能性很小。

三、审计报告的类型

审计报告分为标准审计报告和非标准审计报告。

标准审计报告,是指不含有说明段、强调事项段、其他事项段或其他任何修饰性用语的无保留意见的审计报告。其中,无保留意见是指当注册会计师认为财务报表在所有重大方面按照适用的财务报告编制基础编制并实现公允反映时发表的审计意见。包含其他报告责任段,但不含有强调事项段或其他事项段的无保留意见的审计报告也被视为标准审计报告。

非标准审计报告,是指带有强调事项段或其他事项段的无保留意见的审计报告和非无保留意见的审计报告。非无保留意见的审计报告包括保留意见的审计报告、否定意见的审计报告和无法表示意见的审计报告。审计报告的分类如图15-1所示。

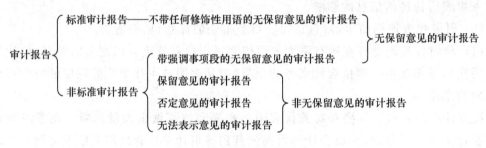

图 15-1　审计报告的分类

第三节　标准审计报告

一、标准审计报告的要素

标准审计报告应当包括下列要素:(1)标题;(2)收件人;(3)引言段;(4)管理层对财务报表的责任段;(5)注册会计师的责任段;(6)审计意见段;(7)注册会计师的签名和盖章;(8)会计师事务所的名称、地址和盖章;(9)报告日期。

(一)标题

标准审计报告应当具有标题,统一规范为"审计报告"。

考虑到这一标题已广为社会公众所接受,因此,我国注册会计师出具的审计报告的标题没有包含"独立"两个字,但注册会计师在执行财务报表审计业务时应当遵守独立性的要求。

(二)收件人

标准审计报告的收件人,是指注册会计师按照审计业务约定书的要求致送审计报告的对象,一般是指审计业务的委托人。审计报告应当按照审计业务的约定载明收件人的全称。

注册会计师应当与委托人在审计业务约定书中约定致送审计报告的对象,以防止在此问题上发生分歧或审计报告被委托人滥用。针对整套通用目的财务报表出具的审计报告,审计报告的致送对象通常为被审计单位的股东或治理层。

(三) 引言段

标准审计报告的引言段应当包括下列内容:
(1) 指出被审计单位的名称;
(2) 说明财务报表已经审计;
(3) 指出构成整套财务报表的每一财务报表的名称;
(4) 提及财务报表附注(包括重要会计政策概要和其他解释性信息);
(5) 指明构成整套财务报表的每一财务报表的日期或涵盖的期间。

审计意见应当涵盖由适用的财务报告编制基础所确定的整套财务报表。在许多通用目的编制基础中,财务报表包括资产负债表、利润表、所有者权益变动表、现金流量表,以及重要会计政策概要和其他解释性信息。

(四) 管理层对财务报表的责任段

标准审计报告应当包含标题为"管理层对财务报表的责任"的段落,用以描述被审计单位中负责编制财务报表的人员的责任。被审计单位管理层对财务报表的责任段应当说明,编制财务报表是被审计单位管理层的责任,这种责任包括:
(1) 按照适用的财务报告编制基础编制财务报表,并使其实现公允反映;
(2) 设计、执行和维护必要的内部控制,以使财务报表不存在由于舞弊或错误导致的重大错报。

注册会计师按照审计准则的规定执行审计工作的前提是被审计单位管理层认可其按照适用的财务报告编制基础编制财务报表,并使其实现公允反映的责任;被审计单位管理层也认可其设计、执行和维护内部控制,以使编制的财务报表不存在由于舞弊或错误导致的重大错报的责任。审计报告中对被审计单位管理层责任的说明包括提及这两种责任,这有助于向财务报表使用者解释执行审计工作的前提。

在某些情况下,根据某一国家或地区的法律法规或被审计单位的性质,被审计单位管理层需要承担与财务报表编制相关的额外责任,注册会计师可以在上述责任基础上增加对额外责任的说明。

标准审计报告提及的被审计单位管理层责任,与在审计业务约定书或其他适当形式的书面协议中约定的责任在表述形式上保持一致。而且,审计准则允许注册会计师做出以下灵活处理:如果法律法规规定了被审计单位管理层和治理层(如适用)与财务报告相关的责任,注册会计师根据判断可能确定法律法规规定的责任与《中国注册会计师审计准则第1111号——就审计业务约定条款达成一致意见》的规定在效果上是等同的。对于在效果上等同的责任,注册会计师可以使用法律法规的措辞,在审计业务约定书或其他适当形式的书面协议中描述被审计单位管理层的责任。在这种情况下,注册会计师也可以在审计报告中使用这些措辞描述被审计单位管理层的责任。

（五）注册会计师的责任段

标准审计报告应当包含标题为"注册会计师的责任"的段落。注册会计师的责任段应当说明下列内容：

（1）注册会计师的责任是在执行审计工作的基础上对财务报表发表审计意见。

（2）注册会计师按照审计准则的规定执行了审计工作。审计准则要求注册会计师遵守《中国注册会计师职业道德守则》，计划和执行审计工作以对财务报表是否不存在重大错报获取合理保证。

（3）审计工作涉及实施审计程序，以获取有关财务报表金额和披露的审计证据。选择的审计程序取决于注册会计师的判断，包括对由于舞弊或错误导致的财务报表重大错报风险的评估。在进行风险评估时，注册会计师考虑与财务报表编制和公允列报相关的内部控制，以设计恰当的审计程序，但目的并非对内部控制的有效性发表意见。审计工作还包括评价被审计单位管理层选用会计政策的恰当性和做出会计估计的合理性，以及评价财务报表的总体列报。

（4）注册会计师相信获取的审计证据是充分、适当的，为其发表审计意见提供了基础。如果结合财务报表审计对内部控制的有效性发表意见，注册会计师应当删除上述第三项中"但目的并非对内部控制的有效性发表意见"的措辞。

在理解"注册会计师的责任"的段落时，应当注意以下三个方面：

① 标准审计报告需要指明注册会计师的责任是在执行审计工作的基础上对财务报表发表审计意见，以与被审计单位管理层编制财务报表的责任相区分；

② 提及使用的审计准则是为了向审计报告使用者说明，注册会计师按照审计准则的规定执行了审计工作；

③ 按照《中国注册会计师审计准则第1101号——注册会计师的总体目标和审计工作的基本要求》的规定，除非注册会计师已经遵守该准则以及与审计工作相关的其他所有审计准则，否则不得在审计报告中声称遵守了审计准则。

此外，在审计实务中，注册会计师在按照审计准则执行审计工作时，还可能同时被要求按照其他国家或地区的审计准则执行审计工作。在这种情况下，审计报告应当指明审计准则所属的国家或地区。

（六）审计意见段

1. 总体要求

标准审计报告应当包含标题为"审计意见"的段落。如果对财务报表发表无保留意见，除非法律法规另有规定，审计意见应当使用"财务报表在所有重大方面按照［适用的财务报告编制基础（例如企业会计准则等）］编制，公允反映了……"的措辞。

2. 适用的财务报告编制基础

如果在审计意见中提及的适用的财务报告编制基础不是企业会计准则，而是国际财务报告准则、国际公共部门会计准则或者其他国家或地区的财务报告准则，注册会计师应当在审计意见段中指明国际财务报告准则、国际公共部门会计准则或者财务报告准则所属的国家或地区。

3．其他报告责任

除了审计准则规定的注册会计师对财务报表出具审计报告的责任以外，相关法律法规可能对注册会计师设定了其他报告责任。如果注册会计师在对财务报表出具的审计报告中履行其他报告责任，应当在标准审计报告中将其单独作为一部分，并以"按照相关法律法规的要求报告的事项"为标题。此时，标准审计报告应当区分为"对财务报表出具的审计报告"和"按照相关法律法规的要求报告的事项"两个部分。

（七）注册会计师的签名和盖章

标准审计报告应当由注册会计师签名并盖章。注册会计师在标准审计报告上签名并盖章，有利于明确法律责任。《财政部关于注册会计师在审计报告上签名盖章有关问题的通知》明确规定：

（1）会计师事务所应当建立健全全面质量控制政策与程序以及各审计项目的质量控制程序，严格按照有关规定和本通知的要求在审计报告上签名盖章。

（2）审计报告应当由两名具备相关业务资格的注册会计师签名盖章并经会计师事务所盖章方为有效。

① 合伙会计师事务所出具的审计报告，应当由一名对审计项目负最终复核责任的合伙人和一名负责该项目的注册会计师签名盖章。

② 有限责任会计师事务所出具的审计报告，应当由会计师事务所主任会计师或其授权的副主任会计师和一名负责该项目的注册会计师签名盖章。

（八）会计师事务所的名称、地址和盖章

标准审计报告应当载明会计师事务所的名称和地址，并加盖会计师事务所的公章。

根据《注册会计师法》的规定，注册会计师承办业务，由其所在的会计师事务所统一受理并与委托人签订委托合同。因此，审计报告除了应由注册会计师签名和盖章以外，还应载明会计师事务所的名称和地址，并加盖会计师事务所公章。

注册会计师在标准审计报告中载明会计师事务所的地址时，标明会计师事务所所在的城市即可。

（九）报告日期

标准审计报告应当注明报告日期。标准审计报告日不应早于注册会计师获取充分、适当的审计证据（包括被审计单位管理层认可对财务报表的责任且已批准财务报表的证据），并在此基础上对财务报表形成审计意见的日期。在确定审计报告日时，注册会计师应当确信已获取下列两个方面的审计证据：

（1）构成整套财务报表的所有报表（包括相关附注）已编制完成；

（2）被审计单位的董事会、管理层或类似机构已经认可其对财务报表负责。

标准审计报告的日期向审计报告使用者表明，注册会计师已考虑其知悉的、截至审计报告日发生的事项和交易的影响；注册会计师对审计报告日后发生的事项和交易的责任，在《中国注册会计师审计准则第1332号——期后事项》中做出了规定。因此，审计报告的日期非常重要。注册会计师对不同时段的财务报表日后事项有着不同的责任，而审计报告的日期是划分时段的关键时点。由于审计意见是针对财务报表发表的，并且编制财务报表是被审计单位管理层的责任，所以，只有在注册会计师获取证据证明构成整套财务报表的所有报表（包括相关附注）已经编制完成，并且被审计单位管理层已认可其对财务报表的责任的情况下，注册会计师才能得出已经获取充分、适当的审计证据的结论。

在实务中，注册会计师在正式签署标准审计报告前，通常把标准审计报告草稿和已审计财务报表草稿一同提交给被审计单位管理层。如果被审计单位管理层批准并签署已审计财务报表，注册会计师即可签署标准审计报告。注册会计师签署标准审计报告的日期通常与被审计单位管理层签署已审计财务报表的日期为同一天，或晚于被审计单位管理层签署已审计财务报表的日期。

二、出具标准审计报告的条件

当被审计单位财务报表的编制同时满足以下条件时，注册会计师应当发表无保留意见，出具标准审计报告：

（1）财务报表符合国家颁布的企业会计准则和相关会计制度；

（2）财务报表在所有重大方面公允地反映了被审计单位的财务状况，经营成果和现金流量情况；

（3）注册会计师已按照审计准则的要求，实施了审计工作，在审计过程中未受阻碍和限制；

（4）不存在应调整或披露而被审计单位未予调整或披露的重要事项。

按照企业会计准则编制的财务报表出具的标准审计报告的参考格式参见范15-2。

范 15-2　标准审计报告的参考格式

审计报告

×××股份有限公司全体股东：

　　一、对财务报表出具的审计报告

　　我们审计了后附的×××股份有限公司（以下简称×××公司）财务报表，包括20××年12月31日的资产负债表，20××年度的利润表、股东权益变动表和现金流量表以及财务报表附注。

（一）管理层对财务报表的责任

编制和公允列报财务报表是×××公司管理层的责任，这种责任包括：(1) 按照企业会计准则的规定编制财务报表，并使其实现公允反映；(2) 设计、执行和维护必要的内部控制，以使财务报表不存在由于舞弊或错误导致的重大错报。

（二）注册会计师的责任

我们的责任是在执行审计工作的基础上对财务报表发表审计意见。我们按照中国注册会计师审计准则的规定执行了审计工作。中国注册会计师审计准则要求我们遵守中国注册会计师职业道德守则，计划和执行审计工作以对财务报表是否不存在重大错报获取合理保证。

审计工作涉及实施审计程序，以获取有关财务报表金额和披露的审计证据。选择的审计程序取决于注册会计师的判断，包括对由于舞弊或错误导致的财务报表重大错报风险的评估。在进行风险评估时，注册会计师考虑与财务报表编制和公允列报相关的内部控制，以设计恰当的审计程序，但目的并非对内部控制的有效性发表意见。审计工作还包括评价管理层选用会计政策的恰当性和做出会计估计的合理性，以及评价财务报表的总体列报。

我们相信，我们获取的审计证据是充分、适当的，为发表审计意见提供了基础。

（三）审计意见

我们认为，×××公司财务报表在所有重大方面按照企业会计准则的规定编制，公允反映了×××公司20××年12月31日的财务状况以及20××年度的经营成果和现金流量。

二、按照相关法律法规的要求报告的事项

（本部分报告的格式和内容，取决于相关法律法规对其他报告责任的规定。）

××会计师事务所　　　　　　　中国注册会计师：×××（签名并盖章）
　（盖章）　　　　　　　　　　中国注册会计师：×××（签名并盖章）
中国××市　　　　　　　　　　20××年××月××日

第四节　非标准审计报告

一、非无保留意见的审计报告

（一）非无保留意见的含义

非无保留意见，是指保留意见、否定意见或无法表示意见。当存在下列情形之一时，注册会计师应当在审计报告中发表非无保留意见：

（1）根据获取的审计证据，得出财务报表整体存在重大错报的结论。为了形成审计意见，针对财务报表整体是否不存在由于舞弊或错误导致的重大错报，注册会计师应当得出结论，确定是否已就此获取合理保证。在得出结论时，注册会计师需要评价未更正错报对财务报表的影响。

错报,是指某一财务报表项目的金额、分类、列报或披露,与按照适用的财务报告编制基础应当列示的金额、分类、列报或披露之间存在的差异。财务报表的重大错报可能源于以下三个方面。

① 选择的会计政策的恰当性。

在选择的会计政策的恰当性方面,当出现下列情形时,财务报表可能存在重大错报:

a. 选择的会计政策与适用的财务报告编制基础不一致;

b. 财务报表(包括相关附注)没有按照公允列报的方式反映交易和事项。

财务报告编制基础通常包括对会计处理、披露和会计政策变更的要求。如果被审计单位变更了重大会计政策,且没有遵守这些要求,财务报表可能存在重大错报。

② 对所选择的会计政策的运用。

在对所选择的会计政策的运用方面,当出现下列情形时,财务报表可能存在重大错报:

a. 被审计单位管理层没有按照适用的财务报告编制基础的要求一贯运用所选择的会计政策,包括被审计单位管理层未在不同会计期间或对相似的交易和事项一贯运用所选择的会计政策(运用的一致性);

b. 不当运用所选择的会计政策(例如运用中的无意错误)。

③ 财务报表披露的恰当性或充分性。

在财务报表披露的恰当性或充分性方面,当出现下列情形时,财务报表可能存在重大错报:

a. 财务报表没有包括适用的财务报告编制基础要求的所有披露;

b. 财务报表的披露没有按照适用的财务报告编制基础列报;

c. 财务报表没有做出必要的披露以实现公允反映。

(2) 无法获取充分、适当的审计证据,不能得出财务报表整体不存在重大错报的结论。

如果注册会计师能够通过实施替代程序获取充分、适当的审计证据,则无法实施特定的程序并不构成对审计范围的限制。

下列情形可能导致注册会计师无法获取充分、适当的审计证据(即审计范围受到限制)。

(1) 超出被审计单位控制的情形。

超出被审计单位控制的情形例如:

① 被审计单位的会计记录已被毁坏;

② 重要组成部分的会计记录已被政府有关机构无限期地查封。

(2) 与注册会计师工作的性质或时间安排相关的情形。

与注册会计师工作的性质或时间安排相关的情形例如:

① 被审计单位需要使用权益法对联营企业进行核算,注册会计师无法获取有关联

营企业财务信息的充分、适当的审计证据以评价是否恰当地运用了权益法;

② 注册会计师接受审计委托的时间安排,使注册会计师无法实施存货监盘;

③ 注册会计师确定仅实施实质性程序是不充分的,但被审计单位的控制是无效的。

(3) 被审计单位管理层施加限制的情形。

被审计单位管理层对审计范围施加的限制致使注册会计师无法获取充分、适当的审计证据的情形例如:

① 被审计单位管理层阻止注册会计师实施存货监盘;

② 被审计单位管理层阻止注册会计师对特定账户余额实施函证。

(二) 确定非无保留意见的类型

注册会计师确定恰当的非无保留意见类型,取决于下列事项:

(1) 导致非无保留意见的事项的性质,是财务报表存在重大错报,还是无法获取充分、适当的审计证据;

(2) 注册会计师就导致非无保留意见的事项对财务报表产生或可能产生影响的广泛性做出的判断。

广泛性是描述错报影响的术语,用以说明错报对财务报表的影响,或者由于无法获取充分、适当的审计证据而未发现的错报(如存在)对财务报表可能产生的影响。

表 15-1 列示了注册会计师对导致发生非无保留意见的事项的性质,以及这些事项对财务报表可能产生影响的广泛性做出的判断,以及注册会计师的判断对审计意见类型的影响。

表 15-1　发表非无保留意见的情形

导致发生非无保留意见的事项的性质	这些事项对财务报表产生或可能产生影响的广泛性	
	重大但不具有广泛性	重大且具有广泛性
财务报表存在重大错报	保留意见	否定意见
无法获取充分、适当的审计证据	保留意见	无法表示意见

1. 发表保留意见

当存在下列情形之一时,注册会计师应当发表保留意见。

(1) 在获取充分、适当的审计证据后,注册会计师认为错报单独或汇总起来对财务报表影响更大,但不具有广泛性。

注册会计师在获取充分、适当的审计证据后,只有当认为财务报表就整体而言是公允的,但还存在对财务报表产生重大影响的错报时,才能发表保留意见。如果注册会计师认为错报对财务报表产生的影响极为严重且具有广泛性,则应发表否定意见。因此,保留意见被视为注册会计师在不能发表无保留意见情况下最不严厉的审计意见。

(2) 注册会计师无法获取充分、适当的审计证据以作为形成审计意见的基础，但认为未发现的错报（如存在）对财务报表可能产生的影响重大，但不具有广泛性。

注册会计师因审计范围受到限制而发表保留意见还是无法表示意见，取决于无法获取的审计证据对形成审计意见的重要性。注册会计师在判断重要性时，应当考虑有关事项潜在影响的性质和范围以及在财务报表中的重要程度。只有当未发现的错报（如存在）对财务报表可能产生的影响重大但不具有广泛性时，才能发表保留意见。

2. 发表否定意见

在获取充分、适当的审计证据后，如果认为错报单独或汇总起来对财务报表的影响重大且具有广泛性，注册会计师应当发表否定意见。

3. 发表无法表示意见

如果无法获取充分、适当的审计证据以作为形成审计意见的基础，但认为未发现的错报（如存在）对财务报表可能产生的影响重大且具有广泛性，注册会计师应当发表无法表示意见。在极其特殊的情况下，可能存在多个不确定事项，即使注册会计师对每个单独的不确定事项获取了充分、适当的审计证据，但由于不确定事项之间可能存在相互影响，以及可能对财务报表产生累积影响，注册会计师不可能对财务报表形成审计意见。在这种情况下，注册会计师应当发表无法表示意见。

在确定非无保留意见的类型时还需注意以下两个方面。

一是在承接审计业务后，如果注意到被审计单位管理层对审计范围施加了限制，且认为这些限制可能导致对财务报表发表保留意见或无法表示意见，注册会计师应当要求被审计单位管理层消除这些限制。如果被审计单位管理层拒绝消除限制，除非治理层全部成员参与管理被审计单位，注册会计师应当就此事项与治理层沟通，并确定能否实施替代程序以获取充分、适当的审计证据。

当然，注册会计师应当在解除业务约定前，与被审计单位治理层沟通在审计过程中发现的、将会导致发表非无保留意见的所有错报事项；如果在出具审计报告之前解除业务约定被禁止或不可行，应当发表无法表示意见。

在某些情况下，如果法律法规要求注册会计师继续执行审计业务，则注册会计师可能无法解除审计业务约定。这种情况可能包括：

（1）注册会计师接受委托审计公共部门实体的财务报表；

（2）注册会计师接受委托审计涵盖特定期间的财务报表，或若接受一定期间的委托，在完成财务报表审计前或在受托期间结束前，不允许解除审计业务约定，在这些情况下，注册会计师可能认为需要在审计报告中增加其他事项段。

二是如果认为有必要对财务报表整体发表否定意见或无法表示意见，注册会计师不应在同一审计报告中对按照相同财务报告编制基础编制的单一财务报表或者财务报表特定要素、账户或项目发表无保留意见。

(三) 非无保留意见的审计报告的格式和内容

1. 导致非无保留意见的事项段

(1) 审计报告格式和内容的一致性。

如果对财务报表发表非无保留意见,除了在审计报告中包含《中国注册会计师审计准则第1501号——对财务报表形成审计意见和出具审计报告》规定的审计报告要素以外,注册会计师还应当直接在审计意见段之前增加一个段落,并使用恰当的标题,例如"导致保留意见的事项""导致否定意见的事项"或"导致无法表示意见的事项",说明导致发表非无保留意见的事项。审计报告格式和内容的一致性有助于提高使用者的理解和识别存在的异常情况。

(2) 量化财务影响。

如果财务报表中存在与具体金额(包括定量披露)相关的重大错报,注册会计师应当在导致非无保留意见的事项段中说明并量化该错报的财务影响。例如,如果存货被高估,注册会计师就可以在审计报告的导致非无保留意见的事项段中说明该重大错报的财务影响,即量化其对所得税、税前利润、净利润和股东权益的影响。如果无法量化财务影响,注册会计师应当在导致非无保留意见的事项段中说明这一情况。

(3) 存在与叙述性披露相关的重大错报。

如果财务报表中存在与叙述性披露相关的重大错报,注册会计师应当在导致非无保留意见的事项段中解释该错报错在何处。

(4) 存在与应披露而未披露信息相关的重大错报。

如果财务报表中存在与应披露而未披露信息相关的重大错报,注册会计师应当:

① 与被审计单位治理层讨论未披露信息的情况;

② 在导致非无保留意见的事项段中描述未披露信息的性质;

③ 如果可行并且已针对未披露信息获取了充分、适当的审计证据,在导致非无保留意见的事项段中包含对未披露信息的披露,除非法律法规禁止。

(5) 无法获取充分、适当的审计证据。

如果因无法获取充分、适当的审计证据而导致发表非无保留意见,注册会计师应当在导致非无保留意见的事项段中说明无法获取审计证据的原因。

(6) 披露其他事项。

即使发表了否定意见或无法表示意见,注册会计师也应当在导致非无保留意见的事项段中说明注意到的、将导致发表非无保留意见的所有其他事项及其影响。

2. 审计意见段

(1) 标题。

在发表非无保留意见时,注册会计师应当对审计意见段使用恰当的标题,例如"保留意见""否定意见"或"无法表示意见"。审计意见段的标题能够使财务报表使用者清楚注册会计师发表了非无保留意见,并能够表明非无保留意见的类型。

(2) 发表保留意见。

当由于财务报表存在重大错报而发表保留意见时,注册会计师应当根据适用的财务报告编制基础在审计意见段中说明:注册会计师认为,除了导致保留意见的事项段所述事项产生的影响以外,财务报表在所有重大方面按照适用的财务报告编制基础编制,并实现公允反映。

当无法获取充分、适当的审计证据而导致发表保留意见时,注册会计师应当在审计意见段中使用"除……可能产生的影响外"等措辞。

当注册会计师发表保留意见时,在审计意见段中使用"由于上述解释"或"受……影响"等措辞是不恰当的,因为这些措辞不够清晰或没有足够的说服力。

(3) 发表否定意见。

当发表否定意见时,注册会计师应当根据适用的财务报告编制基础在审计意见段中说明:注册会计师认为,由于导致否定意见的事项段所述事项的重要性,财务报表没有在所有重大方面按照适用的财务报告编制基础编制,未能实现公允反映。

(4) 发表无法表示意见。

当由于无法获取充分、适当的审计证据而发表无法表示意见时,注册会计师应当在审计意见段中说明:由于导致无法表示意见的事项段所述事项的重要性,注册会计师无法获取充分、适当的审计证据以为发表审计意见提供基础,因此,注册会计师不对这些财务报表发表审计意见。

3. 非无保留意见对审计报告要素内容的修改

当发表保留意见或否定意见时,注册会计师应当修改对注册会计师责任的描述,以说明:注册会计师相信,注册会计师已获取的审计证据是充分、适当的,为发表非无保留意见提供了基础。

当由于无法获取充分、适当的审计证据而发表无法表示意见时,注册会计师应当修改审计报告的引言段,说明注册会计师接受委托审计财务报表。注册会计师还应当修改对注册会计师责任和审计范围的描述,并仅能做出如下说明:我们的责任是在按照中国注册会计师审计准则的规定执行审计工作的基础上对财务报表发表审计意见。但由于导致无法表示意见的事项段中所述的事项,我们无法获取充分、适当的审计证据以为发表审计意见提供基础。

(四) 非无保留意见的审计报告的参考格式

(1) 因财务报表存在重大错报而出具保留意见的审计报告,其参考格式如范 15-3 所示。

范 15-3　因财务报表存在重大错报而出具保留意见的审计报告

审计报告

×××股份有限公司全体股东：

一、对财务报表出具的审计报告

我们审计了后附的×××股份有限公司（以下简称×××公司）财务报表，包括20××年12月31日的资产负债表，20××年度的利润表、现金流量表和股东权益变动表以及财务报表附注。

（一）管理层对财务报表的责任

编制和公允列报财务报表是×××公司管理层的责任，这种责任包括：(1)按照企业会计准则的规定编制财务报表，并使其实现公允反映；(2)设计、执行和维护必要的内部控制，以使财务报表不存在由于舞弊或错误导致的重大错报。

（二）注册会计师的责任

我们的责任是在执行审计工作的基础上对财务报表发表审计意见。我们按照中国注册会计师审计准则的规定执行了审计工作。中国注册会计师审计准则要求我们遵守职业道德守则，计划和执行审计工作以对财务报表是否不存在重大错报获取合理保证。

审计工作涉及实施审计程序，以获取有关财务报表金额和披露的审计证据。选择的审计程序取决于注册会计师的判断，包括对由于舞弊或错误导致的财务报表重大错报风险的评估。在进行风险评估时，注册会计师考虑与财务报表编制和公允列报相关的内部控制，以设计恰当的审计程序，但目的并非对内部控制的有效性发表意见。审计工作还包括评价管理层选用会计政策的恰当性和做出会计估计的合理性，以及评价财务报表的总体列报。

我们相信，我们获取的审计证据是充分、适当的，为发表保留意见提供了基础。

（三）导致保留意见的事项

×××公司20××年12月31日资产负债表中存货的列示金额为×元。管理层根据成本对存货进行计量，而没有根据成本与可变现净值孰低的原则进行计量，这不符合企业会计准则的规定。公司的会计记录显示，如果管理层以成本与可变现净值孰低来计量存货，存货列示金额将减少×元。相应的，资产减值损失将增加×元，所得税、净利润和股东权益将分别减少×元、×元和×元。

（四）保留意见

我们认为，除了"（三）导致保留意见的事项"段所述事项产生的影响以外，×××公司财务报表在所有重大方面按照企业会计准则的规定编制，公允反映了×××公司20××年12月31日的财务状况以及20××年度的经营成果和现金流量。

二、按照相关法律法规的要求报告的事项

（本部分报告的格式和内容，取决于相关法律法规对其他报告责任的规定。）

××会计师事务所　　　　　　　　　　中国注册会计师：×××（签名并盖章）
　　（盖章）　　　　　　　　　　　　中国注册会计师：×××（签名并盖章）
中国××市　　　　　　　　　　　　　20××年××月××日

（2）因注册会计师无法获取充分、适当的审计证据而出具保留意见的审计报告，其

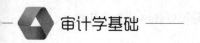

参考格式如范 15-4 所示。

范 15-4　因无法获取充分、适当的审计证据而出具保留意见的审计报告

审计报告

×××股份有限公司全体股东：

一、对财务报表出具的审计报告

我们审计了后附的×××股份有限公司(以下简称×××公司)财务报表，包括20××年12月31日的资产负债表，20××年度的利润表、现金流量表和股东权益变动表以及财务报表附注。

（一）管理层对财务报表的责任

编制和公允列报财务报表是×××公司管理层的责任，这种责任包括：(1) 按照企业会计准则的规定编制财务报表，并使其实现公允反映；(2) 设计、执行和维护必要的内部控制，以使财务报表不存在由于舞弊或错误导致的重大错报。

（二）注册会计师的责任

我们的责任是在执行审计工作的基础上对财务报表发表审计意见。我们按照中国注册会计师审计准则的规定执行了审计工作。中国注册会计师审计准则要求我们遵守职业道德守则，计划和执行审计工作以对财务报表是否不存在重大错报获取合理保证。

审计工作涉及实施审计程序，以获取有关财务报表金额和披露的审计证据。选择的审计程序取决于注册会计师的判断，包括对由于舞弊或错误导致的财务报表重大错报风险的评估。在进行风险评估时，注册会计师考虑与财务报表编制和公允列报相关的内部控制，以设计恰当的审计程序，但目的并非对内部控制的有效性发表意见。审计工作还包括评价管理层选用会计政策的恰当性和做出会计估计的合理性，以及评价财务报表的总体列报。

我们相信，我们获取的审计证据是充分、适当的，为发表保留意见提供了基础。

（三）导致保留意见的事项

如财务报表附注×所述，×××公司于20××年取得了XYZ公司30％的股权，因能够对XYZ公司施加重大影响，故采用权益法核算该项股权投资，于20××年度确认对XYZ公司的投资收益×元，截至20××年12月31日该项股权投资的账面价值为×元。由于我们未被允许接触XYZ公司的财务信息、管理层和执行XYZ公司审计的注册会计师，我们无法就该项股权投资的账面价值以及×××公司确认的20××年度对XYZ公司的投资收益获取充分、适当的审计证据，也无法确定是否有必要对这些金额进行调整。

（四）保留意见

我们认为，除了"（三）导致保留意见的事项"段所述事项可能产生的影响以外，×××公司财务报表在所有重大方面按照企业会计准则的规定编制，公允反映了×××公司20××年12月31日的财务状况以及20××年度的经营成果和现金流量。

二、按照相关法律法规的要求报告的事项

（本部分报告的格式和内容，取决于相关法律法规对其他报告责任的规定。）

××会计师事务所	中国注册会计师：×××（签名并盖章）
（盖章）	中国注册会计师：×××（签名并盖章）
中国××市	20××年××月××日

二、审计报告的强调事项段

(一)强调事项段的含义

审计报告的强调事项段,是指审计报告中含有的一个段落,该段落提及已在财务报表中恰当列报或披露的事项,根据注册会计师的职业判断,该事项对财务报表使用者理解财务报表至关重要。

(二)增加强调事项段的情形

如果认为有必要提醒财务报表使用者关注已在财务报表中列报或披露,且根据职业判断认为对财务报表使用者理解财务报表至关重要的事项,注册会计师若已获取充分、适当的审计证据证明该事项在财务报表中不存在重大错报时,应当在审计报告中增加强调事项段。

注册会计师可能认为需要增加强调事项段的情形举例如下:

(1) 异常诉讼或监管行动的未来结果存在不确定性;

(2) 提前应用(在允许的情况下)对财务报表有广泛影响的新会计准则;

(3) 存在已经或持续对被审计单位财务状况产生重大影响的特大灾难。

强调事项段的过多使用会降低注册会计师沟通所强调事项的有效性。此外,与财务报表中的列报或披露相比,在强调事项段中包括过多的信息,可能隐含这些事项未被恰当列报或披露。因此,强调事项段应当仅提及已在财务报表中列报或披露的信息。

(三)在审计报告中增加强调事项段时注册会计师采取的措施

如果在审计报告中增加强调事项段,注册会计师应当采取下列措施:

(1) 将强调事项段紧接在审计意见段之后;

(2) 使用"强调事项"或其他适当标题;

(3) 明确提及被强调事项以及相关披露的位置,以便能够在财务报表中找到对该事项的详细描述;

(4) 指出审计意见没有因该强调事项而改变。

增加强调事项段是为了提醒财务报表使用者关注某些事项,并不影响注册会计师的审计意见,注册会计师应当在强调事项段中明确说明这一点。带强调事项段的保留意见的审计报告,其参考格式如范 15-5 所示。

 范 15-5　带强调事项段的保留意见的审计报告

审计报告

×××股份有限公司全体股东:

一、对财务报表出具的审计报告

我们审计了后附的×××股份有限公司(以下简称×××公司)财务报表,包括20××年12月31日的资产负债表、20××年度的利润表、现金流量表和股东权益变动表以及财务报表附注。

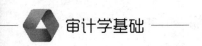

(一)管理层对财务报表的责任

编制和公允列报财务报表是×××公司管理层的责任,这种责任包括:(1)按照企业会计准则的规定编制财务报表,并使其实现公允反映;(2)设计、执行和维护必要的内部控制,以使财务报表不存在由于舞弊或错误导致的重大错报。

(二)注册会计师的责任

我们的责任是在执行审计工作的基础上对财务报表发表审计意见。我们按照中国注册会计师审计准则的规定执行了审计工作。中国注册会计师审计准则要求我们遵守中国注册会计师职业道德守则,计划和执行审计工作以对财务报表是否不存在重大错报获取合理保证。

审计工作涉及实施审计程序,以获取有关财务报表金额和披露的审计证据。选择的审计程序取决于注册会计师的判断,包括对由于舞弊或错误导致的财务报表重大错报风险的评估。在进行风险评估时,注册会计师考虑与财务报表编制和公允列报相关的内部控制,以设计恰当的审计程序,但目的并非对内部控制的有效性发表意见。审计工作还包括评价管理层选用会计政策的恰当性和做出会计估计的合理性,以及评价财务报表的总体列报。

我们相信,我们获取的审计证据是充分、适当的,为发表保留意见提供了基础。

(三)导致保留意见的事项

×××公司20××年12月31日资产负债表中反映的交易性金融资产为×元,×××公司管理层对这些交易性金融资产未按照公允价值进行后续计量,而是按照其历史成本进行计量,这不符合企业会计准则的规定。如果按照公允价值进行后续计量,×××公司20××年度利润表中公允价值变动损失将增加×元,20××年12月31日资产负债表中交易性金融资产将减少×元,相应的,所得税、净利润和股东权益将分别减少×元、×元和×元。

(四)保留意见

我们认为,除了"(三)导致保留意见的事项"段所述事项产生的影响以外,×××公司财务报表在所有重大方面按照企业会计准则的规定编制,公允反映了×××公司20××年12月31日的财务状况以及20××年度的经营成果和现金流量。

(五)强调事项

我们提醒财务报表使用者关注,如财务报表附注×所述,截至财务报表批准日,XYZ公司对×××公司提出的诉讼尚在审理当中,其结果具有不确定性。本段内容不影响已发表的审计意见。

二、按照相关法律法规的要求报告的事项

(本部分报告的格式和内容,取决于相关法律法规对其他报告责任的规定。)

××会计师事务所　　　　　　　　　中国注册会计师:×××(签名并盖章)
　(盖章)　　　　　　　　　　　　中国注册会计师:×××(签名并盖章)
中国××市　　　　　　　　　　　　20××年××月××日

三、审计报告的其他事项段

（一）其他事项段的含义

其他事项段，是指审计报告中含有的一个段落，该段落提及未在财务报表中列报或披露的事项，根据注册会计师的职业判断，该事项与财务报表使用者理解审计工作、注册会计师的责任或审计报告相关。

（二）需要增加其他事项段的情形

对于未在财务报表中列报或披露，但根据职业判断认为与财务报表使用者理解审计工作、注册会计师的责任或审计报告相关且未被法律法规禁止的事项，如果认为有必要，注册会计师应当在审计报告中增加其他事项段，并使用"其他事项"或其他适当标题。注册会计师通常将其他事项段紧接在审计意见段和强调事项段（如有）之后。需要在审计报告中增加其他事项段的情形包括以下三个方面。

1. 与使用者理解审计工作相关的情形

在极其特殊的情况下，即使由于被审计单位管理层对审计范围施加的限制导致无法获取充分、适当的审计证据可能产生的影响具有广泛性，注册会计师也不能解除业务约定。在这种情况下，注册会计师可能认为有必要在审计报告中增加其他事项段，解释为何不能解除业务约定。

2. 与使用者理解注册会计师的责任或审计报告相关的情形

法律法规或得到广泛认可的惯例可能要求或允许注册会计师详细说明某些事项，以进一步解释注册会计师在财务报表审计中的责任或审计报告。在这种情况下，注册会计师可以增加相应的段落来描述其他事项段的内容。

3. 限制审计报告分发和使用的情形

为特定目的编制的财务报表，由于审计报告旨在提供给特定使用者，注册会计师可能认为在这种情况下需要增加其他事项段，说明审计报告只是提供给财务报表预期使用者。

■ **审计法规链接** ▎

1. 中国注册会计师审计准则第1153号——前任注册会计师和后任注册会计师的沟通
2. 中国注册会计师审计准则第1251号——评价审计过程中识别出的错报
3. 中国注册会计师审计准则第1341号——书面声明
4. 中国注册会计师审计准则第1501号——对财务报表形成审计意见和出具审计报告
5. 中国注册会计师审计准则第1502号——在审计报告中发表非无保留意见
6. 中国注册会计师审计准则第1503号——在审计报告中增加强调事项段和其他事项段

7. 中国注册会计师审计准则第 1504 号——在审计报告中沟通关键审计事项

复习思考题

一、重要概念
1. 审计报告
2. 审计差异
3. 标准审计报告

二、思考分析
1. 简述审计终结前的审计工作主要有哪些？
2. 审计差异一般分为哪几类？
3. 简述审计报告的类型和标准审计报告的要素。
4. 简述不同类型审计报告的出具条件、格式及措辞。

附录 1

中华人民共和国注册会计师法

第一章 总 则

第一条 为了发挥注册会计师在社会经济活动中的鉴证和服务作用,加强对注册会计师的管理,维护社会公共利益和投资者的合法权益,促进社会主义市场经济的健康发展,制定本法。

第二条 注册会计师是依法取得注册会计师证书并接受委托从事审计和会计咨询、会计服务业务的执业人员。

第三条 会计师事务所是依法设立并承办注册会计师业务的机构。

注册会计师执行业务,应当加入会计师事务所。

第四条 注册会计师协会是由注册会计师组成的社会团体。中国注册会计师协会是注册会计师的全国组织,省、自治区、直辖市注册会计师协会是注册会计师的地方组织。

第五条 国务院财政部门和省、自治区、直辖市人民政府财政部门,依法对注册会计师、会计师事务所和注册会计师协会进行监督、指导。

第六条 注册会计师和会计师事务所执行业务,必须遵守法律、行政法规。

注册会计师和会计师事务所依法独立、公正执行业务,受法律保护。

第二章 考试和注册

第七条 国家实行注册会计师全国统一考试制度。注册会计师全国统一考试办法,由国务院财政部门制定,由中国注册会计师协会组织实施。

第八条 具有高等专科以上学校毕业的学历,或者具有会计或者相关专业中级以上技术职称的中国公民,可以申请参加注册会计师全国统一考试;具有会计或者相关专业高级技术职称的人员,可以免予部分科目的考试。

第九条 参加注册会计师全国统一考试成绩合格,并从事审计业务工作二年以上的,可以向省、自治区、直辖市注册会计师协会申请注册。

除有本法第十条所列情形外,受理申请的注册会计师协会应当准予注册。

第十条 有下列情形之一的,受理申请的注册会计师协会不予注册:

（一）不具有完全民事行为能力的；

（二）因受刑事处罚，自刑罚执行完毕之日起至申请注册之日止不满五年的；

（三）因在财务、会计、审计、企业管理或者其他经济管理工作中犯有严重错误受行政处罚、撤职以上处分，自处罚、处分决定之日起至申请注册之日止不满二年的；

（四）受吊销注册会计师证书的处罚，自处罚决定之日起至申请注册之日止不满五年的；

（五）国务院财政部门规定的其他不予注册的情形的。

第十一条　注册会计师协会应当将准予注册的人员名单报国务院财政部门备案。国务院财政部门发现注册会计师协会的注册不符合本法规定的，应当通知有关的注册会计师协会撤销注册。

注册会计师协会依照本法第十条的规定不予注册的，应当自决定之日起十五日内书面通知申请人。申请人有异议的，可以自收到通知之日起十五日内向国务院财政部门或者省、自治区、直辖市人民政府财政部门申请复议。

第十二条　准予注册的申请人，由注册会计师协会发给国务院财政部门统一制定的注册会计师证书。

第十三条　已取得注册会计师证书的人员，除本法第十一条第一款规定的情形外，注册后有下列情形之一的，由准予注册的注册会计师协会撤销注册，收回注册会计师证书：

（一）完全丧失民事行为能力的；

（二）受刑事处罚的；

（三）因在财务、会计、审计、企业管理或者其他经济管理工作中犯有严重错误受行政处罚、撤职以上处分的；

（四）自行停止执行注册会计师业务满一年的。

被撤销注册的当事人有异议的，可以自接到撤销注册、收回注册会计师证书的通知之日起十五日内向国务院财政部门或者省、自治区、直辖市人民政府财政部门申请复议。

依照第一款规定被撤销注册的人员可以重新申请注册，但必须符合本法第九条、第十条的规定。

第三章　业务范围和规则

第十四条　注册会计师承办下列审计业务：

（一）审查企业会计报表，出具审计报告；

（二）验证企业资本，出具验资报告；

（三）办理企业合并、分立、清算事宜中的审计业务，出具有关的报告；

（四）法律、行政法规规定的其他审计业务。

注册会计师依法执行审计业务出具的报告,具有证明效力。

第十五条 注册会计师可以承办会计咨询、会计服务业务。

第十六条 注册会计师承办业务,由其所在的会计师事务所统一受理并与委托人签订委托合同。

会计师事务所对本所注册会计师依照前款规定承办的业务,承担民事责任。

第十七条 注册会计师执行业务,可以根据需要查阅委托人的有关会计资料和文件,查看委托人的业务现场和设施,要求委托人提供其他必要的协助。

第十八条 注册会计师与委托人有利害关系的,应当回避;委托人有权要求其回避。

第十九条 注册会计师对在执行业务中知悉的商业秘密,负有保密义务。

第二十条 注册会计师执行审计业务,遇有下列情形之一的,应当拒绝出具有关报告:

(一)委托人示意其作不实或者不当证明的;

(二)委托人故意不提供有关会计资料和文件的;

(三)因委托人有其他不合理要求,致使注册会计师出具的报告不能对财务会计的重要事项做出正确表述的。

第二十一条 注册会计师执行审计业务,必须按照执业准则、规则确定的工作程序出具报告。

注册会计师执行审计业务出具报告时,不得有下列行为:

(一)明知委托人对重要事项的财务会计处理与国家有关规定相抵触,而不予指明;

(二)明知委托人的财务会计处理会直接损害报告使用人或者其他利害关系人的利益,而予以隐瞒或者作不实的报告;

(三)明知委托人的财务会计处理会导致报告使用人或者其他利害关系人产生重大误解,而不予指明;

(四)明知委托人的会计报表的重要事项有其他不实的内容,而不予指明。

对委托人有前款所列行为,注册会计师按照执业准则、规则应当知道的,适用前款规定。

第二十二条 注册会计师不得有下列行为:

(一)在执行审计业务期间,在法律、行政法规规定不得买卖被审计单位的股票、债券或者不得购买被审计单位或者个人的其他财产的期限内,买卖被审计单位的股票、债券或者购买被审计单位或者个人所拥有的其他财产;

(二)索取、收受委托合同约定以外的酬金或者其他财物,或者利用执行业务之便,谋取其他不正当的利益;

(三)接受委托催收债款;

(四)允许他人以本人名义执行业务;

(五)同时在两个或者两个以上的会计师事务所执行业务;

(六)对其能力进行广告宣传以招揽业务;

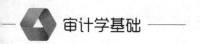

（七）违反法律、行政法规的其他行为。

第四章　会计师事务所

第二十三条　会计师事务所可以由注册会计师合伙设立。

合伙设立的会计师事务所的债务，由合伙人按照出资比例或者协议的约定，以各自的财产承担责任。合伙人对会计师事务所的债务承担连带责任。

第二十四条　会计师事务所符合下列条件的，可以是负有限责任的法人：

（一）不少于三十万元的注册资本；

（二）有一定数量的专职从业人员，其中至少有五名注册会计师；

（三）国务院财政部门规定的业务范围和其他条件。

负有限责任的会计师事务所以其全部资产对其债务承担责任。

第二十五条　设立会计师事务所，由省、自治区、直辖市人民政府财政部门批准。

申请设立会计师事务所，申请者应当向审批机关报送下列文件：

（一）申请书；

（二）会计师事务所的名称、组织机构和业务场所；

（三）会计师事务所章程，有合伙协议的并应报送合伙协议；

（四）注册会计师名单、简历及有关证明文件；

（五）会计师事务所主要负责人、合伙人的姓名、简历及有关证明文件；

（六）负有限责任的会计师事务所的出资证明；

（七）审批机关要求的其他文件。

第二十六条　审批机关应当自收到申请文件之日起三十日内决定批准或者不批准。

省、自治区、直辖市人民政府财政部门批准的会计师事务所，应当报国务院财政部门备案。国务院财政部门发现批准不当的，应当自收到备案报告之日起三十日内通知原审批机关重新审查。

第二十七条　会计师事务所设立分支机构，须经分支机构所在地的省、自治区、直辖市人民政府财政部门批准。

第二十八条　会计师事务所依法纳税。

会计师事务所按照国务院财政部门的规定建立职业风险基金，办理职业保险。

第二十九条　会计师事务所受理业务，不受行政区域、行业的限制；但是，法律、行政法规另有规定的除外。

第三十条　委托人委托会计师事务所办理业务，任何单位和个人不得干预。

第三十一条　本法第十八条至第二十一条的规定，适用于会计师事务所。

第三十二条　会计师事务所不得有本法第二十二条第（一）项至第（四）项、第（六）项、第（七）项所列的行为。

第五章 注册会计师协会

第三十三条 注册会计师应当加入注册会计师协会。

第三十四条 中国注册会计师协会的章程由全国会员代表大会制定,并报国务院财政部门备案;省、自治区、直辖市注册会计师协会的章程由省、自治区、直辖市会员代表大会制定,并报省、自治区、直辖市人民政府财政部门备案。

第三十五条 中国注册会计师协会依法拟定注册会计师执业准则、规则,报国务院财政部门批准后施行。

第三十六条 注册会计师协会应当支持注册会计师依法执行业务,维护其合法权益,向有关方面反映其意见和建议。

第三十七条 注册会计师协会应当对注册会计师的任职资格和执业情况进行年度检查。

第三十八条 注册会计师协会依法取得社会团体法人资格。

第六章 法律责任

第三十九条 会计师事务所违反本法第二十条、第二十一条规定的,由省级以上人民政府财政部门给予警告,没收违法所得,可以并处违法所得一倍以上五倍以下的罚款;情节严重的,并可以由省级以上人民政府财政部门暂停其经营业务或者予以撤销。

注册会计师违反本法第二十条、第二十一条规定的,由省级以上人民政府财政部门给予警告;情节严重的,可以由省级以上人民政府财政部门暂停其执行业务或者吊销注册会计师证书。

会计师事务所、注册会计师违反本法第二十条、第二十一条的规定,故意出具虚假的审计报告、验资报告,构成犯罪的,依法追究刑事责任。

第四十条 对未经批准承办本法第十四条规定的注册会计师业务的单位,由省级以上人民政府财政部门责令其停止违法活动,没收违法所得,可以并处违法所得一倍以上五倍以下的罚款。

第四十一条 当事人对行政处罚决定不服的,可以在接到处罚通知之日起十五日内向做出处罚决定的机关的上一级机关申请复议;当事人也可以在接到处罚决定通知之日起十五日内直接向人民法院起诉。

复议机关应当在接到复议申请之日起六十日内做出复议决定。当事人对复议决定不服的,可以在接到复议决定之日起十五日内向人民法院起诉。复议机关逾期不做出复议决定的,当事人可以在复议期满之日起十五日内向人民法院起诉。

当事人逾期不申请复议,也不向人民法院起诉,又不履行处罚决定的,做出处罚决定的机关可以申请人民法院强制执行。

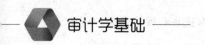

第四十二条 会计师事务所违反本法规定,给委托人、其他利害关系人造成损失的,应当依法承担赔偿责任。

第七章 附 则

第四十三条 在审计事务所工作的注册审计师,经认定为具有注册会计师资格的,可以执行本法规定的业务,其资格认定和对其监督、指导、管理的办法由国务院另行规定。

第四十四条 外国人申请参加中国注册会计师全国统一考试和注册,按照互惠原则办理。

外国会计师事务所需要在中国境内临时办理有关业务的,须经有关的省、自治区、直辖市人民政府财政部门批准。

第四十五条 国务院可以根据本法制定实施条例。

第四十六条 本法自1994年1月1日起施行。1986年7月3日国务院发布的《中华人民共和国注册会计师条例》同时废止。

附录 2

中国注册会计师执业准则制定主要过程一览

自1993年《中国注册会计师法》颁布以后,财政部陆续制定发布了一系列执业准则。

1. 1995年12月25日,财政部正式颁布了《中国注册会计师独立审计准则》第一批10项准则,包括中国注册会计师独立审计准则序言、独立审计基本准则、7项独立审计具体准则和1项实务公告。自1996年1月1日起施行。

2. 1996年12月26日,中国注册会计师协会印发《中国注册会计师独立审计准则》第二批11项准则,包括8项具体准则和3项实务公告,自1997年1月1日起施行。

3. 1999年2月4日,财政部颁布第三批《中国注册会计师独立审计准则》,包括9项具体准则和2项实务公告,自1999年7月1日起施。

1994—2003年,中国注册会计师协会共制定了48项执业准则。

4. 按照财政部领导关于着力完善我国注册会计师审计准则体系,加速实现与国际准则趋同的指示,中国注册会计师协会遵循科学、民主、公开的准则制定程序,经过艰苦而卓有成效的工作,对执业准则进行了必要的修订和完善。

2006年2月15日,财政部发布《关于印发中国注册会计师执业准则的通知》,发布批准了拟定的22项准则和修订的26项准则,自2007年1月1日起施行。

这些执业准则的发布,标志我国已建立起一套适应社会主义市场经济发展要求,顺应国际趋同大势的中国注册会计师执业准则体系。

5. 为了进一步同国际审计准则趋同,2010年11月财政部发布了由中国注册会计师协会修订的《中国注册会计师审计准则第1101号——注册会计师的总体目标和审计工作的基本要求》等38项准则,自2012年1月1日起施行。同时废止了财会〔2006〕4号文中的35项准则。

6. 2016年12月23日,财政部发布了《中国注册会计师审计准则第1504号——在审计报告中沟通关键审计事项》等12项准则,分别于2017年1月1日和2018年1月1日起执行本批准则;本批准则生效实施后废止11项准则。

经过20多年的制定、修订、完善,目前已发布有效执业准则共52项。

附录 3

中国注册会计师现行执业准则目录（2016 年）

1. 中国注册会计师鉴证业务基本准则
2. 中国注册会计师审计准则第 1101 号——注册会计师的总体目标和审计工作的基本要求
3. 中国注册会计师审计准则第 1111 号——就审计业务约定条款达成一致意见
4. 中国注册会计师审计准则第 1121 号——对财务报表审计实施的质量控制
5. 中国注册会计师审计准则第 1131 号——审计工作底稿
6. 中国注册会计师审计准则第 1141 号——财务报表审计中与舞弊相关的责任
7. 中国注册会计师审计准则第 1142 号——财务报表审计中对法律法规的考虑
8. 中国注册会计师审计准则第 1151 号——与治理层的沟通
9. 中国注册会计师审计准则第 1152 号——向治理层和管理层通报内部控制缺陷
10. 中国注册会计师审计准则第 1153 号——前任注册会计师和后任注册会计师的沟通
11. 中国注册会计师审计准则第 1201 号——计划审计工作
12. 中国注册会计师审计准则第 1211 号——通过了解被审计单位及其环境识别和评估重大错报风险
13. 中国注册会计师审计准则第 1221 号——计划和执行审计工作时的重要性
14. 中国注册会计师审计准则第 1231 号——针对评估的重大错报风险采取的应对措施
15. 中国注册会计师审计准则第 1241 号——对被审计单位使用服务机构的考虑
16. 中国注册会计师审计准则第 1251 号——评价审计过程中识别出的错报
17. 中国注册会计师审计准则第 1301 号——审计证据
18. 中国注册会计师审计准则第 1311 号——对存货等特定项目获取审计证据的具体考虑
19. 中国注册会计师审计准则第 1312 号——函证
20. 中国注册会计师审计准则第 1313 号——分析程序
21. 中国注册会计师审计准则第 1314 号——审计抽样
22. 中国注册会计师审计准则第 1321 号——审计会计估计（包括公允价值会计估计）和相关披露
23. 中国注册会计师审计准则第 1322 号——公允价值计量和披露的审计
24. 中国注册会计师审计准则第 1324 号——持续经营
25. 中国注册会计师审计准则第 1331 号——首次审计业务涉及的期初余额

26. 中国注册会计师审计准则第 1332 号——期后事项
27. 中国注册会计师审计准则第 1341 号——书面声明
28. 中国注册会计师审计准则第 1401 号——对集团财务报表审计的特殊考虑
29. 中国注册会计师审计准则第 1411 号——利用内部审计人员的工作
30. 中国注册会计师审计准则第 1421 号——利用专家的工作
31. 中国注册会计师审计准则第 1501 号——对财务报表形成审计意见和出具审计报告
32. 中国注册会计师审计准则第 1502 号——在审计报告中发表非无保留意见
33. 中国注册会计师审计准则第 1503 号——在审计报告中增加强调事项段和其他事项段
34. 中国注册会计师审计准则第 1504 号——在审计报告中沟通关键审计事项
35. 中国注册会计师审计准则第 1511 号——比较信息：对应数据和比较财务报表
36. 中国注册会计师审计准则第 1521 号——注册会计师对其他信息的责任
37. 中国注册会计师审计准则第 1601 号——对按照特殊目的编制基础编制的财务报表审计的特殊考虑
38. 中国注册会计师审计准则第 1602 号——验资
39. 中国注册会计师审计准则第 1603 号——对单一财务报表和财务报表的特定要素、账户或项目审计的特殊考虑
40. 中国注册会计师审计准则第 1604 号——对简要财务报表出具报告的业务
41. 中国注册会计师审计准则第 1611 号——商业银行财务报表审计
42. 中国注册会计师审计准则第 1612 号——银行间函证程序
43. 中国注册会计师审计准则第 1613 号——与银行监管机构的关系
44. 中国注册会计师审计准则第 1631 号——财务报表审计中对环境事项的考虑
45. 中国注册会计师审计准则第 1632 号——衍生金融工具的审计
46. 中国注册会计师审计准则第 1633 号——电子商务对财务报表审计的影响
47. 中国注册会计师审阅准则第 2101 号——财务报表审阅
48. 中国注册会计师其他鉴证业务准则第 3101 号——历史财务信息审计或审阅以外的鉴证业务
49. 中国注册会计师其他鉴证业务准则第 3111 号——预测性财务信息的审核
50. 中国注册会计师相关服务准则第 4101 号——对财务信息执行商定程序
51. 中国注册会计师相关服务准则第 4111 号——代编财务信息
52. 质量控制准则第 5101 号——会计师事务所对执行财务报表审计和审阅、其他鉴证和相关服务实施的质量控制

附录 4

中国注册会计师职业道德守则目录

1. 中国注册会计师职业道德守则第 1 号——职业道德基本原则
2. 中国注册会计师职业道德守则第 2 号——职业道德概念框架
3. 中国注册会计师职业道德守则第 3 号——提供专业服务的具体要求
4. 中国注册会计师职业道德守则第 4 号——审计和审阅业务对独立性的要求
5. 中国注册会计师职业道德守则第 5 号——其他鉴证业务对独立性的要求

参 考 文 献

[1] 赵晓波.审计学[M].北京:北京大学出版社,2014.
[2] 杨茁.现代审计学[M].北京:北京大学出版社,2015.
[3] 涂申清.审计实务[M].北京:北京大学出版社,2015.
[4] 高翠莲.基础审计[M].5版.北京:高等教育出版社,2014.
[5] 张军平.审计基础与实务[M].北京:高等教育出版社,2014.
[6] 中国注册会计师协会.审计[M].北京:经济科学出版社,2015.
[7] 丁瑞玲,吴溪.审计学[M].北京:经济科学出版社,2015.
[8] 中国注册会计师协会.审计[M].北京:经济科学出版社,2016.
[9] 刘洋.审计学基础[M].北京:北京交通大学出版社,2014.
[10] 刘明辉.审计[M].大连:东北财经大学出版社,2015.
[11] 郭莉.审计学[M].上海:立信会计出版社,2016.
[12] 窦洪波.基础审计[M].上海:上海财经大学出版社,2016.
[13] 宋常.审计学[M].北京:中国人民大学出版社,2014.
[14] 吴秋生.审计学[M].北京:中国财政经济出版社,2014.
[15] 王桂媛,王勇.审计[M].济南:山东人民出版社,2012.
[16] 苗美华.审计实务[M].北京:人民邮电出版社.2015.
[17] 郝北平.审计[M].上海:立信会计出版社,2012.
[18] 葛红.审计基础与实务[M].上海:立信会计出版社,2016.